Aspekte
Mittelstufe Deutsch

Lehr- und Arbeitsbuch 3
Teil 2

von
Ute Koithan
Helen Schmitz
Tanja Sieber
Ralf Sonntag

Filmseiten von Ralf-Peter Lösche

Klett-Langenscheidt
München

Von
Ute Koithan, Helen Schmitz, Tanja Sieber, Ralf Sonntag
Filmseiten von Ralf-Peter Lösche

Redaktion: Carola Jeschke und Cornelia Rademacher
Gestaltungskonzept und Layout: Andrea Pfeifer
Umschlaggestaltung: Andrea Pfeifer; Umschlag-Fotos: Getty
Zeichnungen: Daniela Kohl
Satz und Litho: kaltnermedia GmbH, Bobingen

Verlag und Autoren danken Evelyn Farkas, Margarete Rodi und Rita Tuggener für die Begutachtung sowie allen weiteren Kolleginnen und Kollegen, die „Aspekte" erprobt und mit wertvollen Anregungen zur Entwicklung des Lehrwerks beigetragen haben.

Aspekte Band 3, Teil 2 – Materialien

Lehr- und Arbeitsbuch 3, Teil 2, mit 2 Audio-CDs	606024
Lehrerhandreichungen 3	606019
DVD 3	606021

Hinweis: Die Zuordnung der Vorschläge in den Lehrerhandreichungen ist durch die Angabe der Module und der Aufgaben sowohl für die einbändige als auch für die zweibändige Ausgabe von **Aspekte** eindeutig. Die Seitenverweise in den Lehrerhandreichungen beziehen sich ab Kapitel 6 nur auf die einbändige Ausgabe.

Symbole in Aspekte

- 1.2 — Hören Sie auf der CD 1 zum Lehrbuch bitte Track 2.
- ▶ Ü 1 — Hierzu gibt es eine Übung im entsprechenden Arbeitsbuchmodul.
- Rechercheaufgabe mit weiterführenden Links auf der Homepage
- Diese Aufgabe macht Sie mit den Aufgabenformaten des C1-Zertifikats des Goethe-Instituts (GI) oder von TELC (TELC) vertraut.
- Zu diesen Übungen finden Sie Lösungen im Anhang.

Übungstest *Österreichisches Sprachdiplom Deutsch (ÖSD)* auf der Aspekte-Hompage: www.klett-langenscheidt.de/aspekte

1. Auflage 1 [6] [5] [4] [3] | 2017 16 15 14

© Klett-Langenscheidt GmbH, München, 2013
Erstausgabe erschienen 2010 bei der Langenscheidt KG, München
Das Werk und seine Teile sind urheberrechtlich geschützt.
Jede Verwendung in anderen als den gesetzlich zugelassenen Fällen bedarf der vorherigen schriftlichen Einwilligung des Verlags.

Gesamtherstellung: Print Consult GmbH, München

ISBN 978-3-12-606024-0

Inhalt

Gesund und munter … — 6

Themen und Aktivitäten

Auftakt **Gesund und munter …**
Einen Gesundheits-Check durchführen und über die Ergebnisse sprechen — 8

Modul 1 **Zu Risiken und Nebenwirkungen …**
Einen Radiobeitrag zum Thema „Placebo-Effekt" verstehen und darüber sprechen — 10
Grammatik: Infinitivsätze — 11

Modul 2 **Gesünder leben**
Einen Zeitungsartikel über die unterschiedlichen Gesundheits-Biografien von Männern und Frauen verstehen und einen Text über Gesundheit schreiben — 12

Modul 3 **Wenn es juckt und kribbelt**
Einen Text über Allergien verstehen und über Allergien, ihre Symptome und die Möglichkeiten, mit ihnen zu leben, sprechen — 14
Grammatik: Besonderheiten des Passivs: *Es* im Passivsatz; Passiv mit Modalverben im Nebensatz — 15

Modul 4 **Mythen der Medizin**
Ein Referat über Mythen der Medizin verstehen und mithilfe eines Musters — 16
Karteikarten zu den einzelnen Mythen erstellen — 16
Handouts für Referate analysieren und ein Referat zu einem Gesundheitsthema halten und auf Rückfragen und Einwände reagieren — 18

Porträt **Eckart von Hirschhausen** — 20

Grammatik Rückschau — 21

Filmseiten **Lernen, richtig zu essen** — 22

Arbeitsbuchteil

Wortschatz — 128

Modul 1 Hören: Radiobeitrag zu Placebos; Grammatik — 130

Modul 2 Wortschatz; Grafik: Aussagen zum Essverhalten; Lesen: Entspannungsübungen (Tipp: Pausen erfrischen!) — 132

Modul 3 Wortschatz; Grammatik — 134

Modul 4 Schreiben: Informationen auf Karteikarten notieren (Tipp: Informationen notieren); Lesen: Referate halten – praktische Tipps; TELC: Leseverstehen, Aufgabe 1 — 136

Selbsteinschätzung — 139

Inhalt

Recht so! _____ 7

Themen und Aktivitäten

Auftakt **Recht so!**
Situationen und Definitionen juristischen Begriffen zuordnen — 24

Modul 1 **Dumm gelaufen**
Über kurze Zeitungsartikel zu merkwürdigen Kriminalfällen berichten und — 26
ähnliche Situationen darstellen
Grammatik: Präpositionen mit Dativ und Genitiv, Verben mit Genitiv — 27

Modul 2 **Strafe muss sein?!**
Grafiken zu Jugendkriminalität und -strafrecht Informationen entnehmen, — 28
Inhalte aus einer Diskussion zum Thema verstehen und eine Diskussion führen

Modul 3 **Alltag im Knast**
Einen Zeitungstext zum Thema „Gefängnis" lesen und über den Anteil von — 30
Männern und Frauen im Strafvollzug sprechen
Grammatik: Modales Partizip — 31

Modul 4 **Kriminell**
Informationen aus Texten über die Geschichte des Krimis austauschen — 32
Ein Krimi-Hörspiel verstehen und ein eigenes Krimi-Hörspiel schreiben und — 34
vorspielen
Eine Buch- oder Filmkritik schreiben — 35

Porträt **Ingrid Noll** — 36
Grammatik Rückschau — 37
Filmseiten **Meine Daten – deine Daten?** — 38

Arbeitsbuchteil
Wortschatz — 140
Modul 1 Grammatik — 142
Modul 2 Redemittel: Schaubilder beschreiben; Hören: Diskussion über Strafen — 145
(Tipp: Prüfung: Formelle – informelle Briefe); GI: Schriftlicher Ausdruck, Aufgabe 2
Modul 3 Wortschatz; Lesen: Detailverstehen; Grammatik — 147
Modul 4 Wortschatz; Lesen: Auszug aus dem Roman „Milchgeld", Schreiben: Redemittel — 149
Buchkritik schreiben
Selbsteinschätzung — 151

Inhalt

Du bist, was du bist _____ 8

Themen und Aktivitäten

Auftakt	**Du bist, was du bist** Emotionen erkennen, darüber sprechen und mit einem Lied arbeiten	40
Modul 1	**Interessantes aus der Psychologie** Kurze Berichte über interessante Phänomene aus der Psychologie zusammenfassen Grammatik: Subjektive Modalverben zum Ausdruck einer Behauptung	42 43
Modul 2	**Von Anfang an anders?** Einen Vortrag zum Thema „Hirnforschung" schriftlich zusammenfassen und mögliche Fragen und Reaktionen der nachfolgenden Diskussion formulieren	44
Modul 3	**Voll auf Zack!** Eine Ratgebersendung über Hochbegabte verstehen und Vermutungen über das angesprochene Problem formulieren Grammatik: Subjektive Modalverben zum Ausdruck einer Vermutung	46 47
Modul 4	**Alles nicht so einfach …** Einen Kommentar zu einer Fernsehsendung über Kindererziehung verstehen und über unterschiedliche Erziehungsstile sprechen Eine kontroverse Diskussion zu Erziehungsfragen verstehen, zu einem Blogeintrag eine Diskussion führen und den Blogeintrag beantworten Einen kurzen Vortrag zu einem der angesprochenen Themen halten	48 50 51 51
Porträt	**Emmi Pikler**	52
Grammatik	Rückschau	53
Filmseiten	Intuition – das schlaue Gefühl	54

Arbeitsbuchteil

Wortschatz		152
Modul 1	Wortschatz; Grammatik	154
Modul 2	Denksportaufgaben; TELC: Leseverstehen, Aufgabe 5; Redemittel: Nachfragen und Einwände (Tipp: Auf Rückmeldungen bei Vorträgen reagieren)	156
Modul 3	Hören: Radiosendung über Hochbegabung; Grammatik	158
Modul 4	Wortschatz; Lesen und Schreiben: Informationen zu Erziehungsstilen notieren und zusammenfassen; Hören: Radiodiskussion zu Erziehungsstilen	160
Selbsteinschätzung		163

Inhalt

Die schöne Welt der Künste ——————————————————— 9

Themen und Aktivitäten

Auftakt	**Die schöne Welt der Künste**		
	Ein Kunstquiz lösen und über eigene Interessen im Bereich Kunst sprechen	56
Modul 1	**Kreativ**	
	Texten zu Kreativitätsmethoden Thesen zuordnen und Tipps formulieren	58
	Grammatik: Trennbare und untrennbare Verben	59
Modul 2	**Film ab!**	
	Einen Radiobeitrag über Filmproduktionen zusammenfassen und ein Exposé für einen Film schreiben	60
Modul 3	**Ein Leben für die Kunst**	
	Einen Text über das Leben als Künstler sowie Erfahrungsberichte von Künstlern lesen und in einem Brief Ratschläge geben	62
	Grammatik: Konnektoren (*andernfalls, demnach, folglich, ...*)	63
Modul 4	**Leseratten**	
	Einen autobiografischen Text zur Lesesozialisation verstehen und über eigene Lesegewohnheiten sprechen	64
	Einen Radiobeitrag über eine Messeneuheit verstehen und	66
	Grafiken zum Leseverhalten auswerten	67
Porträt	**Fondation Beyeler**	68
Grammatik	Rückschau	69
Filmseiten	„Das hier ist wichtig"	70

Arbeitsbuchteil

Wortschatz — 164

Modul 1	Wortschatz; Übungen zur Kreativität; Grammatik	166
Modul 2	Wortschatz; Hören und Lesen: Fehler in einer Zusammenfassung finden; Schreiben: Exposé zu einem Film	168
Modul 3	Lesen: Detailverstehen; Grammatik; Schreiben: Text über einen Künstler	170
Modul 4	Lesen und Schreiben: Kurzbiographie (Tipp: Texte schreiben); TELC: Leseverstehen, Aufgabe 2	172

Selbsteinschätzung — 175

Inhalt

Erinnerungen — 10

Auftakt	**Erinnerungen** Tagebucheinträge einer bestimmten Zeit zuordnen	72
Modul 1	**Erinnern und Vergessen** Zu Texten über die Funktion des Gedächtnisses Überschriften formulieren Grammatik: Partizipialgruppen	74 75
Modul 2	**Falsche Erinnerungen** Ein Radiogespräch zum Thema „Falsche Erinnerungen" verstehen und einen Blogeintrag schreiben	76
Modul 3	**Kennen wir uns …?** Vermutungen über das in einem Telefongespräch geschilderte Problem anstellen und Fragen zu einem Text über Gesichtsblindheit stellen und beantworten Grammatik: Vermutungen ausdrücken: Futur I und II	78
Modul 4	**Weißt du noch …?** Einen literarischen Text über Erinnerungen an das Jahr 1952 lesen und Informationen zum sozialen Hintergrund verstehen sowie über die 1950er-Jahre sprechen Einen Text darüber schreiben, woran man sich in fünf Jahren erinnern wird Ein Lied hören und darüber sprechen, welche Erinnerungen Lieder hervorrufen	80 82 82 83
Porträt	Aleida und Jan Assmann	84
Grammatik	Rückschau	85
Filmseiten	Es war einmal	86

Arbeitsbuchteil

Wortschatz		176
Modul 1	Lesen: Detailverstehen; Wortschatz; Grammatik	178
Modul 2	Hören: Interview zum Thema „Erinnerungen"	180
Modul 3	Hören und Schreiben: Dialog; Grammatik	181
Modul 4	(Tipp: Zusammenfassungen beurteilen); TELC: Leseverstehen, Aufgabe 4a; Hören und Schreiben: Lied „Tage wie dieser"	183
Selbsteinschätzung		187
Anhang	Redemittel	88
	Grammatik	102
	Prüfungsvorbereitung	123
	Ergänzungen zu den Kapiteln 6, 8, 9	124
	Porträtseite	126
	Lösungen zum Arbeitsbuch	188
	Transkript der Hörtexte	195
	Wortschatz aus dem Lehrbuch	211
	Nomen-Verb-Verbindungen	216
	Verben, Adjektive und Substantive mit Präpositionen	218
	Unregelmäßige Verben	222
	Quellenverzeichnis	227

Gesund und munter…

1a Sind Sie fit für Ihre täglichen Aufgaben? Machen Sie den Gesundheits-Check. Kreuzen Sie bei A–H die Aussage an, die am besten für Sie passt.

A Welcher Frühstückstyp sind Sie? Wählen Sie ein Frühstück aus.

a ☐ b ☐ c ☐ d ☐

Sie lernen
Einen längeren Radiobeitrag zum Thema „Placebo-Effekt" verstehen und über Heilmittel sprechen .... Modul 1

Gesundheits-Biografien detailliert verstehen und einen Text über Gesundheit schreiben .... Modul 2

Einen Text über Allergien verstehen und über deren Auswirkungen sprechen........ Modul 3

Ein Referat über Mythen der Medizin verstehen und Karteikarten dazu erstellen .. Modul 4

Handouts für ein Referat analysieren und ein Referat zu einem Gesundheitsthema vorbereiten und halten .... Modul 4

Grammatik
Infinitivsätze .... Modul 1

Besonderheiten des Passivs: *Es* im Passivsatz; Passiv mit Modalverben im Nebensatz .... Modul 3

B Wie lange schlafen Sie durchschnittlich jede Nacht?
  a Unter 5 Stunden. ☐
  b 6–7 Stunden. ☐
  c 8 Stunden und mehr. ☐

C Wann stoßen Sie mit Ihrer Ausdauer an Ihre Grenzen? Was strengt Sie am meisten an?
  a Wenn ich 200 m zur Bushaltestelle sprinte. ☐
  b Wenn ich meine beiden Einkaufstaschen in den vierten Stock hinauftrage. ☐
  c Wenn ich länger als eine Stunde Fahrrad fahre. ☐
  d Wenn ich eine halbe Stunde schnell jogge. ☐

AB Wortschatz

D Wie wichtig ist Ihnen ein gesunder Ernährungsstil: Wie oft informieren Sie sich in Büchern und Zeitschriften?

    a Regelmäßig. ☐   b Ab und zu. ☐   c Nie. ☐

E Welche Hausarbeit(en) machen Sie häufig? Sie können mehrere ankreuzen.

a ☐   b ☐   c ☐

d ☐   e ☐   f ☐

F Stellen Sie sich aufrecht hin. Beugen Sie Ihren Oberkörper langsam so weit wie möglich nach unten. Die Arme und Hände strecken Sie in Richtung Boden. Die Beine bleiben durchgestreckt und die Fußsohlen auf dem Boden. Wie weit kommen Ihre Fingerspitzen?

    a Bis zu den Knien. ☐
    b Bis zum Schienbein. ☐
    c Bis zu den Fußgelenken. ☐
    d Bis auf den Boden. ☐

G Wann haben Sie in der Woche Zeit für sich?

    a Jeden Tag etwa eine Stunde. ☐
    b Unregelmäßig, wenn es sich ergibt. ☐
    c Ich mache am Wochenende etwas, was mir besonders guttut. ☐
    d Im Alltag habe ich kaum Zeit für mich, dafür aber im Urlaub. ☐
    e Ich brauche keine Zeit für mich. ☐

H Wie oft gehen Sie pro Jahr zum Hausarzt, Zahnarzt, …?

    a Mehrmals. ☐   b Halbjährlich. ☐   c Einmal. ☐   d Bei Beschwerden. ☐

  b Lesen Sie die Auswertung auf Seite 124 f. Sind Sie fit? Was könnten Sie verändern?

2 Was halten Sie von solchen Gesundheitstests? Wozu können sie dienen? Warum machen Menschen solche Tests?

Zu Risiken und Nebenwirkungen ...

1a Lesen Sie die Aussagen. Kennen Sie diese Hausmittel?

> Bauchweh? Da hilft Kümmeltee: Sie gießen einen Teelöffel Kümmelkörner mit einer Tasse kochendem Wasser auf. Fünf Minuten ziehen lassen und den Tee warm trinken.

> Meine Oma hatte ein tolles Hausmittel bei Fieber: Zwiebelsaft mit Zucker.

> Wenn du nicht einschlafen kannst oder schlecht träumst, musst du warme Milch mit etwas Anis trinken.

b Welche Hausmittel kennen oder nutzen Sie? Sammeln Sie Vorschläge oder Rezepte gegen verschiedene Krankheiten und Beschwerden (Husten, Kopfschmerzen, Bauchweh, Fieber, ...).

c Hausmittel können manche Medikamente ersetzen. Warum wirken sie oft so gut?

2a Was ist der Placebo-Effekt? Erklären Sie, was man darunter versteht und was das Foto damit zu tun hat.

b Hören Sie nun den ersten Teil eines Beitrags zum Thema „Placebo". Lesen Sie die Fragen und machen Sie Notizen.

1. Was wird über die Wirkung von Placebos gesagt? _gute Effekt._
Zum Teil genau so gut wie die Farmazeutigewerkstoff Medikamente.

2. Welche Definitionen nennt die Moderatorin zum Begriff „Placebo"?
Übersetzung: _Ich werde gefallen (aus dem Lateinischen)_
klassisch: _Medikament ohne Pharmazeutigewerkstoffe._
heute: _Wechselwirkung / Komplexe Interaktion_

c Hören Sie nun den zweiten Teil und bearbeiten Sie die folgenden Aufgaben zu zweit.

1. Beschreiben Sie das Experiment von Fabrizio Benedetti.
_____

2. Welchen Effekt machen sich Scheinmedikamente zunutze?
Phsycologischen faktoren.

3. Wie wirken welche Placebos: Tabletten (weiß/bunt, blau, rot), Kapseln, Spritzen?
weis = leicht   blau = mitte   rot = stark (Herzproblem).
Kapseln stärke wirkung als Tabletten.
Spritzen = inyecciones.

hören
sprechen | Grammatik

6 Modul 1

4. Was ist ein „Nocebo-Effekt"? Welche Rolle spielt dabei das Arzt-Patienten-Gespräch?
_____
_____   ▶ Ü 1

3 Sollte man Placebos, Hausmittel oder besser traditionelle Medikamente anwenden?

4a Infinitivsätze in Gegenwart und Vergangenheit. Lesen Sie die Sätze und ergänzen Sie die Regeln mit den Wörtern *nach, vor, gleichzeitig mit, Perfekt, Präsens, Präsens*.

Geschehen im Hauptsatz _____ dem Geschehen im Nebensatz mit *dass*	
→ Infinitivsatz im _____ Aktiv oder Passiv	
Der Moderator <u>bittet</u> die Experten,	… dass sie den Zuschauern den Placebo-Effekt <u>erklären</u>.
	… den Zuschauern den Placebo Effekt **zu erklären**.
Den Placebos <u>kommt</u> zugute,	… dass sie für den Organismus nicht belastend <u>sind</u>.
	… für den Organismus nicht belastend **zu sein**.
Die Patienten <u>gehen</u> davon aus,	… dass sie mit wirksamen Medikamenten <u>behandelt werden</u>.
	… mit wirksamen Medikamenten **behandelt zu werden**.
Geschehen im Hauptsatz _____ dem Geschehen im Nebensatz mit *dass*	
→ Infinitivsatz im _____ Aktiv oder Passiv	
Viele Kranke <u>hatten</u> davor Angst,	… dass sie Nebenwirkungen <u>spüren</u>.
	… Nebenwirkungen **zu spüren**.
Geschehen im Hauptsatz _____ dem Geschehen im Nebensatz mit *dass*	
→ Infinitivsatz im _____ Aktiv oder Passiv	
Die Forscher <u>sind</u> der Ansicht,	… dass sie interessante Erkenntnisse <u>gewonnen haben</u>.
	… interessante Erkenntnisse **gewonnen zu haben**.
Die Patienten <u>bestätigen</u> den Ärzten,	… dass sie für die Gespräche sehr dankbar <u>gewesen sind</u>.
	… für die Gespräche sehr dankbar **gewesen zu sein**.
Wir alle <u>erinnern</u> uns daran,	… dass wir als Kinder mit einem Streicheln von unseren Schmerzen <u>befreit worden sind</u>.
	… als Kinder mit einem Streicheln von unseren Schmerzen **befreit worden zu sein**.

Die Umformung in einen Infinitivsatz ist nur möglich, wenn das Subjekt oder das Objekt des Hauptsatzes auch das Subjekt des Nebensatzes mit *dass* ist.

▶ Ü 2–3

b Ergänzen Sie die Satzanfänge mit Infinitivsätzen. Lesen Sie die Sätze in Gruppen vor.

> Ich erinnere mich nicht, …   Ich hatte Angst, …   Ich habe noch einmal vor, …
> Ich habe (keine) Lust, …
> Manchmal habe ich das Gefühl, …   Ich hatte nie das Bedürfnis, …

11

Gesünder leben

1a Was macht krank? Sammeln Sie.

b Im weltweiten Durchschnitt leben Frauen länger als Männer. Woran könnte das liegen? Diskutieren Sie mögliche Gründe.

2 Lesen Sie den folgenden Text. In welchem Textabschnitt A–F finden Sie die gesuchte Information 1–10? Es gibt jeweils nur eine richtige Lösung. Jeder Abschnitt kann mehrere Informationen enthalten.

In welchem Abschnitt …
1. nennt der Autor Bereiche aus der Gesundheitspolitik, die den Mann benachteiligen? _____
2. beschreibt der Autor, worauf Männer und Frauen ihre biologischen Energien konzentrieren? _____
3. stellt der Autor das unterschiedliche Essverhalten von Männern und Frauen dar? _____
4. erklärt der Autor, wie wenig Arztpraxen auf die Bedürfnisse berufstätiger Männer reagieren? _____
5. erläutert der Autor die geistigen Voraussetzungen bei Neugeborenen? _____
6. bringt der Autor ein Beispiel dafür, wie Gesundheitsprogramme geschlechterspezifisch präsentiert werden können? _____
7. beschreibt der Autor, wie das soziale Umfeld männliche Kinder beim Heranwachsen prägt? _____
8. nennt der Autor eine typische Todesursache für Männer über 30? _____
9. kritisiert der Autor, dass Frauen mit der gleichen Krankheit wie Männer von sich und dem Gesundheitssystem weniger ernst genommen werden? _____
10. beschreibt der Autor typisch männliche und typisch weibliche soziale Netzwerke? _____

Der Eva-Faktor

Warum Frauen länger leben und Männer früher sterben – und jeweils auf ihre Art von der Medizin vernachlässigt werden

Frauen scheinen schon von Natur aus für ein längeres Leben prädestiniert zu sein. Während ein kleiner Junge – nennen wir ihn Max – eine Lebenserwartung von 76,2 Jahren hat, wird seine Schwester – Anna – rein statistisch 82,1 Jahre alt werden. Weltweit sterben in 186 von 191 Staaten Männer früher als Frauen.

Nicht nur biologische Gründe, auch die Geschlechterrollen und das gesellschaftliche Umfeld machen den Unterschied aus. Und speziell für Deutschland gilt: Würde in unseren Arztpraxen und Krankenhäusern das Geschlecht als Gesundheitsfaktor wirklich ernst genommen, könnten beide davon profitieren, Männer und Frauen.

A Doch beginnen wir von vorn. Noch bevor ein Max oder eine Anna auf die Welt kommt, sorgen die biologischen Unterschiede für eine Auslese. Weibliche Babys bringen bereits einen kognitiven Vorsprung mit. „Ein neugeborenes Mädchen entspricht einem vier bis sechs Wochen alten Jungen", sagt der amerikanische Kinderpsychiater Thomas Gualtieri. Alan White, Fachmann für Männergesundheit an der Leeds Metropolitan University, stellen sich eher gesellschaftliche Fragen: „Woher weiß der Junge, wie er zum normalen Mann heranwachsen soll? Er unterlässt am besten alles, was Mädchen machen." Auch Eltern und Verwandte hätten einen wichtigen Anteil an diesem Rollenspiel und sähen über die naturgegebenen Schwächen des männlichen Geschlechts gerne hinweg. Stattdessen würden oft klischeehafte Vorstellungen von einem „echten Jungen" gepflegt, meint White.

B In der Pubertät trennen sich die gesundheitlichen Pfade endgültig. Max holt sich blaue Flecken und Knochenbrüche beim Fußballmatch, Anna den ersten Termin beim Frauenarzt. Es sind die ersten Merkmale unterschiedlicher Gesundheitskonzepte, die sich später für Frauen in gewonnenen Lebensjahren auszahlen. Anna plagt die Sorge ums Gewicht. Max dagegen hat vielleicht noch die Sprüche vom Starkwerden im Ohr und schaufelt alles in sich hinein, was die Mutter ihm hinstellt. Vom Ende der Pubertät bis zum 25. Lebensjahr legen die Männer deutlich mehr Gewicht zu. Und auch danach gehen die Unterschiede in der Ernährung weiter: Im Alter zwischen 25 und 34 Jahren essen deutsche Männer im Schnitt fast doppelt so viel Fleisch (113 Gramm pro Tag) wie Frauen (65 Gramm); dafür nehmen diese mehr Obst (146 Gramm) zu sich als Männer (100 Gramm).

C In ihrem Verhalten folgen die Geschlechter auch einem archaischen Programm und teilen ihre Kräfte unterschiedlich ein, erklären Evolutionspsychologen. Frauen investierten mehr Energie in ihre Kinder, sie müssten daher bei der Auswahl der Männer wählerischer sein und ihren Körper pflegen; Männer verschwendeten im Kampf um die Frauen ihre Kräfte. Im Laufe der Evolution setzten sich Gene durch, die männliches Risiko- und Wettkampfverhalten fördern; das geht zulasten von Reparaturkapazitäten und Krankheitsprävention.

D Während Anna regelmäßig Ärzte aufsucht, vielleicht schon das erste Kind bekommt und deshalb noch häufiger unter medizinischer Kontrolle steht, hat Max, inzwischen 30, schon lange den Kontakt zum Gesundheitssystem verloren. Max hat inzwischen einen stressigen Vollzeitjob. Früher hat er sich seine Probleme eventuell noch Freundinnen gegenüber von der Seele geredet, jetzt aber ist er verheiratet, und seine Frau sähe es nicht gern, wenn er noch mal eben bei Maria vorbeiführe, um sein Herz auszuschütten. „Sie hat intime Freundinnen, er nur noch Arbeit und Kumpel", bringt es Alan White auf den Punkt.

Nach vielen Besuchen in Imbissbuden und unzähligen Schachteln Zigaretten verspürt Max manchmal so ein Ziehen über der Brust. Aber das ignoriert der Mittvierziger. Die Hausarztpraxen haben nur von acht Uhr morgens bis fünf Uhr nachmittags geöffnet. Ein Arzttermin nach 18 Uhr ist die absolute Ausnahme. Am Ende einer stressigen Woche kommt Max von einem Geschäftsessen, steht vor der Restauranttür und hat Schmerzen im linken Arm. Vorzugsweise freitags landen Männer mit Herzinfarktverdacht in der Notaufnahme der Krankenhäuser; Mediziner sprechen vom typischen „Adam-Infarkt", der oft tödlich endet.

E Es gibt auch den typischen „Eva-Infarkt", doch der spielt sich in der Regel ganz anders ab. Wenn er Anna erwischt, ist sie etwa zehn bis fünfzehn Jahre älter als Max. Und wenn sie freitags Beschwerden verspürt, schleppt sie sich häufig noch durchs Wochenende, bis sie dann am Montagmorgen endlich zum Hausarzt geht – der sie schließlich erst am Dienstag ins Krankenhaus einweist.

Spätestens zu diesem Zeitpunkt offenbart sich, dass nicht nur biologische Faktoren und die Sozialisation eine Rolle für das geschlechtsspezifische Überleben spielen, sondern auch die Strukturen des Gesundheitswesens. Denn im Schnitt dauert es nach einem Herzinfarkt in Deutschland bei Männern zwei Stunden, bis sie in der Notaufnahme im Krankenhaus landen, bei Frauen oft wegen falscher Deutung der Symptome 2,6 Stunden. Doch auch wenn Frauen mitunter vom Gesundheitssystem benachteiligt sind, ist das Sorgenkind der Mediziner eher der Mann.

F Dem Bundesministerium für Gesundheit (BMG) ist gerade aufgefallen, dass die Präventionsangebote der Kassen kaum von Männern wahrgenommen werden. Überhaupt werden Männer im Gesundheitswesen weniger wahrgenommen, gibt es beim BMG doch schon länger den Themenschwerpunkt „Frauen und Gesundheit" sowie einen Frauengesundheitsbericht – aber keinen bundesweiten Männergesundheitsbericht. Es geht auch wie in Österreich. Inzwischen hat sich in unserem Nachbarland die Erkenntnis durchgesetzt, dass jedes Geschlecht maßgeschneiderte Gesundheitskonzepte und manchmal sogar spezifische Therapien braucht. Die Österreichische Krebshilfe schaltete Männer-Spots vor und nach den Hauptnachrichten im Fernsehen und bietet ein Programm zur Krebsfrüherkennung in Hellblau an und eines in Rosa. Speziell für Max oder für Anna.

▶ Ü 1

3 Welche Ihrer Aspekte aus Aufgabe 1b hat der Text aufgegriffen? Welche waren neu?

▶ Ü 2

4 Wer ist verantwortlich für die Gesundheit der Menschen? Welche Rolle sollte der Staat dabei spielen? Welche Verantwortung sollte jeder Mensch übernehmen? Erläutern Sie Ihre Ansichten in einem kurzen Text.

▶ Ü 3

Wenn es juckt und kribbelt

1a Welche Allergien kennen Sie? Nennen Sie Symptome. Reagieren Sie auf irgendetwas allergisch?

▶ Ü 1

b Lesen Sie den Text und markieren Sie neue Informationen.

Allergien: Wenn der Körper sich wehrt

Von Jahr zu Jahr steigt die Zahl der Allergiker. Inzwischen leidet in Deutschland vermutlich jeder Dritte an einer Allergie – vor dreißig Jahren war es noch jeder zehnte. Es wird vermutet, dass auch Umweltfaktoren beim Entstehen von Allergien eine Rolle spielen –, anders lässt sich diese deutliche Zunahme an Erkrankungen nicht erklären. Aber, was sind eigentlich Allergien und was passiert im Körper?

Bei einer Allergie werden Stoffe im Körper bekämpft, die eigentlich unschädlich sind. Aus bisher ungeklärten Gründen reagiert das Immunsystem heftig auf diese Stoffe und mobilisiert Abwehrmechanismen, um sie zu bekämpfen. Die Körperreaktion ist ungefähr die gleiche, wie bei der Abwehr von gefährlichen Krankheitserregern. Aber anders als bei einer gesunden körpereigenen Abwehrreaktion, führt die allergische Reaktion nicht dazu, dass der auslösende Stoff vernichtet wird. Die Reaktion verschwindet, sobald der Körper dem Stoff nicht mehr ausgesetzt ist.

Allerdings ist nicht jedes Niesen gleich eine Allergie. Wer nur gelegentlich auf einen bestimmten Stoff mit Niesen oder juckenden Augen reagiert, der hat vielleicht nur eine Überempfindlichkeit, aber noch nicht gleich eine Allergie.

Erstaunlich ist, dass eigentlich jeder Stoff eine Allergie auslösen kann – am bekanntesten sind Blütenpollen, die den im Frühling und Sommer weit verbreiteten Heuschnupfen auslösen, Tierhaare (Tierhaarallergie) und Hausstaub (Hausstauballergie). Inzwischen gibt es verschiedene Hauttests, mit denen viele Allergene identifiziert werden können. Hier ist die Forschung also schon recht weit. Krankenkassen und Ärzteverbände sind sich jedoch einig: Die Ursachen für das Entstehen von allergischen Erkrankungen sollen noch genauer erforscht werden. Ein häufiges Phänomen ist das Auftreten einer sogenannten Kreuzallergie: Wer z. B. auf Birken-, Erlen- oder Haselpollen allergisch reagiert, verträgt oft auch keine Walnüsse oder Äpfel.

Die Körperreaktionen bei einer Allergie reichen von geschwollenen, juckenden Augen, geröteter Haut und Schnupfen über asthmatische Erstickungsanfälle und vielem mehr bis hin zum lebensbedrohenden anaphylaktischen Schock. Und trotz dieser offensichtlichen Beschwerden, müssen sich Allergiker oft anhören, dass sie sich die Symptome nur einbilden oder gar Hypochonder seien. Es ist zwar richtig, dass Stress oder ein unausgeglichener Gemütszustand die Symptome verstärken können, wichtig ist aber auch, Allergien ernst zu nehmen. Denn wenn sie nicht behandelt werden, können die Symptome schnell chronisch werden. Bei Heuschnupfen zum Beispiel können auch die tieferen Atemwege in Mitleidenschaft gezogen werden und es kann unter Umständen auch zu Lungenentzündungen kommen.

c Woher kommen Allergien und was kann man dagegen tun? Ergänzen Sie die Informationen aus dem Text auch mit eigenen Erfahrungen. Wie kann man mit Allergien leben? Tauschen Sie Ihre Ideen im Kurs aus.

2 Besonderheiten des Passivs.

a *Es* im Passivsatz. Vergleichen Sie die Sätze. Wann steht *es* auf Position 1?

Position 1	Position 2	
Es	wird	vermutet, dass auch Umweltfaktoren beim Entstehen von Allergien eine Rolle spielen.
Dass auch … eine Rolle spielen,	wird	vermutet.

In Passivsätzen (auch in subjektlosen) muss die Position 1 von einem Satzglied, auch in Form eines Nebensatzes, oder von dem Wort _____ besetzt werden. Wird die _____ von einem anderen Satzglied besetzt, entfällt das Wort *es* immer, auch in subjektlosen Passivsätzen. (Stilistisch gilt dies als die bessere Variante.)

b Nebensatz im Passiv mit Modalverb. Ergänzen Sie und markieren Sie die Position der Modalverben im Nebensatz. Ergänzen Sie dann die Regel.

▶ Ü 2

	Passiv mit Modalverb im Hauptsatz	Passiv mit Modalverb im Nebensatz
Präsens oder Präteritum	Mit Hauttests <u>können/konnten</u> viele Allergene <u>identifiziert werden</u>.	Es gibt Hauttests, mit denen viele Allergene _____.
Konjunktiv Vergangenheit	Viele Allergien <u>hätten</u> schon viel früher <u>behandelt werden müssen</u>.	Heute weiß man, dass viele Allergien schon viel früher **hätten behandelt werden müssen**.

Nebensatz mit Passiv und Modalverb im Präsens oder Präteritum:
am Satzende steht: Partizip II + *werden* + _____.
Nebensatz mit Passiv und Modalverb im Konjunktiv der Vergangenheit:
am Satzende steht: *haben* im _____ + Partizip II + *werden* + _____.

c Passiv mit *wollen/sollen*. Vergleichen Sie die Sätze. Worauf bezieht sich das Passiv? Ergänzen Sie die Regel mit *eigene Person* und *Sache*.

▶ Ü 3–4

Aktiv	Passiv
Man **will** die Ursachen für das Entstehen von allergischen Erkrankungen noch genauer **erforschen**.	Die Ursachen für das Entstehen von allergischen Erkrankungen **sollen** noch genauer **erforscht werden**.
Die Ärzte **wollen**, dass er gesund wird.	Er **soll geheilt werden**.
Nach langer Krankheit **will** er, dass die Ärzte ihn endlich heilen.	Nach langer Krankheit **will** er endlich **geheilt werden**.

Wunsch bezieht sich auf andere Person oder _____ ➔ Passivsatz mit *sollen*
Wunsch bezieht sich auf die _____ ➔ Passivsatz mit *wollen*

3 Arbeiten Sie zu zweit. Schreiben Sie eigene Beispielsätze zu 2a–c. Ihr Partner / Ihre Partnerin korrigiert.

▶ Ü 5

15

Mythen der Medizin

1a Die Volkshochschule Hamburg veranstaltet einen Vortragsabend zum Thema „Gesundheit und Gesundheitswesen". Lesen Sie die Ankündigung zum Eröffnungs-Referat. Welche Informationen erwarten Sie in dem Referat? Tauschen Sie Ihre Erwartungen im Kurs aus.

> Nie ging es Kranken besser als heute: Es ist nicht lange her, da prägten Äther, Amputation und Aderlass den medizinischen Alltag. Die moderne Medizin wartet mit Kernspintomografie, Herzkathetern und minimalinvasiven Operationstechniken auf. Das medizinische Wissen verdoppelt sich alle vier Jahre und es gibt zahlreiche Spezialkliniken für die unterschiedlichsten Leiden. Eines scheint gewiss: Der medizinische Fortschritt ist ein Segen. Nur, für wen eigentlich? Hat sich die Situation der Patienten tatsächlich verbessert? Oder sitzen wir alle nur weitläufig verbreiteten Mythen auf? Lassen Sie sich überraschen, welche medizinischen Selbstverständlichkeiten sich als Mythen entpuppen.

b Hören Sie das Referat. Welche Mythen werden genannt und mit welchen Begründungen oder Beispielen werden sie widerlegt? Machen Sie Notizen.

c Ergänzen Sie mithilfe Ihrer Notizen aus Aufgabe 1b die Karteikarte zum ersten Mythos. Hören Sie dann noch einmal den Abschnitt dazu und kontrollieren/ergänzen Sie die Karte.

Mythos 1

„Mit neuen Diagnosemethoden lassen sich Krankheiten präziser bestimmen als je zuvor."

richtig: heute: genauere, ausgefeiltere Geräte → detailliertere Darst. des menschl. Körpers

aber: für 90 % aller Diagnosen: _____

_____ ausreichend

trotzdem: Ärzte u Patienten _____

Patienten → aufwendige Untersuchungen (Röntgen, Computer- u. Kernspintomografie)

Studie: 1996 dt. Unikliniken:

ausgewertet u. vergl. 1959, 1969, 1979, 1989

Ergebnis: _____

Obduktionen → 1959–1989: nicht/falsch erkannte Krankheiten: _____ %

Bsp: Rückenschmerzen

Sit.: _____

_____

Problem Diagnose: _____

Versuch: _____

Schlussfolgerung: _____

▶ Ü 1

d Arbeiten Sie zu zweit. Hören Sie nun noch einmal das Referat in Abschnitten und erstellen Sie zu jedem Mythos eine Karteikarte mit den wichtigsten Stichpunkten. Tipp: Gestalten Sie Ihre Karten klar gegliedert und übersichtlich, sodass Sie die Informationen schnell erfassen können. Verwenden Sie auch Abkürzungen.

lesen
schreiben | sprechen | hören

2 Ein klar gegliedertes Referat halten.

a Ordnen Sie die Redemittel in die Übersicht. Hören Sie dann das Referat noch einmal und ergänzen Sie passende Redemittel aus dem Hörtext.

> Abschließend möchte ich noch einmal hervorheben, dass …
>
> Eine häufige Meinung ist auch, dass …
>
> Als nächsten Mythos möchte ich auf … eingehen.
>
> Viele Menschen sind des Weiteren davon überzeugt, dass …
>
> Heute möchte ich mich der Frage / dem Thema … widmen.
>
> Ich hoffe, ich konnte deutlich machen, dass/wie …
>
> Insgesamt kann man sagen, dass …
>
> Nachdem …, soll nun …
>
> Fazit des oben Gesagten ist …
>
> Schließlich kann man zu dem Ergebnis kommen, dass …
>
> Zusammenfassend ist festzuhalten, dass …
>
> In meinem Referat befasse ich mich mit …
>
> Alles in allem kann man sagen, dass …

ein Referat einleiten	zum nächsten Punkt überleiten	ein Referat abschließen

b Arbeiten Sie zu zweit und halten Sie Minireferate über „Mythen der Medizin". Ein Partner / Eine Partnerin beginnt, gibt die Informationen zum ersten Mythos wieder und leitet zum zweiten Mythos über. Der andere Partner / Die andere Partnerin fährt dann mit der Zusammenfassung des zweiten Mythos fort usw.

Mythen der Medizin

3a Lesen Sie die Hinweise, wie man ein gutes Handout zu einem Vortrag oder Referat erstellt. Analysieren Sie dann zu zweit die beiden Beispiele für ein kurzes Handout zu einem Referat zum Thema „Mythen der Medizin". Was ist gut, was ist nicht gut an den Handouts?

Wozu ein Handout?
- Erleichtert das Verfolgen des Vortrags
- Erspart übermäßiges Mitschreiben
- Eignet sich als Gedächtnisstütze für späteres Wiederholen
- Bietet Raum für eigene Notizen der Zuhörer

Sinn eines Handouts
- Nachvollziehbare Gliederung der Präsentation
- Wiedergabe wichtiger Inhalte und Zusammenhänge in knappen Sätzen oder in Stichworten

Wie soll ein Handout aussehen?
- **Umfang:** 1–2 Seiten
- **Kopf:** Name des Verfassers / der Verfasserin und Datum des Referats
  Titel des Referats
- **Einleitung:** Fragestellung: Was ist das Ziel? / Warum ist das Thema von Interesse?
- **Hauptteil:** Wiedergabe der zentralen Aussagen des Referats
  Ggf. Begriffserklärungen
- **Schluss:** Ergebnisse des Referats
  Ggf. Konsequenzen
- Angabe verwendeter Quellen

A

Mona Müller   13.08.20…

Handout zum Referat über
„Mythen der Medizin"

In meinem Referat möchte ich über „Mythen der Medizin" berichten. Wir glauben ja viele Dinge, die Medizin betreffend, sicher zu wissen. Zum Beispiel dass wir heute alle gesünder sind als früher, weil die medizinischen Möglichkeiten besser geworden sind. Ob das wirklich so ist und welche anderen „Weisheiten" sonst noch verbreitet sind, möchte ich an einigen Beispielen darlegen. Insgesamt werde ich vier klassische Mythen der Medizin aufdecken.

Am Ende meines Referats werden Sie sehen, dass es wichtig ist, Allgemeinweisheiten – besonders zum Thema Medizin – immer kritisch zu hinterfragen.

B

Mythen der Medizin

Mythos 1: Mit neuen Diagnosemethoden lassen sich Krankheiten präziser bestimmen als je zuvor.

Mythos 2: Die flächendeckende Versorgung mit Hightech-Medizin ist ein Segen für die Menschen.

Mythos 3: Dank moderner Medizin werden wir so alt wie keine Generation vor uns.

Mythos 4: Ärzte wissen heute, wie wichtig die Psyche des Patienten ist.

Quellen: Artikel aus dem Magazin der Süddeutschen Zeitung (vom 7. März 2008, S. 20–24) von Werner Bartens: „Machen Sie sich bitte frei"

---

b Besprechen Sie Ihre Ergebnisse im Kurs. Entwerfen Sie dann zu zweit ein gutes Handout. Nutzen Sie Ihre Aufzeichnungen aus Aufgaben 1b und c.

Fertigkeitstraining
lesen | schreiben | sprechen | hören

4a Wählen Sie ein Thema aus dem Bereich Gesundheit und Medizin (z. B. Sport und Gesundheit, gesunde Ernährung, Wellness-Boom, Gesundheitssystem in Ihrem Land) und bereiten Sie ein Referat vor.

1. Schritt: Recherchieren Sie dafür die nötigen Informationen.
2. Schritt: Notieren Sie alle Informationen, die Sie für wichtig halten. Verwenden Sie pro Information eine Karteikarte. Notieren Sie auch, woher die Informationen stammen.
3. Schritt: Gewichten Sie die gesammelten Informationen. Welche der Informationen möchten Sie wiedergeben? Womit möchten Sie beginnen? Bringen Sie die Informationen in eine sinnvolle Reihenfolge.
4. Schritt: Überlegen Sie sich einen guten Einstieg und einen guten Schluss.
5. Schritt: Erstellen Sie nun übersichtliche Karteikarten mit den Informationen, die Sie für Ihr Referat brauchen.
6. Schritt: Erstellen Sie ein Handout für Ihr Referat.
7. Schritt: Üben Sie Ihr Referat.

▶ Ü 2

b Halten Sie nun Ihr Referat. Die anderen notieren Fragen, die sie zum Referat stellen möchten, und eventuell auch Einwände.

c Die anderen Kursteilnehmer stellen nun ihre Fragen und äußern ggf. Einwände. Sie reagieren darauf. Verwenden Sie die Redemittel.

Fragen stellen	**Einwände erheben**
Eine Sache ist mir nicht ganz klar geworden.	Ich bin nicht sicher, ob man das so sagen kann.
Könnten Sie / Könntest du bitte noch einmal erklären, wie/warum …	Ich finde es wichtig, auch zu bedenken, dass …
Mich würde noch interessieren, ob/warum/wie …	Haben Sie / Hast du bei Ihren/deinen Recherchen auch bedacht, dass …
Ich würde gerne noch mehr wissen über …	
auf Fragen antworten	**auf Einwände reagieren, Zeit (zum Nachdenken) gewinnen**
Vielen Dank für diese Frage, auf die ich gerne eingehe.	Vielen Dank für diesen wertvollen Hinweis.
Das ist eine gute Frage, die ich mir bei der Recherche zu diesem Thema auch gestellt habe …	Mit diesen kritischen Überlegungen haben Sie / hast du bestimmt recht, dennoch möchte ich nochmal darauf zurückkommen, dass …
Das will ich Ihnen/dir gerne erklären …	Ich verstehe Ihren/deinen Einwand, möchte aber nochmal darauf hinweisen, dass …
Natürlich, das hatte ich vielleicht nicht deutlich genug ausgedrückt.	Vielen Dank für diesen Hinweis, das ist ein weiterer interessanter Punkt.
Unter … versteht man …	Darf ich später auf Ihre/deine Frage zurückkommen und zunächst …
Das ist eine gute Frage, die mich auch beschäftigt hat.	

▶ Ü 3

Porträt

Eckart von Hirschhausen

(* 1967 in Frankfurt/Main)

Eckart von Hirschhausen, Arzt, Kabarettist und Autor

„Das Gesundheitssystem braucht einen Hofnarren und den gebe ich gern"

Wohin er auch kommt – Dr. med. Eckart von Hirschhausen bringt das Lachen mit.
Seit mehr als 15 Jahren ist der promovierte Neurologe, Kabarettist und Buchautor mit seinen Bühnenprogrammen auf Tournee.

Forum: Herr von Hirschhausen oder Herr Doktor – wie hätten Sie es denn gern?
Eckart von Hirschhausen: … Doktor, bitte, so viel Zeit muss sein (lacht). Das ist keine Eitelkeit, sondern damit beuge ich der Frage „Sind Sie wirklich Arzt?" vor. Das ist nicht nur der akademische Titel, den ich mir mühsam erworben habe, sondern auch Teil meiner Marke. Was mich von anderen Kabarett-Kollegen unterscheidet, ist nun mal mein medizinischer Hintergrund. […]
Forum: Derzeit herrscht an deutschen Kliniken Ärztemangel. Wie können Sie es in diesen Zeiten verantworten, dass Sie den weißen Kittel offiziell an den Nagel gehängt haben und nicht mehr praktizieren?
Eckart von Hirschhausen: Ich praktiziere ja – ich bin aktiv in der Prävention tätig. Ärzte beschäftigen sich mit Menschen, wenn sie krank sind. Ich beschäftige mich mit ihnen, damit sie gar nicht erst krank werden. […] Was ich in meinem Bühnenprogramm „Glücksbringer" erzähle, ist verkappte Psychotherapie und stammt beispielsweise aus der kognitiven Verhaltenstherapie bei Depressionen. Als praktizierender Arzt würde ich genau das auch erzählen, nur immer jedem Patienten einzeln. Wenn jetzt 1.500 Leute gleichzeitig in meine Show kommen, dann spare ich jeden Abend fünf Jahre in der Klinik. So gesehen bin ich hocheffektiv. Wie könnte ich verantworten, das nicht zu tun?
Forum: Sie betrachten die Medizin mit Humor – plädieren aber auch ernsthaft für eine neue Wahrnehmung des Themas Gesundheit.
Eckart von Hirschhausen: Die eigentliche Wissenschaft der Medizin ist die Wissenschaft vom inneren Schweinehund. Wir wissen alle, was uns guttäte, wir tun es nur zu selten. Das medizinische Wissen verdoppelt sich alle vier Jahre. Heißt das, dass wir alle vier Jahre doppelt so schlau sind oder doppelt so gesund? Der menschliche Körper ist ein schöner Lehrmeister für den Unterschied zwischen Qualität und Quantität. Wer vier Grad über der normalen Körpertemperatur liegt, ist nicht halb so krank wie jemand, der acht Grad darüber liegt, sondern doppelt so lebendig! Zwischen 41 und 45 Grad Celsius gibt es also einen Qualitätssprung – nämlich den über die Klinge. Die zentralen Themen der Medizin sind: Wie gehe ich mit mir um, den Menschen um mich herum um, wie halte ich es mit Bewegung und Essen? Wie verarbeite ich das, was die Biologie als Verfall und Krankheit und Sterblichkeit mitgegeben hat, damit ich nicht die Lebensfreude verliere? Gesundheit ist am schönsten, wenn man so viel Freude am Leben hat, dass sie nicht nur für einen selbst, sondern auch für andere reicht. […]
Forum: Gesundheit und Glück sind also dasselbe?
Eckart von Hirschhausen: Ein erfülltes, sinnhaftes Dasein ist relativ unabhängig vom körperlichen Zustand. Als Arzt lernen Sie viele Menschen kennen, die trotz körperlicher Misere und drohender Endlichkeit ihr Leben genießen. Grundsätzlich gilt aber: Das menschliche Gehirn besteht aus einem Frontallappen – der plant. Und aus einem Seitenlappen – der vernetzt. Wir Deutschen haben einen zusätzlichen Hirnteil – den Jammerlappen, der verhindert. Der hat keine Verbindung zum Sehnerv, hat aber immer schon alles kommen sehen.

Mehr Informationen zu Eckart von Hirschhausen

Sammeln Sie Informationen über Persönlichkeiten aus dem In- und Ausland, die für das Thema „Gesundheit" interessant sind, und stellen Sie sie im Kurs vor. Sie können dazu die Vorlage „Porträt" im Anhang verwenden.
Beispiele aus dem deutschsprachigen Bereich: Hildegard von Bingen – Robert Koch – Christiane Nüsslein-Volhard – Albert Schweitzer – Monika Hauser

Grammatik-Rückschau   6

1 Infinitivsätze in Gegenwart und Vergangenheit

Geschehen im Hauptsatz **gleichzeitig mit** dem Geschehen im Nebensatz mit *dass* → Infinitivsatz im Präsens Aktiv oder Passiv	
Der Moderator bittet die Experten,	… dass sie den Zuschauern den Placebo-Effekt erklären. … den Zuschauern den Placebo Effekt **zu erklären**.
Den Placebos kommt zugute,	… dass sie für den Organismus nicht belastend sind. … für den Organismus nicht belastend **zu sein**.
Die Patienten gehen davon aus,	… dass sie mit wirksamen Medikamenten behandelt werden. … mit wirksamen Medikamenten **behandelt zu werden**.
Geschehen im Hauptsatz vor dem Geschehen im Nebensatz mit *dass* → Infinitivsatz im Präsens Aktiv oder Passiv	
Viele Kranke hatten davor Angst,	… dass sie Nebenwirkungen spüren. … Nebenwirkungen **zu spüren**.
Geschehen im Hauptsatz nach dem Geschehen im Nebensatz mit *dass* → Infinitivsatz im Perfekt Aktiv oder Passiv	
Die Forscher sind der Ansicht,	… dass sie interessante Erkenntnisse gewonnen haben. … interessante Erkenntnisse **gewonnen zu haben**.
Die Patienten bestätigen den Ärzten,	… dass sie für die gemeinsamen Gespräche dankbar gewesen sind. … für die gemeinsamen Gespräche dankbar **gewesen zu sein**.
Wir alle erinnern uns daran,	… dass wir als Kinder mit einem Streicheln von unseren Schmerzen befreit worden sind. … als Kinder mit einem Streicheln von unseren Schmerzen **befreit worden zu sein**.
Die Umformung in einen Infinitivsatz ist nur möglich, wenn das Subjekt oder das Objekt des Hauptsatzes auch das Subjekt des Nebensatzes mit *dass* ist.	

2 Besonderheiten des Passivs

a *Es* im Passivsatz

In Passivsätzen (auch in subjektlosen) muss die Position 1 von einem Satzglied, auch in Form eines Nebensatzes, oder von dem Wort *es* besetzt werden. Wird die Position 1 von einem anderen Satzglied besetzt, entfällt das Wort *es* immer, auch in subjektlosen Passivsätzen. (Stilistisch gilt dies als die bessere Variante.)

Position 1	Position 2	
Es	wird	vermutet, dass Umweltfaktoren eine Rolle spielen.
Dass … eine Rolle spielen	wird	vermutet.

b Nebensatz im Passiv mit Modalverb

Präsens und Präteritum: am Satzende steht: Partizip II + *werden* + Modalverb
*Es gibt verschiedene Hauttests, mit denen viele Allergene **identifiziert werden können/konnten**.*

Konjunktiv der Vergangenheit: am Satzende steht: Konjunktiv von *haben* + Partizip II + *werden* + Modalverb im Infinitiv
*Heute weiß man, dass viele Allergien schon viel früher **hätten behandelt werden müssen**.*

c Passiv mit *wollen/sollen*

Wunsch bezieht sich auf andere Person oder Sache → Passivsatz mit *sollen*
*Die Ursachen für das Entstehen von allergischen Erkrankungen **sollen erforscht werden**.*
*Er **soll geheilt werden**.*
Wunsch bezieht sich auf die eigene Person → Passivsatz mit *wollen*
*Nach langer Krankheit **will** er endlich **geheilt werden**.*
Als Stilmittel können Sachen personalisiert werden: *Die Gesundheit **will gepflegt werden**.*

21

Lernen, richtig zu essen

1 a Was ist für die gesunde Entwicklung von Kindern wichtig? Sammeln Sie Punkte dazu.

b Wie hängt Gesundheit und Ernährung Ihrer Meinung nach zusammen?

2 Im Film wird Ursula Pfeifer vom Verein „Lobby für Kinder" gezeigt. Sehen Sie den Film und notieren Sie kurz alle Stationen, in denen sie zu sehen ist, und was sie dort macht.

1 3 a Sehen Sie die erste Sequenz. Welche Probleme werden genannt und wie versucht Ursula Pfeifer zu helfen?

b Warum sind die Kinder in dem Restaurant? Wie finden Sie diese Idee? Diskutieren Sie.

2 4 a Lesen Sie die Aufgaben auf der nächsten Seite und sehen Sie die zweite Sequenz.

22

sehen | nachdenken | diskutieren 6

Sind die folgenden Aussagen richtig oder falsch?   r   f

1. Die alleinerziehende Mutter bekommt Sozialhilfe vom Staat.   ☐   ☐
2. Sie muss fünf Kinder versorgen.   ☐   ☐
3. Sie muss monatlich 80 Euro für ihre Schulden abgeben.   ☐   ☐
4. Das Geld reicht oft nicht für etwas Obst und Gemüse.   ☐   ☐
5. Der Mutter ist es wichtig, dass die Kinder satt und zufrieden sind. ☐ ☐

Ergänzen Sie die Sätze:

6. Frau Pfeifer kommt zum Einkaufen mit, um …
7. Beim Hackfleisch achtet sie darauf, dass es einerseits … und andererseits …
8. Frau Pfeifer respektiert aber auch die Entscheidungen von Markos Mutter, z. B. …
9. Am Abend bereitet Marko eine Überraschung vor: …

b Wie finden Sie das Engagement von Frau Pfeifer? Glauben Sie, dass sich durch ihre Hilfe die Ernährungsgewohnheiten langfristig ändern?

5 Sich gut ernähren bedeutet mehr als gesunde Lebensmittel zu essen. Sehen Sie den Film noch einmal und stellen Sie eine Liste mit Empfehlungen zusammen. Ergänzen Sie auch eigene Ideen.

23

Recht so!

1. Sehen Sie die Bilder an. Welche Begriffe aus dem Kasten passen? Notieren Sie. Manchmal passen mehrere Begriffe.

> Sachbeschädigung Betrug Diebstahl Erpressung Heiratsschwindel
> bewaffneter Raubüberfall Produktpiraterie Fahrerflucht Körperverletzung
> unterlassene Hilfeleistung Kunstfälschung

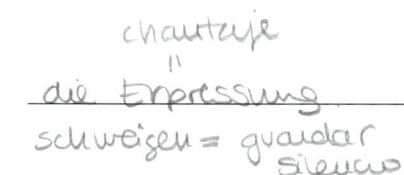

A — Heiratsschwindel

B — Produktpiraterie

C — die Erpressung

D — Fahrerflucht, unterlassene Hilfeleistung, Körperverletzung

Sie lernen

Zeitungsmeldungen verstehen und ähnliche Situationen darstellen .... Modul 1

Grafiken Informationen entnehmen und Inhalte aus einer kontroversen Diskussion detailliert verstehen .... Modul 2

Einen Text zum Thema „Gefängnis" lesen und über den Anteil von Männern und Frauen im Strafvollzug sprechen .... Modul 3

Einen Text über die Geschichte des Krimis mündlich zusammenfassen .... Modul 4

Eine Buch- oder Filmbesprechung schreiben .... Modul 4

Grammatik

Präpositionen mit Dativ und Genitiv, Verben mit Genitiv .... Modul 1
Modales Partizip .... Modul 3

AB Wortschatz

7

_(E)_ — Dato material

_(F)_ — bewaffneter Raubüberfall / Diebstahl

_(G)_ — Kunstfälschung / Betrug

2a Lesen Sie die Erklärungen. Welche Straftaten aus Aufgabe 1 werden beschrieben?

A Nach § 142 Strafgesetzbuch (StGB) macht sich derjenige strafbar, der sich als an einem Verkehrsunfall Beteiligter vom Unfallort entfernt, ohne zuvor den anderen Unfallbeteiligten die Feststellung seiner Personalien ermöglicht zu haben oder hierzu wenigstens eine angemessene Zeit gewartet zu haben, sowie derjenige, der sich zwar erlaubterweise vom Unfallort entfernt hat, die erforderlichen Feststellungen aber nicht unverzüglich nachträglich ermöglicht.

_____

B Bei dieser Straftat nach § 253 StGB versucht eine Person, sich selbst oder Dritte rechtswidrig durch Gewalt oder durch Androhung eines Übels zu Lasten eines anderen zu bereichern. Insofern ist diese Straftat von der Nötigung zu unterscheiden, die keine Bereicherungsabsicht oder Vermögensschädigung voraussetzt.

_____

C Im deutschen Recht wird dieses Delikt nicht ausdrücklich erwähnt. Für eine Verfolgung sind maßgeblich § 107 UrhG (Urhebergesetz) und § 263 (Betrug) und § 267 StGB (Urkundenfälschung). Das Kopieren oder Nachahmen an sich ist rechtlich zulässig, unzulässig ist lediglich die betrügerische Absicht, die sich darin äußert, Gewinn zu erzielen.

_____

b Schreiben Sie weitere Erklärungen für zwei Straftaten aus Aufgabe 1 oder wählen Sie andere Straftaten. Recherchieren Sie Informationen im Internet, in Lexika, …

Dumm gelaufen

1 Arbeiten Sie zu zweit. Jeder/Jede liest zwei Texte. Berichten Sie anschließend Ihrem Partner / Ihrer Partnerin über Ihre Kurztexte. Welchen Fall finden Sie am komischsten?

A Vier Jahre Haft lautet das Urteil für einen etwas ungeschickten Täter und ehemaligen Polizeibeamten, der des Banküberfalls angeklagt wurde. Bei dem Überfall, bei dem er 14.260 Euro erbeutete, verlor er seine Bankkarte in der Filiale. Kurz nach der Tat zahlte er die gesamte Beute auf sein Konto ein und gab das Abhandenkommen seiner Bankkarte bekannt. Da die Karte bereits gefunden und dem Täter zugewiesen worden war, gab der Computer Alarm.
Die Bankangestellte verzögerte die Transaktion, indem sie den Täter in ein Gespräch verwickelte. Unauffällig alarmierte sie die Polizei. Kurz darauf konnte der Täter festgenommen werden. Als Motiv gab er gegenüber der Polizei an, er habe sich aufgrund der Trennung von seiner Frau und aus Geldmangel nicht mehr zu helfen gewusst.

B Ein Einbrecher der etwas schusseligen Art hat Polizeibeamten im US-Bundesstaat Wisconsin einen ungewöhnlich entspannten Arbeitseinsatz beschert. Der Einbrecher nutzte die sturmfreie Bude, um in Ruhe seine E-Mails zu checken. Schon das ist hinsichtlich der Tatsache, dass niemand im Web wirklich anonym unterwegs ist, reichlich dumm. Das Verhalten des Einbrechers entbehrte auch ansonsten jeder Logik: Während des Einbruchs machte er sich einen Kaffee und duschte, bevor er eine Runde fernsah. In welcher Reihenfolge auch immer streute er dann noch die Zubereitung einiger kleiner Snacks ein. Was der Einbrecher nicht tat, führte am Wochenende zu seiner Verhaftung: Er loggte sich nicht aus. Der E-Mail-Account des Einbrechers war nach seinem Verschwinden immer noch offen. Angesichts dieser Dummheit war die Identifizierung des Täters dann kein Kunststück mehr – zumal die Polizei bereits wegen anderer Vergehen nach ihm suchte. Der Täter konnte mitsamt seiner Beute schnell gefunden werden.

C Mittels einer Fahndung in einem Online-Netzwerk konnte Neuseelands Polizei einen tollpatschigen Dieb fassen. Nur mithilfe einer Brechstange und eines Winkelschleifers wollte der junge Einbrecher den Tresor einer Bar knacken und versagte dabei gleich mehrfach: Den Safe konnte er nicht bezwingen und die Überwachungskamera sah er auch zu spät. Der 21-jährige Einbrecher nahm während seines Öffnungsversuchs die Skimaske ab und entdeckte dann mit einem überraschten Blick die Überwachungskamera. Dank dieses Fehlers konnte die Polizei das Überwachungsvideo sowie ein paar Fotos kurz darauf bei einem Internet-Netzwerk, das sich großer Beliebtheit erfreut, einstellen und wurde entgegen allen Erwartungen positiv überrascht. Nur einen Tag nach dem missglückten Einbruch wurde der Täter identifiziert und von der Polizei nahe seiner Wohnung festgenommen.

D Im finnischen Lapua ereignete sich ein Kriminalfall, den man sich in dieser Form sonst vielleicht nur in amerikanischen Krimis vorstellen kann. Aber offensichtlich braucht es keine hoch bezahlten Drehbuchautoren, um unglaubliche Geschichten zu schreiben.
Während der Autodieb im frisch gestohlenen Fahrzeug unterwegs ist, piekst ihn eine Mücke und saugt sich mit seinem Blut voll. Durch welche glückliche Fügung auch immer fanden die Ermittler genau dieses Insekt und konnten anhand des in ihr befindlichen Blutes und eines Abgleichs mit einer DNA-Datenbank den Langfinger schnappen und ihn des Diebstahls überführen.

lesen
schreiben | Grammatik

2a Präpositionen mit Dativ oder Genitiv. Lesen Sie die Texte noch einmal und schreiben Sie die Präpositionen in die Tabelle, die im Text mit Dativ oder Genitiv verwendet werden.

Präpositionen mit Dativ	_____
	_____
	_____
	Weitere Präpositionen: *außer, dank, entsprechend, fern, gemäß, laut, nebst, seit, wegen, zufolge, zuliebe, zuwider*
Präpositionen mit Genitiv	_____
	_____
	_____
	Weitere Präpositionen: *anlässlich, anstatt, anstelle, außerhalb, bezüglich, eingedenk, infolge, inklusive, innerhalb, laut, mangels, trotz, um ... willen, ungeachtet, zwecks*

b Schreiben Sie je drei Beispielsätze zu den Präpositionen mit Dativ und mit Genitiv. ▶ Ü 1–3

c Außerdem finden Sie in den Texten einige Wendungen, die ebenfalls den Genitiv enthalten. Diese und weitere sind hier aufgeführt. Ordnen Sie jeder Wendung die richtige Bedeutung zu.

Wendungen mit Genitiv

1. _____ j–n eines Verbrechens anklagen
2. _____ jeglicher Logik entbehren
3. _____ sich großer Beliebtheit erfreuen
4. _____ j–n eines Verbrechens überführen
5. _____ j–n der Lüge bezichtigen
6. _____ j–n eines Verbrechens beschuldigen
7. _____ etwas bedarf keiner Erklärung
8. _____ jeglicher Beschreibung spotten
9. _____ sich eines Besseren besinnen

a etwas ist sehr eindeutig/klar
b sich anders/vernünftiger entscheiden
c behaupten, dass j–d ein Verbrechen begangen hat
d etwas ist sehr populär
e j–n vor Gericht beschuldigen, dass er ein Verbrechen begangen hat
f beweisen, dass j–d ein Verbrechen begangen hat
g etwas ist sehr schlecht
h etwas macht keinen Sinn
i behaupten, dass j–d lügt

▶ Ü 4

3 Schreiben Sie zu zweit einen ähnlichen Artikel wie auf Seite 106. Verwenden Sie Präpositionen und Genitiv-Wendungen.

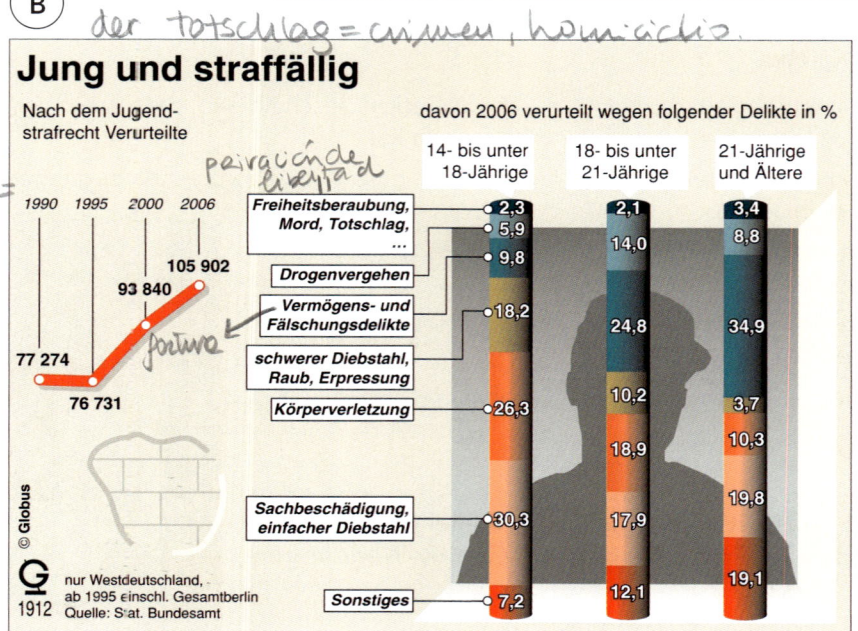

Strafe muss sein?!

1 Was denken Sie, für welche Straftaten Jugendliche am häufigsten vor Gericht gestellt werden? Sammeln und diskutieren Sie im Kurs.

Jugendliche machen oft blöde Mutproben. Zum Beispiel klauen sie irgendetwas.

Ich könnte mir auch vorstellen, dass …

2a Sehen Sie sich die Schaubilder A und B an und formulieren Sie Aussagen
- zur Entwicklung der Jugendkriminalität von 1990–2006,
- zu Unterschieden bei den Delikten in den drei Altersgruppen,
- zu drei wesentlichen Inhalten des deutschen Jugendstrafrechts.

▶ Ü 1

b Was wissen Sie über das Jugendstrafrecht in Ihrem Land (Welches Alter? Welche Strafen? …)? Berichten Sie.

A

Das Jugendstrafrecht

gilt für:	Jugendliche zwischen 14 und 18 Jahren	Heranwachsende zwischen 18 und 21 Jahren
		Jugendrichter kann entscheiden, dass Erwachsenenstrafrecht angewendet wird

Ziel: Angeklagten möglichst durch erzieherische Maßnahmen von zukünftigen Straftaten abhalten

Zuständigkeit: Jugendgerichte

Strafen:
→ bei **leichteren** Vergehen: Erziehungsmaßnahmen wie Strafarbeit, soziales Training, Heimunterbringung

→ bei **gravierenderen** Vergehen: Verwarnung und schärfere Auflagen wie Geldbuße, Jugendarrest (max. vier Wochen)

→ bei **schweren** Vergehen: Haft in Jugendstrafanstalt (meist zwischen einem halben Jahr und fünf Jahren, max. zehn Jahre), oft zur Bewährung ausgesetzt

dpa·Grafik 4725

B

Jung und straffällig

Nach dem Jugendstrafrecht Verurteilte

	1990	1995	2000	2006
	77 274	76 731	93 840	105 902

davon 2006 verurteilt wegen folgender Delikte in %

Delikt	14- bis unter 18-Jährige	18- bis unter 21-Jährige	21-Jährige und Ältere
Freiheitsberaubung, Mord, Totschlag, …	2,3	2,1	3,4
Drogenvergehen	5,9	14,0	8,8
Vermögens- und Fälschungsdelikte	9,8	24,8	34,9
schwerer Diebstahl, Raub, Erpressung	18,2	10,2	3,7
Körperverletzung	26,3	18,9	10,3
Sachbeschädigung, einfacher Diebstahl	30,3	17,9	19,8
Sonstiges	7,2	12,1	19,1

© Globus 1912 — nur Westdeutschland, ab 1995 einschl. Gesamtberlin
Quelle: Stat. Bundesamt

sprechen / hören — 7 Modul 2

3a Hören Sie den ersten Teil einer Radiodiskussion zum Thema „Kriminalität von Jugendlichen" mit Margarete Schneider (Strafrichterin), Ingo Möller (Polizist), Firad Tan (Streetworker) und Ursula Radutz (Schulleiterin). Wie lauten die Kernfragen für das Gespräch?

b Hören Sie nun den zweiten Teil der Diskussion. Lesen Sie zuerst die Aussagen und notieren Sie während des Hörens, wer was sagt.

Aussage	Herr/Frau
1. In konfliktträchtigen Stadtteilen sollten mehr Polizeibeamte im Einsatz sein.	
2. Eine Ausweitung der Strafmaßnahmen ist kein Thema, da eine breite Palette zur Verfügung steht. Konsequente Anwendung ist wichtiger.	
3. Die Ursachen für die Gewaltbereitschaft sind ein gesellschaftliches Problem und schon im familiären Umfeld zu finden.	
4. Manche Eltern sind damit überfordert, ihre Kinder zum regelmäßigen Schulbesuch zu bewegen.	
5. Schon Kinder müssen positive Impulse bekommen, die ihnen zeigen, dass es sich auszahlt, Teil der Gesellschaft zu sein.	
6. Aussichtslosigkeit und mangelnde Freizeitbeschäftigung sind für problematische Stadtviertel typisch.	
7. Jugendliche können mit Beginn der Strafmündigkeit bei einem aktuellen Delikt auch für ältere Straftaten verurteilt werden. Das ist sinnlos.	
8. Manche verurteilten Teenager berichten, dass ihnen das streng geregelte Leben im Heim geholfen hat.	
9. Viele soziale Projekte sind befristet. Wenn sie enden, sind die Jugendlichen oft noch frustrierter als vorher.	
10. Nicht allen gesellschaftlichen Schwierigkeiten können wir uns stellen, aber wir veranstalten viel für die Jugendlichen und ihre Angehörigen.	

c Vergleichen Sie Ihre Lösungen im Kurs. Hören Sie dann den zweiten Teil noch einmal.

d Hören Sie das Ende der Diskussion und notieren Sie, was zur Rolle der Medien gesagt wird. ▶ Ü 2

4a Welche Position würden Sie zum Thema vertreten? Notieren Sie Argumente für Ihren Standpunkt.

b Diskutieren Sie in Kleingruppen: Welche Maßnahmen/Strafen halten Sie zur Verringerung/Vermeidung von Jugendkriminalität für sinnvoll?

Standpunkte vertreten/differenzieren	Meinungen widersprechen
Ich bin der Ansicht, dass	Das sehe ich ganz anders, denn …
Für mich ist ganz klar, dass …	Ich möchte bezweifeln, dass …
Einerseits kann man beobachten, dass …	Das ist eine gängige Sichtweise, aber …
Andererseits darf man nicht unterschätzen, dass …	Da möchte ich widersprechen, weil …
Wir beobachten …, aber trotzdem …	… spricht mich nicht an, weil …
Das Problem hat mehrere Seiten/Aspekte, z.B. …	Ich teile diese Auffassung nicht, denn …
So einseitig kann man das nicht sehen, denn …	

▶ Ü 3

Alltag im Knast

1 Welche Ausdrücke sind Synonyme für „im Gefängnis sitzen"? Welche nicht?

Häftling sein – im Knast sitzen – in Haft sein – hinter schwedischen Gardinen sitzen – rückfällig werden – im Kittchen hocken – einen Ausbruch vorbereiten – inhaftiert sein – einsitzen – hinter Schloss und Riegel sein – Freigang haben

2a Lesen Sie den Text und geben Sie den fünf Abschnitten passende Überschriften.

Gefängnis – Leben hinter Gittern

Aufgabe der Justizvollzugsanstalten ist es, Häftlinge zu resozialisieren, damit sie später nicht rückfällig werden. Das ist gesetzlich vorgeschrieben.

Der Tagesablauf in einem normalen deutschen Gefängnis beginnt üblicherweise zwischen 6.00 Uhr und 6.30 Uhr mit Wecken und der Ausgabe des Frühstücks. Eine Stunde später geht es zur Arbeit. Der Arbeitstag dauert acht Stunden, um 12.00 Uhr ist Mittagspause, zwischen 16.00 Uhr und 16.30 Uhr Feierabend. Zum Minimalangebot gehört der Hofgang. Je nach Haftanstalt stehen aber auch Sportangebote wie Fußball und Fitnesstraining auf dem Plan. Besuche von Angehörigen sind möglich, aber nur einmal im Monat für eine Stunde. Abends zwischen 21 Uhr und 22 Uhr ist dann der sogenannte Einschluss.

Eine Einzelzelle ist etwa acht bis zehn Quadratmeter groß und hat mindestens einen Tisch, einen Stuhl und ein Bett. Ein Fernseher ist zwar gestattet, muss aber vom Häftling selbst finanziert werden. Alkohol und Drogen sind in der Anstalt verboten. Dennoch, das Geschäft floriert. Die Schmuggelwege sind so fein ausgeklügelt, dass die Kontrollen nur selten greifen.

Im März 2006 gab es nach Angaben des Statistischen Bundesamtes 64.512 Strafgefangene in Deutschland. Davon sind 95 Prozent Männer und fünf Prozent Frauen. In Deutschland kommen auf 100.000 Einwohner rund 90 Straftäter. Gut 1.900 der deutschen Gefangenen wurden zu einer lebenslangen Haftstrafe verurteilt, für 42 Prozent (27.200 Gefangene) betrug die voraussichtliche Strafdauer weniger als ein Jahr. Die meisten Gefangenen saßen wegen Diebstahl (21 Prozent), Drogendelikten (15 Prozent) oder Raub (13 Prozent) im Gefängnis.

Es gibt unterschiedliche Gefängnistypen für den geschlossenen und den offenen Vollzug. In der geschlossenen Justizvollzugsanstalt (JVA) gibt es keinen Freigang. Die Häftlinge bleiben rund um die Uhr in der Einrichtung. Die Fenster sind vergittert und der Bau ist mit einer hohen Mauer von der Außenwelt abgeschirmt. Mit besonderen Sicherheitsvorkehrungen ist der sogenannte Hochsicherheitstrakt ausgestattet: elektronisch gesicherte Türen, Gitter aus besonders gehärtetem Stahl, die Einrichtung aus Holz, damit Metalldetektoren Ausbruchswerkzeuge problemlos entdecken können.

Der offene Vollzug sieht anders aus: Die Gefangenen können tagsüber die Strafanstalt verlassen, um einer geregelten Arbeit nachzugehen. Das dürfen allerdings nur die Häftlinge, die hinreichend resozialisiert sind. Die nicht leicht zu treffende Entscheidung, wann ein Häftling in den offenen Vollzug kommt und zum sogenannten „Freigänger" wird, liegt bei der Anstaltsleitung.

Außerdem gibt es noch weitere Einteilungen im Strafvollzug. So werden erstmalig Inhaftierte in einen sogenannten „Erstvollzug" eingewiesen und die Wiederholungstäter in den „Regelvollzug". Die Trennung geschieht, um Ersttäter vor dem negativen Einfluss durch Wiederholungstäter zu schützen. Jugendliche erwartet eine Jugendhaftanstalt und Frauen eine Frauenhaftanstalt. Letztere ist allerdings die Ausnahme. Da nur etwa fünf Prozent aller zu inhaftierenden Straftäter Frauen sind, werden sie normalerweise in einem gesonderten Trakt untergebracht.

Der Alltag in den verschiedenen Haftanstalten ist unterschiedlich. Das bundeseinheitliche Strafvollzugsgesetz stellt die Resozialisierung in den Vordergrund. Jeder Mitarbeiter der Strafanstalt ist dann für seinen Bereich verantwortlich: Vollzugsbeamte,

die Anregung = incentivo   *die Anstalt = institución*

lesen
sprechen | Grammatik

Psychologen, Seelsorger, Sozialarbeiter, Ärzte und Lehrer. Die Vollzugsbeamten bilden die größte Gruppe. Sie sind für die Sicherheit verantwortlich, für den Tagesablauf, die Wäsche, das Essen, den Hofgang. Sie betreuen die Gefangenen bei Freizeitangeboten, erledigen Anträge und organisieren Besuche. Zur Unterstützung kommen Psychologen, Seelsorger, Sozialarbeiter, Streetworker und ehrenamtliche Mitarbeiter dazu. Sie sind im Vollzug besonders wichtig, um Straffällige auf ein geordnetes Leben in Freiheit vorzubereiten. Sie helfen zum Beispiel dabei, Aggressionen abzubauen, um Gewalttätigkeiten zu verhindern. Vorzugsweise therapieren sie die Häftlinge aus dem normalen Strafvollzug. Als Faustregel gilt: Je länger die abzusitzende Haftstrafe, umso länger die Therapie und umso geringer die zu erwartende Rückfallquote. Besonders hoch ist die Rückfallquote bei Drogenkranken.

Jeder Häftling ist zur Arbeit verpflichtet, heißt es im Strafvollzugsgesetz. Ausgenommen sind nur die Untersuchungshäftlinge. Je nach Fähigkeiten muss der Inhaftierte in den anstaltseigenen Werkstätten arbeiten. Im offenen Vollzug ist der Arbeitsplatz außerhalb der Gefängnismauern. Der Gefangenenlohn liegt derzeit bei durchschnittlich zwölf Euro pro Tag. Eine Alternative zur geregelten Arbeit sind Ausbildung und Fortbildung. Ob ein Gefangener Maurer, Schlosser oder Schreiner wird, entscheiden die Ausbilder je nach Eignung. Die Ausbildung ist besonders gestrafft. Statt in drei Jahren wird hier in einem Jahr das gleiche zu erarbeitende Pensum verlangt. Die Prüfungen nimmt anschließend die Industrie- und Handelskammer ab. Die abzusehenden Vermittlungschancen auf dem Arbeitsmarkt sind für ehemalige Häftlinge nicht schlecht. Im Rahmen der Weiterbildung gibt es Angebote zu Schulabschlüssen oder auch Fernstudienprogramme. Wer dann im ersten Halbjahr nach der Entlassung eine ernst zu nehmende Arbeit gefunden hat und ein geregeltes Leben führt, wird in den seltensten Fällen rückfällig.

▶ Ü 1–2

b Lesen Sie den Text noch einmal und fassen Sie für jeden Abschnitt interessante/neue/überraschende Informationen in eigenen Worten zusammen.

3a Modales Partizip. Lesen Sie die folgenden Sätze. Kreuzen Sie dann an, welche Aussagen für das modale Partizip korrekt sind.

Die nicht leicht <u>zu treffende Entscheidung</u> liegt bei der Anstaltsleitung.
➔ Die Entscheidung, *die nicht leicht getroffen werden kann*, liegt bei der Anstaltsleitung.
➔ Die Entscheidung, *die nicht leicht zu treffen ist*, liegt bei der Anstaltsleitung.

Da nur etwa fünf Prozent aller <u>zu inhaftierenden Straftäter</u> Frauen sind, …
➔ Da nur etwa fünf Prozent aller Straftäter, *die inhaftiert werden müssen*, Frauen sind, …
➔ Da nur etwa fünf Prozent aller Straftäter, *die zu inhaftieren sind*, Frauen sind …

G

Das modale Partizip …
☐ besteht aus *zu* + Partizip I + Endung.
☐ beschreibt eine zeitliche Abfolge näher.
☐ funktioniert wie ein Adjektiv vor einem Nomen.
☐ hat immer passivische Bedeutung.
☐ kann in einen Modalsatz umgeformt werden.
☐ kann durch einen Relativsatz ausgedrückt werden.
☐ drückt eine Notwendigkeit (*muss/soll*), Möglichkeit (*kann*) oder Verbot (*darf nicht*) aus.

b Suchen Sie in den letzten zwei Abschnitten im Text weitere Sätze mit modalen Partizipien und wandeln Sie sie in Relativsätze um.

▶ Ü 3

4 Können Sie sich erklären, warum nur fünf Prozent der Häftlinge Frauen sind? Diskutieren Sie mögliche Gründe.

Kriminell

1a Lesen Sie gerne Krimis? Sehen Sie sich Krimis im Fernsehen an? Berichten Sie kurz, was Sie daran mögen oder nicht mögen.

 b Bilden Sie Gruppen und sammeln Sie bekannte Krimi-Autoren und bekannte Krimi-Figuren.

 c Was sind die zentralen Elemente eines Krimis? Sammeln Sie im Kurs.

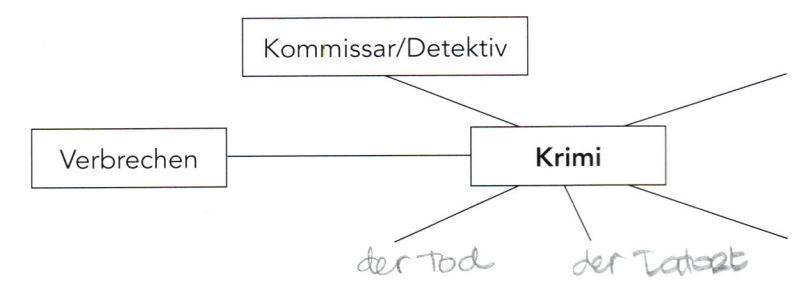

▶ Ü 1

2a Arbeiten Sie zu zweit. Jeder/Jede entscheidet sich für einen Text (A oder B). Lesen Sie den Text und markieren Sie Schlüsselwörter und wichtige Informationen.

 b Teilen Sie Ihren Text in thematische Teilbereiche auf. Machen Sie sich Notizen zu jedem Bereich.

Krimis – Faszination Verbrechen

A Im Prinzip ist es immer wieder das Gleiche: Ein Mord ist geschehen und die Frage lautet „Wer hat es getan und warum?". Doch so einfach dieses Grundkonzept ist, so erfolgreich ist es auch. Noch in den 1970er-Jahren galt der Krimi in der Literaturwissenschaft als suspekt. Hauptkritikpunkt war, dass der Krimi den Leser nicht durch die Kraft oder Schönheit seiner Sprache fesselt, sondern ihn in ein Rätsel einbindet. Der Leser soll permanent „logisch denken". Deshalb stellten einige Kritiker den Krimi auf die Stufe von Kreuzworträtseln. In einem literaturwissenschaftlichen Buch zum Kriminalroman aus dem Jahr 1971 ging ein besorgter Krimigegner sogar davon aus, dass der Kriminalromanleser „für das gute Buch von literarischem Wert verloren ist". Über so etwas werden Krimifans nur schmunzeln können. Denn bis heute haben zahlreiche Autorinnen und Autoren ausreichend bewiesen, dass ihre Sprache mehr ist als nur Funktionsträger für ein Rätsel.

Der Kriminalroman ist ein noch relativ junges Genre, dessen Anfänge im 19. Jahrhundert liegen. Natürlich gab es auch davor schon Morde in der Literatur. Aber erst das Entstehen der bürgerlichen Gesellschaft in jener Zeit machte den Krimi als solchen möglich. Bis zum Beginn des 19. Jahrhunderts gab es in keiner Kultur einen Polizeiapparat, der sich überhaupt um die beweissichere Aufklärung von Verbrechen bemühte. In Frankreich wurde 1810 die erste ermittelnde Polizei gegründet – bezeichnenderweise von einem früheren Berufsverbrecher, der somit eine gute Kenntnis der Szene hatte. In England wurde ab 1829 „Scotland Yard" aufgebaut. In Deutschland verfügten die großen deutschen Städte gegen Ende des 19. Jahrhunderts über eine eigene Kriminalpolizei. Erst in einer Gesellschaft, die Verbrechen als solche zu ergründen und aufzuklären suchte, konnte der Kriminalroman entstehen. Krimiforscher wie der Kölner Buchhändler Manfred Sarrazin belegen diese Theorie damit, dass in Staaten mit geringem Rechtsbewusstsein und wenig Demokratie auch keine Krimis geschrieben oder gelesen wurden.

Selbst in West-Deutschland dauerte es bis in die 1960er-Jahre, bis eine eigene „Krimikultur" entstand. Auch in der Sowjetunion kam der Detektivroman erst nach der Einführung demokratischer Strukturen in Mode. Da Länder wie Frankreich, England und die USA in Sachen Rechtsstaat weit voraus waren, stammt die frühe und bedeutende Krimiliteratur vorwiegend aus diesen Ländern.

Interessant in diesem Zusammenhang ist, dass es in vielen frühen Krimis oft Privatdetektive waren, die sich auf die Suche nach dem Täter begaben. Dieses Phänomen erklärt sich zum Teil daraus, dass die frühe Polizei als sehr korrupt und auch nicht sonderlich gut ausgebildet galt. Ebenso lässt die Figur eines Privatdetektivs mehr gestalterische Möglichkeiten zu. Anders als ein Polizeikommissar kann der Detektiv den Täter sogar laufen lassen, wenn seine Tat einer wie auch immer definierten höheren Gerechtigkeit dient – z.B. wenn der Täter einen Massenmörder getötet hat, der bis dahin von der Justiz

32

völlig unbehelligt blieb. Eine der wohl bekanntesten Detektivfiguren des Kriminalromans ist der Ermittler Sherlock Holmes. Erfunden hat ihn der Londoner Arzt Arthur Conan Doyle (1859–1930). 1887 tauchte diese Figur erstmals in einer von Doyle geschriebenen Erzählung auf. Eigentlich hatte der Arzt nicht vor, daraus eine Serienfigur zu machen. Ein amerikanischer Verleger konnte ihn dazu überreden, die Figur weiterzuentwickeln und ganze Romane mit ihm zu gestalten.

B Der absolute Star unter allen Krimiautoren ist bis heute Agatha Christie (1890 bis 1976). Zwischen 1920 und 1973 schrieb sie 66 Romane und mehrere Sammlungen mit Kurzgeschichten. Nach Schätzungen soll sie weltweit über zwei Milliarden Bücher verkauft haben. Vor allem zwei Figuren machten Agatha Christie berühmt: die schrullige Miss Marple und der belgische Detektiv Hercule Poirot. Dennoch wurde auch ihr eigener Name zu einem Markenzeichen. Denn bei „Agatha Christie" konnte sich der Leser immer darauf verlassen, dass die Geschichten einen gewissen Witz haben und voller überraschender Wendungen stecken.

Die Krimis von Agatha Christie spielen meist in sogenannten „besseren gesellschaftlichen Kreisen", ähnlich wie die des belgischen Erfolgsautors französischer Sprache Georges Simenon (1903–1989). Seine berühmteste Figur wurde der ständig Pfeife rauchende Kommissar Maigret. Ähnlich wie Agatha Christie hatte auch Simenon ein Talent, Situationen und Landschaften so zu beschreiben, dass der Leser mehr geboten bekam als nur ein reines Mordrätsel. Literarisch weniger anspruchsvoll und trotzdem sehr erfolgreich waren die Krimis von Edgar Wallace (1875–1932). Eines seiner berühmtesten Werke ist „Der Hexer". Wallace beherrschte die Kunst, den Leser sehr schnell in seine Geschichte einzubinden, und hielt auch den Kreis der beteiligten Personen überschaubar. Dennoch wirkt sein „Hexer" aus heutiger Sicht sehr konstruiert und recht unglaubwürdig.

Inzwischen hat sich das Krimigenre deutlich weiterentwickelt. Längst regieren nicht mehr die schrulligen Privatdetektive, die in der feinen Gesellschaft einen Mord aus Habgier aufdecken. Krimis spielen heute in allen möglichen gesellschaftlichen Kreisen.

Die Krimiszene hat sich in die unterschiedlichsten Richtungen entwickelt. Neben dem klassischen Detektivroman findet man diverse Untergenres wie „Medizin-Thriller" oder „Wirtschaftskrimi". Auch ist der Leser längst nicht mehr nur Begleiter des Ermittlers. Er kann auch aus Sicht des Täters am Mord teilhaben. Die Motive kennen ebenfalls keine Grenzen mehr und gehen bis ins Dunkelste der menschlichen Seele.

Frühe Krimis waren meist in den allseits bekannten Großstädten angesiedelt. Das ergab schon deshalb Sinn, weil diese Orte einem großen Lesepublikum bekannt waren. Doch während allgemein eine Globalisierung stattfindet, entwickelt sich der deutsche Krimi seit Jahren in die gegenläufige Richtung. Mittlerweile haben sich einige Verlage darauf spezialisiert, Krimis gezielt in bestimmten Regionen Deutschlands anzusiedeln, um die jeweilige Bevölkerung als feste Kundschaft zu erobern. Die Rechnung scheint aufzugehen, der Regionalkrimi erfreut sich steigender Beliebtheit. Der Leser kann den Krimi nun auf eine besondere Weise „miterleben". Die Tat- und Spielorte sind zum Teil persönlich vertraut. Kommissare sowie Täter bleiben unterwegs in dem Stau stecken, den man selbst täglich erlebt. Somit entsteht eine besondere Form von Nähe zur Geschichte, die – sofern gut gemacht – aber auch für den ortsunkundigen Leser spannend bleibt wie jeder andere Krimi. Denn streng genommen spielt ja jeder Krimi in einer Region.

Gut jedes fünfte Buch, das in Deutschland gelesen wird, ist ein Krimi. Nach Angaben des Börsenvereins des deutschen Buchhandels beträgt der Krimianteil in der Warengruppe Belletristik ca. 22 Prozent. Damit liegt der Krimi an zweiter Stelle hinter den Romanen, die ca. 48 Prozent des Marktes ausmachen. Diese Zahlen sind seit Jahren relativ konstant. Entsprechend der Nachfrage ist das Angebot sehr groß. In einigen Städten findet man inzwischen sogar reine Krimi-Buchhandlungen mit spezialisiertem Personal, das einen genau zu dem Krimi führen kann, den man gerne lesen möchte.

Kriminell

c Fassen Sie Ihren Text anhand Ihrer Notizen mündlich für Ihren Partner / Ihre Partnerin zusammen. Die Redemittel helfen.

Zusammenfassung	
Einleitung	Inhaltspunkte darstellen
In dem Text geht es um das Thema … Folgendes Thema wird in dem Text behandelt … Der Text befasst sich mit …	Hauptsächlich wird erklärt/erläutert/beschrieben/ dargelegt … Außerdem/Darüber hinaus wird gezeigt, … Es wird betont/hervorgehoben, … Zunächst wird erklärt, … Dann erläutert der Autor / die Autorin … Folgende Beispiele werden angeführt: … Mit folgendem Beispiel wird verdeutlicht … Die Beispiele … zeigen …

3 Hören Sie ein Krimi-Hörspiel und beantworten Sie die Fragen.

1.13

Abschnitt 1:

a Warum geht Petersen zu seinem Chef?
b Wie reagiert Fossner?
c Womit erpresst Petersen seinen Arbeitgeber?
d Wie könnte die Geschichte weitergehen? Stellen Sie Vermutungen an.

Abschnitt 2:

e Warum kann Petersen vor seinem nächsten Nachtdienst nicht schlafen?
f Was hat er vor? Vermuten Sie.

Abschnitt 3:

g Wer ist Jahnke?
h Warum trifft sich Petersen mit Jahnke?
i Welche Information hat Jahnke für Petersen?

Abschnitt 4:

j Wer taucht plötzlich in dem Café auf?
k Wie reagiert Petersen?
l Was werden die drei Personen jetzt tun? Sammeln Sie Hypothesen.

Abschnitt 5:

m Warum ruft Petersen Fossner an und wie reagiert dieser?
n Erklären Sie das Ende.
o Geben Sie dem Hörspiel einen Titel.

Fertigkeitstraining
hören | lesen | sprechen | schreiben

7 Modul 4

4 Bilden Sie zwei Gruppen und denken Sie sich ein Krimi-Hörspiel aus. Verteilen Sie die Rollen und spielen Sie Ihr Hörspiel vor.

Verbrechen	Rollen	Situationen, die gespielt werden sollen
– Diebstahl – Betrug – Erpressung – …	– Kommissar(in) und Assistent(in) – Täter – Zeugen – Opfer – …	– Verbrechensplanung – Verbrechen – Verhöre durch die Polizei – Zeugenbefragung – Festnahme

Spannung aufbauen
Er/Sie wurde blass.   Ihm/Ihr schlug das Herz bis zum Hals. Er/Sie bekam es mit der Angst zu tun.   Jetzt war alles aus. Schlagartig wurde ihm/ihr bewusst, …   Plötzlich wurde ihm/ihr alles klar. Jetzt verstand er/sie, was hier gespielt wurde.   Wie hatte er/sie sich nur so täuschen können? Jetzt zeigt … sein/ihr wahres Gesicht.   Was war hier los?   Was sollte er/sie nur machen? Konnte er/sie ihm/ihr vertrauen?   Damit hatte er/sie im Traum nicht gerechnet.

5 Ein Stadtmagazin bittet seine Leser und Leserinnen, Kritiken zu neuen Büchern oder Filmen einzusenden, die sie empfehlen können. Schreiben Sie eine Besprechung zu einem Buch, das Sie vor Kurzem gelesen haben, oder zu einem Film, den Sie vor Kurzem gesehen haben. (ca. 150 Wörter)

Buch-/Filmbesprechung		
Rubrik	**Inhalt/Handlung**	**positive/negative Bewertung**
Man kann das Buch / den Film folgender Rubrik zuordnen: … Das Buch / Der Film gehört zur Sparte … Das Buch / Der Film ist ein klassischer Krimi / ein klassisches Familiendrama / …	Es geht in dem Buch/Film „…" um Folgendes: … Zur Handlung kann man sagen, dass … Im Mittelpunkt des Geschehens steht … Schauplatz ist (dabei) … Spannung wird dadurch aufgebaut, dass … Es gibt verschiedene Handlungsstränge und zwar …	Das ist ein sehr lesenswertes Buch / ein sehr sehenswerter Film, denn … Die Geschichte ist unterhaltsam/spannend/kurzweilig/tiefsinnig/oberflächlich / gut durchdacht / unrealistisch / nicht schlüssig …

▶ Ü 2

Porträt

Ingrid Noll

(* 1935 in Schanghai)

Ingrid Noll zählt zu den erfolgreichsten deutschen Krimi-Autoren der Gegenwart. Ihre Bücher wurden bislang in 21 Sprachen übersetzt und viele ihrer Romane, wie „Die Apothekerin", „Die Häupter meiner Lieben" oder „Kalt ist der Abendhauch", wurden verfilmt und waren auch in den Kinos ein Erfolg.

Ingrid Noll wurde am 29. September 1935 in Schanghai als Tochter eines Arztes geboren und wuchs mit drei Geschwistern in Nanjing auf. Ihre Eltern waren als junges Ehepaar nach China ausgewandert. 1949 verließ die Familie China und zog nach Bonn/Bad Godesberg. Dort besuchte Ingrid Noll ein katholisches Mädchengymnasium. Anschließend studierte sie an der Universität Bonn Germanistik und Kunstgeschichte. Sie brach das Studium nach einigen Semestern ab, denn 1959 heiratete sie und bekam mit ihrem Mann, dem Arzt Dr. Peter Gullatz, drei Kinder – zwei Söhne und eine Tochter.

Ingrid Noll versorgte Kinder und Haushalt und arbeitete in der Praxis ihres Mannes mit.

Erst als die Kinder aus dem Haus waren, begann sie mit Anfang Fünfzig Kindergeschichten und schließlich Krimis zu schreiben – und hatte gleich Erfolg. Ihr Erstling „Der Hahn ist tot", der 1991 erschien, wurde ein Bestseller.

Weitere Romane folgten: „Die Häupter meiner Lieben" (1993), „Die Apothekerin" (1994), „Kalt ist der Abendhauch" (1996), „Selige Witwen" (2001, Fortsetzung von „Die Häupter meiner Lieben"), „Ladylike" (2006) und „Kuckuckskind" (2008). Viele ihrer Krimis spielen in Mannheim und Umgebung.

1994 erhielt Ingrid Noll den Friedrich-Glauser-Preis, einen der wichtigsten Krimi-Preise im deutschsprachigen Raum, ebenfalls 1994 den Preis von „Das Syndikat" für „Die Häupter meiner Lieben", und 2005 den Glauser Ehrenpreis der „Autorengruppe deutschsprachiger Kriminalliteratur". Außerdem erhielt sie 2002 die Verdienstmedaille des Landes Baden-Württemberg.

Ingrid Nolls Psycho-Krimis verzichten auf Gewalt und Action, stattdessen durchleuchten sie die zwischenmenschlichen Beziehungen sowie die Hintergründe und die Umstände der Taten. Im Mittelpunkt der Geschichten stehen meistens Frauen, die aus den verschiedensten Gründen Männer ermorden, und sie erzählt sie mit viel düsterem, auch boshaftem Humor und einiger Skurrilität. Polizei und Detektive kommen eher selten vor, an der Aufklärung der Taten ist Ingrid Noll weniger interessiert.

Ein Vergleich mit Patricia Highsmith liegt nahe und man sagt ihr britischen Humor nach. Alles in allem: Leser, die zu Noll-Krimis greifen, können sich auf eine geistreiche Unterhaltung freuen.

Ingrid Noll
eine der erfolgreichsten Kriminalschriftstellerinnen Deutschlands

Mehr Informationen zu Ingrid Noll

Sammeln Sie Informationen über Persönlichkeiten aus dem In- und Ausland, die für das Thema „Recht und Unrecht" interessant sind, und stellen Sie sie im Kurs vor. Sie können dazu die Vorlage „Porträt" im Anhang verwenden.

Beispiele aus dem deutschsprachigen Bereich: Friedrich Dürrenmatt – Wolf Haas – Friedrich Ani – Jutta Limbach – Carla Ponti

Grammatik-Rückschau 7

1 Präpositionen mit Dativ und Genitiv

Präpositionen mit Dativ	aus, außer, bei, dank, entgegen, entsprechend, fern, gegenüber, gemäß, laut, mit, mitsamt, nach, nahe, nebst, seit, von, wegen, zu, zufolge, zuliebe, zuwider
Präpositionen mit Genitiv	anhand, angesichts, anlässlich, anstatt, anstelle, aufgrund, außerhalb, bezüglich, dank, eingedenk, hinsichtlich, infolge, inklusive, innerhalb, laut, mangels, mithilfe, mittels, trotz, um ... willen, ungeachtet, während, wegen, zwecks

2 Wendungen mit Genitiv

Wendung mit Genitiv	Bedeutung
j–n eines Verbrechens anklagen	j–n vor Gericht beschuldigen, dass er ein Verbrechen begangen hat
etwas entbehrt jeglicher Logik	etwas macht keinen Sinn
etwas erfreut sich großer Beliebtheit	etwas ist sehr populär
j–n eines Verbrechens überführen	beweisen, dass j–d ein Verbrechen begangen hat
j–n der Lüge bezichtigen	behaupten, dass j–d lügt
j–n eines Verbrechens beschuldigen	behaupten, dass j–d ein Verbrechen begangen hat
etwas bedarf keiner Erklärung	etwas ist sehr eindeutig/klar
jeglicher Beschreibung spotten	etwas ist sehr schlecht
sich eines Besseren besinnen	sich anders/vernünftiger entscheiden

3 Das modale Partizip

Form
Das modale Partizip besteht aus *zu* + Partizip I + Endung. → die **zu inhaftierenden** Straftäter / die **zu erwartende** Rückfallquote Es kann von transitiven, passivfähigen Verben gebildet werden.
Das modale Partizip kann durch einen Relativsatz ausgedrückt werden. *Die **abzusehenden** Vermittlungschancen sind nicht schlecht.* → *Die Vermittlungschancen, **die man absehen kann**, sind nicht schlecht.* → *Die Vermittlungschancen, **die abzusehen sind**, sind nicht schlecht.*
Es funktioniert wie ein Adjektiv, das ein Nomen näher bestimmt. Es steht direkt vor dem Nomen. Vor dem modalen Partizip können weitere Angaben stehen. *Die <u>nicht leicht</u> **zu treffende** Entscheidung liegt bei der Anstaltsleitung.* *Die <u>unter gleichen Bedingungen</u> **abzulegende** Prüfung soll für alle gerecht sein.*
Bedeutung
Das modale Partizip hat passivische Bedeutung und kann das Gleiche ausdrücken wie eine Äußerung mit einem Modalverb: *Die **zu inhaftierenden** Straftäter sind nur selten Frauen.* → *Die Straftäter, **die inhaftiert werden müssen**, sind selten Frauen.* *Die **abzusehenden** Vermittlungschancen sind nicht schlecht.* → *Die Vermittlungschancen, **die man absehen kann**, sind nicht schlecht.*

Meine Daten – deine Daten?

1a In welchen Situationen geben Sie persönliche Daten über elektronische Systeme preis? Kreuzen Sie an und berichten Sie über Ihr Verhalten. Vergleichen Sie mit den anderen Kursteilnehmern.

	oft	selten	nie
Bestellen von Waren über das Internet			
Benutzen von Bonuskarten			
Bezahlen mit Geld- oder Kreditkarten			
Homebanking			
Chatportale und Blogs			
andere: …			

b Welche Vorteile haben solche elektronischen Systeme? Welche Gefahren sehen Sie bei der Preisgabe persönlicher Daten? Diskutieren Sie.

2a Sehen Sie den Film. Auf welche Schwerpunkte wird im Film eingegangen? Notieren Sie sie kurz.

b Ergänzen Sie die Sätze aus dem Film mit den angegebenen Verben.

| einschleusen | erheben | erstellen | geben |
| gehen | geraten | herausschmuggeln | kommen |

1. Höchstpreise gibt es für Zugangsdaten, die Aufschluss über Kontostände _____.
2. Patrick Heinen versucht, den Internetverbrechern auf die Spur zu _____.
3. Kriminelle _____ Schnüffelprogramme, sogenannte Trojaner, auf die Festplatte ____.
4. Mitarbeiter _____ sensible Kundendaten aus dem Unternehmen _____.
5. Der Handel ist in der Lage, genaue Persönlichkeitsprofile zu _____.
6. 10.000 E-Mail-Adressen _____ für 1.500 Euro über den Tisch.
7. Niemand kann ausschließen, dass diese Daten nicht in unbefugte Hände _____.
8. Eine ganz wichtige Forderung ist, nur ein Minimum an Daten zu _____.

_____ sehen | nachdenken | diskutieren **7**

3 Sehen Sie die erste Sequenz und beantworten Sie die Fragen:
a Wie entwickeln sich zurzeit die Preise im Datenhandel?
b Welche Daten werden am teuersten gehandelt?
c Wie kommen Kriminelle an Trojaner heran?
d Dirk Engling spricht im Interview von „Hackern, die böse geworden sind". Was wäre dann Ihrer Meinung nach ein „guter Hacker"? Diskutieren Sie.

4 Sehen Sie die zweite Sequenz und beantworten Sie die Fragen:
a Was sind die Gründe für den zunehmenden Datenmissbrauch?
b Auf welche Weise kann der Handel genaue Persönlichkeitsprofile erstellen?
c Welche Beispiele für selektierte Kundendaten werden genannt? Markieren Sie.

Alter	Bildungsgrad	Esoterik	Geschlecht	Kaufkraft
Parteienzugehörigkeit	Reiseverhalten	soziale Lage
Wertorientierung	Wohnort	Zahlungsverhalten

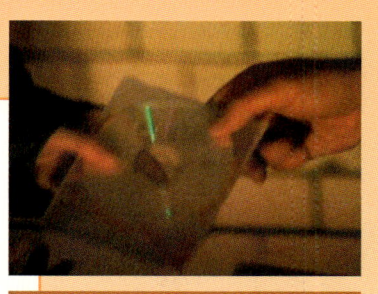

5 Einige Initiativen treten für den Schutz persönlicher Daten ein. Sehen Sie die dritte Sequenz. An wen richten sich die Forderungen dieser Initiative und welche zwei Punkte werden genannt?

6 Bilden Sie Gruppen von zwei bis vier Teilnehmern. Wählen Sie in der Gruppe eine Aufgabe. Stellen Sie Ihre Ergebnisse im Kurs vor.

Gruppe A: Formulieren Sie Forderungen an Schulen, Ministerien, staatliche Stellen, Firmen usw.: Was muss getan werden, um die Gefahr eines Datenmissbrauchs zu vermindern?

Gruppe B: Sammeln Sie Tipps für Freunde und Bekannte: Wie sollte man sich im Alltag verhalten, um die Preisgabe persönlicher Daten auf ein vernünftiges Maß zu reduzieren?

Du bist, was du bist

1a Sehen Sie die Fotos an. Welche Emotionen werden dargestellt?

 b Sammeln Sie im Kurs weitere Emotionen.

2a Hören Sie das Lied „Mensch" von Herbert Grönemeyer. Beschreiben Sie die Stimmung des Liedes.

 b Hören Sie das Lied noch einmal und lesen Sie dabei den Liedtext. Wie werden Emotionen durch die Musik und im Text ausgedrückt?

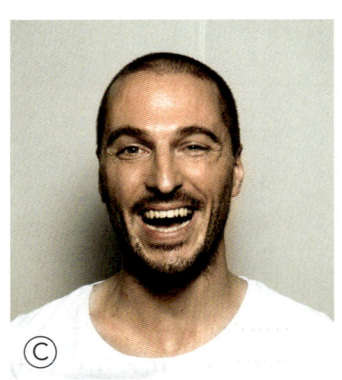

Herbert Grönemeyer
Mensch

Momentan ist richtig, momentan ist gut.
Nichts ist wirklich wichtig, nach der Ebbe
kommt die Flut.

Am Strand des Lebens,
ohne Grund, ohne Verstand,
ist nichts vergebens,
ich bau die Träume auf den Sand.

Und es ist, es ist o.k.,
alles auf dem Weg,
und es ist Sonnenzeit
unbeschwert und frei.
Und der Mensch heißt Mensch,
weil er vergisst,
weil er verdrängt,
und weil er schwärmt und stählt,
weil er wärmt, wenn er erzählt,
und weil er lacht,
weil er lebt,
Du fehlst …

Das Firmament hat geöffnet,
wolkenlos und ozeanblau.
Und Telefon, Gas, Elektrik
unbezahlt, und das geht auch.
Teil mit mir Deinen Frieden,
wenn auch nur geborgt.
Ich will nicht Deine Liebe,
ich will nur Dein Wort.

Sie lernen

Kurze Berichte über Interessantes aus der Psychologie verstehen und Überschriften formulieren	Modul 1
Einen Vortrag zum Thema „Hirnforschung und Geschlechter-Verhalten" schriftlich zusammenfassen	Modul 2
Eine Ratgebersendung über Hochbegabte verstehen	Modul 3
Einen Kommentar zu einer Fernsehsendung über Erziehung verstehen	Modul 4
Eine kontroverse Diskussion zu Erziehungsfragen verstehen und selbst eine Diskussion führen	Modul 4

Grammatik

Subjektive Modalverben zum Ausdruck einer Behauptung	Modul 1
Subjektive Modalverben zum Ausdruck einer Vermutung	Modul 3

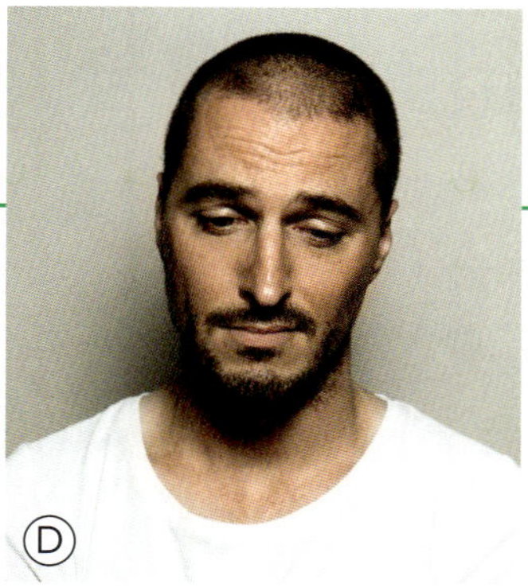

AB Wortschatz

8

Und es ist, es ist o.k.,
alles auf dem Weg,
und es ist Sonnenzeit
ungetrübt und leicht,
und der Mensch heißt Mensch,
weil er irrt und weil er kämpft,
und weil er hofft und liebt,
weil er mitfühlt und vergibt,
und weil er lacht,
und weil er lebt,
Du fehlst …

Oh, weil er lacht,
weil er lebt,
Du fehlst …

Es ist o.k.,
alles auf dem Weg,
und es ist Sonnenzeit
ungetrübt und leicht,
und der Mensch heißt Mensch,
weil er vergisst,
weil er verdrängt.

Und weil er schwärmt und glaubt,
sich anlehnt und vertraut.

Und weil er lacht,
und weil er lebt,
Du fehlst …

Oh, ist schon o.k.,
es tut gleichmäßig weh,
es ist Sonnenzeit
ohne Plan, ohne Geleit.

Der Mensch heißt Mensch,
weil er erinnert, weil er kämpft,
und weil er hofft und liebt,
weil er mitfühlt und vergibt.

Und weil er lacht,
und weil er lebt,
Du fehlst …

oh, weil er lacht,
und weil er lebt,
Du fehlst …

3a Herbert Grönemeyer beschreibt im Refrain, was für ihn typisch für einen Menschen ist. Schreiben Sie den Satz aus dem Refrain frei zu Ende.

Und der Mensch heißt Mensch, weil …

b Lesen Sie Ihre Sätze im Kurs vor und vergleichen Sie.

Interessantes aus der Psychologie

1 Lesen Sie die beiden Kurzberichte. Formulieren Sie für jeden Text eine Überschrift.

A Der Psychologe David Matsumoto will den Beweis erbracht haben, dass man Menschen wirklich vom Gesicht ablesen kann, was sie bewegt. Schon lange vermutet man in der Psychologie, dass sich Emotionen wie Freude, Wut oder Trauer in ganz unterschiedlichen Kulturen auf sehr ähnliche Weise im Gesichtsausdruck spiegeln. Matsumoto soll herausgefunden haben, dass unser Emotionsausdruck tatsächlich größtenteils in den Genen steckt und nicht erlernt werden muss. Dazu führte Matsumoto von der San Francisco State University eine Studie durch. Er verglich den Gesichtsausdruck von sehenden sowie von Geburt an blinden Judoathleten bei den Olympischen und den Paralympischen Spielen des Jahres 2004. Laut Studie hat er dafür mehr als 4.800 Fotografien von Sportlern aus 23 Nationen analysiert. Das Resultat soll eindeutig sein: Der Emotionsausdruck blinder und sehender Athleten war nahezu gleich. So konnte man etwa Sportlern, die soeben einen Titelkampf verloren hatten, ihre Enttäuschung auf sehr ähnliche Weise am Gesicht ablesen. Matsumoto will darüber hinaus entdeckt haben, dass blinde und sehende Sportler ihre Emotionen auch auf verblüffend ähnliche Weise zu beherrschen oder zu verbergen versuchten. 85 Prozent der Silbermedaillengewinner, die kurz zuvor ihren Finalkampf verloren hatten, trugen während der Siegerehrung ein tapferes „soziales Lächeln" zur Schau. Bei diesem kontrollierten Lächeln werden nur bestimmte Muskeln des Mundes bewegt, anders beim echten Lächeln: Hier ist das gesamte Gesicht beteiligt. Um die Augen bilden sich Lachfältchen und die Wangen werden nach oben gezogen. Aus der Beobachtung, dass blinde und sehende Sportler die gleichen Reaktionen zeigen, will Matsumoto ableiten, dass diese Emotionen Überbleibsel unserer evolutionären Abstammung sind. Denn von Geburt an blinde Menschen können unmöglich durch Beobachtung anderer gelernt haben.

B Menschen richten ihre Aufmerksamkeit tendenziell auf die linke Hälfte ihres Gesichtsfelds. Bisher nahm man an, dass dies eine Eigentümlichkeit des hoch entwickelten menschlichen Gehirns sei. Nun aber soll herausgefunden worden sein, dass auch viel primitivere Lebewesen unsere Linksvorliebe teilen. Sie scheint ein recht urtümliches Merkmal zu sein.

Forscher machten bislang für dieses Phänomen das Corpus Callosum verantwortlich, ein dickes Bündel von Nervenfasern, welches im Gehirn für die schnelle Vermittlung von Informationen zwischen den Hirnhälften sorgt. Von Biopsychologen aus Bochum soll jetzt aber die charakteristische Linksvorliebe auch bei zwei Vogelarten nachgewiesen worden sein – und Vögel haben kein Corpus Callosum. Der Grund für die einseitige Aufmerksamkeit soll sich, so die Wissenschaftlerin, schon entwickelt haben, bevor sich Vögel und Säugetiere voneinander wegentwickelt hatten, also vor mehr als 250 Millionen Jahren.

Stellt man gesunde Menschen vor die Aufgabe, auf einem Blatt mit sehr vielen in Reihen platzierten Buchstaben nur alle „E" und „R" anzustreichen, dann sollen der Wissenschaftlerin zufolge häufiger die Zielbuchstaben auf der linken Seite ausgewählt und auf der rechten Seite übersehen werden. Die Aufmerksamkeit richtet sich also eher nach links. Optische Eindrücke auf der linken Seite, die wir mit dem linken Auge wahrnehmen, werden von der rechten Gehirnhälfte verarbeitet. Ist diese Gehirnhälfte geschädigt, haben die Betroffenen weit größere Schwierigkeiten, sich zu orientieren, als nach Schädigungen der linken Hirnhälfte.

Um den Effekt zu ergründen, ließen die Forscher Tauben und Hühner aus einer Ansammlung von Körnern picken, die gleichmäßig vor ihnen verteilt war. […] Beide Vogelarten entschieden sich häufiger für die Körner zu ihrer Linken und neigten dazu, die rechts liegenden Körner zu übersehen. Sie zeigen also genau wie Menschen die Vorliebe für links. […] Bisher war man davon ausgegangen, dass nur wir Menschen über Links-rechts-Unterschiede unserer Hirnfunktionen verfügen und dass diese Eigenschaft einen Teil unserer denkerischen Überlegenheit ausmacht. Die Ergebnisse aus der Biopsychologie lassen nun aber vermuten, dass wir dieses Merkmal von unseren evolutionären Vorläufern geerbt und nicht neu entwickelt haben.

lesen
sprechen | Grammatik

2 In beiden Kurzberichten werden Studien vorgestellt. Wählen Sie einen Text und fassen Sie ihn zusammen. (Wer? Was? Wie? Welches Ergebnis?) ▶ Ü 1

3a Behauptungen ausdrücken. Lesen Sie die Sätze und ordnen Sie die Bedeutungen zu. Suchen Sie in den Texten weitere Beispiele für Behauptungen.

☐ Matsumoto soll herausgefunden haben, dass unser Emotionsausdruck größtenteils in den Genen steckt und nicht erlernt werden muss.

☐ Matsumoto hat herausgefunden, dass unser Emotionsausdruck größtenteils in den Genen steckt und nicht erlernt werden muss.

1 eine Behauptung, die der Schreiber/Sprecher nicht überprüfen kann oder evtl. bezweifelt
2 eine Aussage, die der Sprecher/Schreiber als Tatsache bzw. Fakt darstellt ▶ Ü 2

b Ergänzen Sie: *von sich selbst – von einer anderen Person oder einem Sachverhalt*.

Umschreibung ohne Modalverb	Behauptung mit Modalverb	Ein Sprecher gibt wieder, was jemand …
In der Zeitung stand, dass Matsumoto herausgefunden hat, dass unser Emotionsausdruck größtenteils in den Genen steckt und nicht erlernt werden muss.	Matsumoto soll herausgefunden haben, dass unser Emotionsausdruck tatsächlich größtenteils in den Genen steckt und nicht erlernt werden muss.	_von einer anderen Person_ sagt.
Er versichert, den Beweis erbracht zu haben, dass man Menschen wirklich vom Gesicht ablesen kann, was sie bewegt.	Er will den Beweis erbracht haben, dass man Menschen wirklich vom Gesicht ablesen kann, was sie bewegt.	_von sich selbst_ sagt.

erbringen = comprobar

c Ergänzen Sie die Beispiele in der Regel.

	Aktiv	Passiv
Gegenwart	Matsumoto **will** daraus _ableiten_, dass diese Emotionen Überbleibsel unserer evolutionären Abstammung sind.	Die Zielbuchstaben auf der linken Seite **sollen** der Wissenschaftlerin zufolge häufiger **ausgewählt** _____.
	wollen/sollen + Infinitiv	*wollen/sollen* + Partizip II + *werden*
Vergangenheit	Matsumoto **soll herausgefunden** _____, dass unser Emotionsausdruck tatsächlich größtenteils in den Genen steckt und nicht erlernt werden muss.	Von Biopsychologen **soll** jetzt die Linksvorliebe auch bei zwei Vogelarten **nachgewiesen** _____ _____.
	wollen/sollen + Partizip II + *haben/sein*	*wollen/sollen* + Partizip II + *worden* + *sein*

▶ Ü 3–5

4 Recherchieren Sie im Internet nach „Interessantem aus der Wissenschaft". Formulieren Sie Behauptungen mit *wollen* und *sollen*. Stellen Sie Ihre Ergebnisse im Kurs vor.

Von Anfang an anders?

1a Was macht uns zu dem, was wir sind? Sammeln Sie in drei Gruppen Meinungen zu je einem Aspekt.

- Gene und Chromosomen?
- Umwelt und Erziehung?
- Eigener Wille und Selbstdisziplin?

Ich denke, dass Jungen anders erzogen werden als Mädchen.

b Vergleichen Sie Ihre Meinungen im Kurs. In welchen Bereichen gibt es die größte Übereinstimmung?

▶ Ü 1

2 Sie hören jetzt einen Vortrag zum Thema „Geschlechterrollen". Ein Freund hat Sie gebeten, sich Notizen zu machen, weil er den Vortrag nicht hören kann.
Machen Sie beim Hören Notizen zu den Stichworten.
Sie haben jetzt eine Minute Zeit, um die Stichworte zu lesen.

2.3 / TELC

Veranlagung =

a Rolle des Y-Chromosoms
— _Schlüssel zu Männlichkeit_ → we Androgene in weiblichen genen nicht aktiviert

b Geschlechtsspezifische Verhaltensunterschiede
— Mädchen spielen 2-3 Freund, eng beziehungen intim
— Männer große gruppen
— Mädchen wollen beliebt sein / sprechen mit ihrem spielzeug besser, können besser
— Jugen → agresion / rend-augen lesen besser, konzentrieren. koordination sehr

c Geschlechtsspezifische Vorteile
— Mädchen: besseres Sprachvermögen:
—
—
— Jungen: Oetsnn (bessere)
—
—

d Gehirnfunktionen – Unterschiede
← Mädchen: Starkere rernetzung / Sprachbereich gopen. Die aktiveren beiden
← Jungen: _____ innerhalb ihre hälfte
Linke seite ausgeschaltet → nur rechte seite für die Mathematik

e Konsequenzen für die Zukunft
—

hören / schreiben

3a Hören Sie den Vortrag noch einmal und kontrollieren oder ergänzen Sie Ihre Notizen.

b Fassen Sie den Vortrag für Ihren Freund schriftlich in einem kurzen Text zusammen. Die Redemittel helfen.

Einleitung	Wiedergabe der Inhalte
In dem Vortrag ging es konkret um … Der Vortrag handelte von … Das Thema des Vortrags war … Der Vortrag behandelte die Frage, …	Im ersten/zweiten/nächsten Abschnitt ging es um … Anschließend/Danach / Im Anschluss daran wurde dargestellt / darauf eingegangen, dass … Eine wesentliche Aussage war … Laut der Referentin … Die Professorin nannte folgende Beispiele: … Gemäß der Professorin …
Schluss	
Zusammenfassend kann man sagen, dass … Als Hauptaussage lässt sich festhalten, dass …	

▶ Ü 2

4 Welche Ihrer Ideen aus Aufgabe 1 wurden im Vortrag aufgegriffen, bestätigt oder widerlegt?

5a Nach dem Vortrag findet eine Diskussion statt. Wie könnten Aussagen/Fragen aus dem Publikum lauten? Schreiben Sie in Gruppen mögliche Fragen und Aussagen auf Karten. Sammeln Sie die Karten ein. Lesen Sie eine Karte vor. Überlegen Sie, was Frau Professor Schetz dazu sagen könnte?

> Ich denke, das soziale Umfeld macht einen Menschen aggressiv.

> Kinder haben unterschiedliche Veranlagungen. Welche, wissen wir nicht. Habe ich das richtig verstanden?

> Nach Ihrem Vortrag könnte ich sagen, dass sich Frauen um die Familie kümmern sollten. Denn das liegt in ihrer Natur.

> Mädchen zeigen zwar eine starke soziale Veranlagung. Das heißt aber nicht, dass …

b Welchen Aussagen von Frau Professor Schetz stimmen Sie persönlich zu? Welchen nicht? Warum?

▶ Ü 3

Voll auf Zack!

1 Wenn Sie an Ihre Schulzeit zurückdenken, woran erinnern Sie sich gern, woran nicht so gern?

2a Hören Sie den ersten Teil einer Radiosendung. In der „Elternsprechstunde" wird über Jonas gesprochen. Was erfahren Sie über ihn? Machen Sie Notizen.

▶ Ü 1

b Was vermuten Sie: Welche Probleme hat Jonas? Benutzen Sie die Redemittel.

Vermutungen ausdrücken	
Etwas ist sicher.	Ich bin sicher, dass … / Ich bin überzeugt, dass … / Alles deutet darauf hin, dass … / Alle Anzeichen sprechen dafür, dass … / Bestimmt … / Sicher … / Gewiss … / Zweifellos …
Etwas ist sehr wahrscheinlich.	Aller Wahrscheinlichkeit nach … / Wahrscheinlich … / Vermutlich … / Ich vermute, dass … / Ich nehme an, dass … / Ich bin ziemlich sicher, dass … / Es sieht so aus, als ob …
Etwas ist möglich.	Es ist möglich/denkbar / nicht ausgeschlossen, dass … / Vielleicht … / Möglicherweise … / Eventuell … / Angeblich … / Es besteht die Möglichkeit, dass … / … lässt vermuten / darauf schließen, dass …

Ich halte es für denkbar, dass für Jonas die Anforderungen im Gymnasium in bestimmten Fächern zu hoch sind.

▶ Ü 2

c Hören Sie den zweiten Teil der Radiosendung. Haben sich Ihre Vermutungen über Jonas bestätigt? Wie begründet Herr Professor Boldmann seine Vermutung? Notieren Sie seine beiden Argumente.

Argument 1	Argument 2

d Hören Sie den dritten Teil der Radiosendung. Beantworten Sie die Fragen.
1. Wann kann man sagen, dass jemand hochbegabt ist?
2. Warum ist es für die Eltern schwierig, eine Hochbegabung zu erkennen?
3. Was könnten Anzeichen für eine Hochbegabung sein?
4. Was sollte man tun, wenn man glaubt, ein hochbegabtes Kind zu haben?

hören
sprechen | Grammatik

8 Modul 3

3a Lesen Sie den Auszug aus der Radiosendung. Hören Sie dann den Text und ergänzen Sie.

Moderatorin: Tja, was denken Sie, Herr Professor Boldmann, was ist los mit Jonas?

Boldmann: Nun, so wie die Situation beschrieben wurde, (1) _____ Jonas zu jenen Kindern gehören, die über eine außergewöhnliche intellektuelle Begabung verfügen.

Moderatorin: Sie vermuten, Jonas ist besonders begabt? Aber Jonas bekommt in Mathematik und anderen Fächern schlechte Noten? Er hat Probleme in der Schule. Er (2) _____ nicht zu den besonders Begabten gehören. Da (3) _____ Ihre Diagnose falsch sein.

Boldmann: Sie (4) _____ durchaus recht haben, wenn man daran denkt, dass wir hier nur über Jonas sprechen und nicht mit ihm. Aber in dem Fall von Jonas sprechen einige Dinge dafür, dass er doch hochbegabt sein (5) _____.

b Herr Professor Boldmann drückt seine Vermutung mit Modalverben aus. Sehen Sie sich die Tabelle an und formulieren Sie die Beispielsätze mithilfe der Redemittel aus Aufgabe 2b um.

Grad der Sicherheit	Modalverb	Umschreibung ohne Modalverb
hoch ↑ Etwas ist sicher.	*müssen:* Da **muss** Ihre Diagnose falsch sein.	*Zweifellos ist Ihre Diagnose falsch.*
	nicht können: Er **kann nicht** zu den besonders Begabten gehören.	
Etwas ist sehr wahrscheinlich.	*dürfen* (nur im Konjunktiv II): Jonas **dürfte** zu den begabten Kindern gehören.	
	können (im Indikativ): Jonas **kann** hochbegabt sein.	
niedrig Etwas ist möglich.	*können* (nur im Konjunktiv II): Sie **könnten** recht haben.	

c Lesen Sie die Sätze. Markieren Sie die Verbformen. Ergänzen Sie in der Tabelle: *Gegenwart* und *Vergangenheit*.

_____	_____
Sie könnten durchaus recht haben.	Sie könnten durchaus recht gehabt haben.
Jonas kann unterfordert sein.	Jonas kann unterfordert gewesen sein.

▶ Ü 3–5

4 Stellen Sie Vermutungen an, wie die anderen im Kurs als Schüler/Schülerinnen waren. Was haben sie vermutlich (nicht) gerne gemacht?

... muss ein guter Schüler gewesen sein, denn er will bald Medizin studieren.
... kann in der Schule nicht ...

Alles nicht so einfach ...

1a Lesen Sie den Anfang einer Geschichte aus dem „Struwwelpeter" von Heinrich Hoffmann. Wie geht die Geschichte weiter? Vergleichen Sie Ihre Ideen mit dem Text auf Seite 125.

Der Kaspar, der war kerngesund,
Ein dicker Bub und kugelrund.
Er hatte Backen rot und frisch;
Die Suppe aß er hübsch bei Tisch.
Doch einmal fing er an zu schrein:
„Ich esse keine Suppe! Nein!
Ich esse meine Suppe nicht!
Nein, meine Suppe ess ich nicht!"

▶ Ü 1

b Welchen Zweck verfolgen solche Geschichten und welche psychologischen Mittel werden dazu eingesetzt? Sind sie zeitgemäß? Würden Sie Kindern solche Geschichten vorlesen?

▶ Ü 2–3

c Was würden Sie tun, wenn Kaspar Ihr Kind wäre und nicht essen will?

2a Lesen Sie den Text zum Thema „Erziehung" und notieren Sie Hauptinformationen zu: Verhalten der Kinder – Inhalte von „Super Nanny" – Reaktionen der Zuschauer.

„Kinder, macht Sitz!"

Die Diplom-Pädagogin Katharina Saalfrank gibt auf RTL Nachhilfe in Sachen Erziehung und erreicht damit ein Millionenpublikum. BRIGITTE-Mitarbeiterin Julia Karnick fragt sich: Brauchen wir alle eine „Super Nanny"?

Abends, zehn Uhr, in Deutschland

Millionen Mütter und Väter liegen auf ihren Sofas und lassen den Tag an sich vorüberziehen: Kaja hat von morgens bis abends den Bruder gepiesackt und zur Mutter „Du Doofmann!" gesagt. [...] Fanny hat einen Schreikrampf bekommen und den Vater getreten, als der die Glotze ausschaltete. [...] Noa ist eben erst eingeschlafen, nachdem er 13-mal aus dem Bett gekommen ist. Der Abend ist die rechte Zeit für Eltern, sich in aller Ruhe der tagsüber aufgekommenen Frage hinzugeben: „Sind meine Kinder noch normal?" [...]

Ich sitze auf dem Sofa und überdenke meine erbrachte Erziehungsleistung: mangelhaft? Mein sechsjähriger Sohn hat nachmittags seine Schwester übel beschimpft, meine vierjährige Tochter hat ihn daraufhin bespuckt, dann haben die zwei sich plärrend und ineinander verknäult auf dem Boden gewälzt, und alles, was mir dazu einfiel, war: „Die sind ja nicht normal!" Ablenkung suchend bleibe ich bei der RTL-Doku-Serie „Super Nanny" hängen.

Die „Super Nanny" – eine Pädagogin namens Katharina Saalfrank mit dem Charme einer KGB-Offizierin: schön, intelligent, unbestechlich – nistet sich bei Familien ein, deren Haussegen schief hängt, weil der Nachwuchs aus der Reihe tanzt, und weist die überforderten Eltern an, wie kleine Tyrannen diszipliniert werden können: An jenem Abend war es Florian, der von der „Super Nanny" gebändigt wurde. Von knapp 60 Sendeminuten verbrachte er rund eine halbe Stunde auf der „stillen Treppe": Dorthin wurde er jedes Mal verbannt, wenn er ungehorsam, laut oder aggressiv geworden war. Dort sollte der Fünfjährige „nachdenken" über sein Fehlverhalten – per Video überwacht von Frau Saalfrank, die vom oberen Stockwerk aus den verkabelten Eltern Anweisungen ins Ohr raunte: „Er steht auf! Bring ihn zurück! Schneller reagieren! Sag ihm: ‚Das geht so nicht!'" Der Vater: „Flori, das geht so nicht!" Frau Saalfrank: „Das machst du super!"

Die „Super Nanny" ist ein Quotenhit

Florian braucht Regeln, der Vater auch: „6.30 Uhr Frühstück, gemeinsam am Tisch, danach Zähne putzen."

Der Erfolg der Serie basiert auf zwei scheinbar paradoxen Mechanismen. Einerseits entlastet er gestresste Durchschnittseltern durch die Möglichkeit, sich abzugrenzen: „Puh, so schlimm geht's bei uns nun doch nicht zu!" Andererseits identifizieren wir uns, still und heimlich, eben doch mit der Hilflosigkeit der Eltern auf der Mattscheibe, denn [...] oft wissen auch wir nicht mehr weiter.

Selbstverständlich ließen wir es niemals zu, dass Katharina Saalfrank unsere Gästecouch belegt, uns öffentlich als Erziehungsnieten enttarnt, ein Kamerateam die Ausraster unserer Kinder filmt und aus den schlimmsten Szenen einen Horrorfilm zusammenschneidet – zu Unterhaltungszwecken. Aber so ein kleiner Knopf im Ohr, über den Experten uns schlaue Erziehungstipps einflüstern, der wäre ab und zu doch ganz praktisch: Endlich jemand, der uns sagt, was wir zu tun haben, um gute Eltern zu sein. [...]. Endlich jemand, der uns einfache Lösungen bietet, wenn wir es leid sind, täglich Antworten auf eine schwierige Frage finden zu müssen: Wie erziehe ich mein Kind zu einem selbstbewussten, selbstständigen und selbst denkenden Menschen, ohne aus ihm einen ignoranten, rücksichtslosen Egozentriker – ein unausstehliches Balg – zu machen?

Zwischen Verstehen und Gehorchen

Früher war klar: Kinder müssen nicht verstehen, sondern gehorchen. Das Konzept der antiautoritären Erziehung behauptete das genaue Gegenteil: Kinder müssen nicht gehorchen, sondern verstehen. Heutzutage ist die Lage komplizierter, wir haben eingesehen, dass die Wahrheit wie so oft im Leben irgendwo dazwischen liegt: Kinder sollen möglichst verstehen, zur Not aber auch ohne Einsicht gehorchen. Leider weiß kaum jemand genau, wo sich „irgendwo dazwischen" befindet. [...]

Mitten in diese Verunsicherung [...] spaziert stramm Katharina Saalfrank, legt flugs ein paar Regeln fest, pinnt sie an die Wand über der Essecke und ahndet von nun an konsequent jeden Verstoß gegen die neue Familienverfassung: Nach zähem Widerstand begab Flori sich schließlich freiwillig auf die Treppe, sobald er der kleinen Schwester wieder mal eine gescheuert oder beim Essen zu sehr herumgezappelt hatte. Am Ende schien er es satt zu haben, den halben Tag in Verbannung zu verbringen und zeigte Besserung. „Mensch, geht doch!", könnte man sagen und sich mit den sichtlich erleichterten Eltern freuen. Ich kann es nicht: Weil mir angesichts des kleinen Florians das gleiche Unbehagen die Kehle zuschnürt, das mich überkommt, wenn ich in der Manege eines drittklassigen Zirkus sitze und einen Schimpansen in Anzug und Krawatte dabei beobachte, wie er Männchen macht, um ein Stück Zucker zu bekommen. Ich habe keine Lust, meine Kinder zu dressieren. Weil sie keine Zirkusaffen sind, sondern kleine Menschen. Klar, ich bin die Mutter, ich trage die Verantwortung, am Ende entscheide immer ich, wo es langgeht – diese Sicherheit brauchen und wollen Kinder.

Zugleich aber will ich ihnen die gleichen Rechte zugestehen, die sich jeder Erwachsene leistet: Man darf mal einen schlechten Tag haben, man darf Mist bauen, Fehler machen, wütend, auch ausfallend werden, Anordnungen hinterfragen, ab und zu fünfe gerade sein lassen. Darum will ich mich weiter mit ihren Macken herumschlagen [...], mich von ihren Argumenten überzeugen lassen und mich ihrem Willen beugen können, plötzlich lachen, wenn ich eigentlich schimpfen will. Ich will weiter nach dem „irgendwo dazwischen" suchen. Und vor allem: gelassen bleiben. Mitten im heutigen Ringkampf gackerten meine Kinder plötzlich los, drei Minuten später bauten sie gemeinsam an einem Legoschloss für die Barbie meiner Tochter. Wäre es nach der „Super Nanny" gegangen, hätten sie auf der Treppe gesessen.

b Die Autorin nutzt viele umgangssprachliche Ausdrücke. Arbeiten Sie in drei Gruppen: Sammeln und klären Sie Wörter und Phrasen aus einem Abschnitt.

c Um ihre Sichtweise zu verdeutlichen, verwendet Julia Karnick Übertreibungen und Vergleiche. Sammeln Sie Beispiele aus dem Text.

Übertreibung	Vergleich
jemanden von morgens bis abends piesacken	

d Welches Resümee zieht die Autorin für die Erziehung ihrer Kinder? In welchen Situationen können Sie ihr zustimmen? Wann nicht?

Alles nicht so einfach ...

3a Lesen Sie die Aussagen. Lassen sie sich einem autoritären oder antiautoritären Erziehungsstil zuordnen? Begründen Sie Ihre Zuordnung.

1. Das Ziel ist, Kindern zu helfen, glücklicher zu werden.

2. Wir müssen Kindern Gelegenheit und Wahlmöglichkeiten geben, damit sie sich ihrem individuellen Tempo gemäß entwickeln und ihren eigenen Interessen folgen können.

3. Kinder müssen vor Gefahren, die sie nicht kennen, durch die Erwachsenen geschützt werden.

4. Kinder sind unvollkommen. Sie brauchen Anleitung und Unterstützung beim Sammeln und Einordnen ihrer Erfahrung.

▶ Ü 4

b Sie hören gleich eine Radiodiskussion zum Thema „Erziehung heute" mit zwei Psychologen. Einer vertritt einen eher autoritären und einer einen eher antiautoritären Erziehungsstil. Lesen Sie drei Fragen aus der Diskussion. Wählen Sie eine Frage und stellen Sie Vermutungen an, was die Psychologen jeweils antworten könnten.

1. Welche Rolle spielen gesellschaftliche Veränderungen (mehr Stress, Einzelkinder, ...)?
2. Sind Kinder und Erwachsene gleichberechtigte Partner?
3. Wie müsste die Schule auf die zunehmende Zahl auffälliger Kinder reagieren?

c (2.12) Hören Sie nun die Diskussion. Bilden Sie zwei Gruppen: Gruppe A notiert die Ansichten von Frau Dr. Pohl, Gruppe B die Meinungen von Herrn Dr. Meierfeld.

Erziehung ohne Zwang	gesellschaftliche Veränderungen
Kommunikation und Zeit	**Kinder als gleichberechtigte Partner**
Forderungen an die Schule	**Sonstiges**

▶ Ü 5

d Beide Gruppen stellen ihre Ergebnisse vor. Was stimmt mit Ihren Vermutungen aus Aufgabe 3b überein? Was hat Sie überrascht?

e Welchen Aussagen stimmen Sie zu?

4a Lesen Sie die Blogeinträge. Welche Situation möchten Sie im Kurs diskutieren?

> Catharina aus Herne: Jeden Tag spielt sich bei uns zu Hause das gleiche Drama ab. Mein Sohn Luka (5) und ich müssen einkaufen gehen oder zu sonst einem Termin. Wenn es so weit ist, dass wir losgehen müssen, will mein Sohn nie mit. Er schreit und tobt. Ich kann ihn aber auch nicht zu Hause alleine lassen. Wir haben schon so oft darüber gesprochen und auch Regeln wie: „Wenn du mitkommst, dann bekommst du auch etwas." ziehen gar nicht mehr. Was tun?

Fertigkeitstraining
hören | lesen | sprechen | schreiben

8 Modul 4

> Paul aus Chemnitz: Unsere Tochter Nadine ist 16 und im Moment einfach schwer zu ertragen. Sie hat die Schule abgebrochen und nach zwei Wochen die Lehre geschmissen. Sie ist zu allen vorlaut und aggressiv. Dabei war sie so ein liebes Kind, wir hatten nie Streit, alle haben uns um so ein braves Mädchen beneidet. Jetzt hat mich die Mutter ihrer besten Freundin angerufen, weil Nadine das Mädchen übel beschimpft hat. Wegen einer Lappalie. Wie sollten wir reagieren? Für Tipps sind meine Frau und ich dankbar.

b **Eine Diskussion führen.** Wählen Sie zuerst einen Moderator / eine Moderatorin. Bilden Sie dann zwei Gruppen. Gruppe A vertritt einen autoritären, Gruppe B einen antiautoritären Erziehungsstil. Sammeln Sie für alle Mitglieder Ihrer Gruppe Argumente, wie die Familie ihre Situation verbessern könnte.

c Stellen Sie Redemittel zusammen, die Sie in der Diskussion nutzen wollen.

zustimmen/ablehnen	zweifeln	jemanden unterbrechen
		Entschuldigung, dass ich unterbreche, aber …
		Wenn ich da kurz einhaken / unterbrechen darf …
		Eine kurze Bemerkung zum Stichwort …
		Nur kurz zu …

d Spielen Sie die Diskussion im Kurs. Alle bringen ihre Vorschläge und Argumente zur Sprache. Der Moderator / Die Moderatorin darf Fragen stellen, zusammenfassen, zur Äußerung auffordern.

5 Antworten Sie auf den Blogeintrag und schreiben Sie
 – wie Sie die Situation einschätzen,
 – welche Ursache Sie für das Problem sehen,
 – welche Lösungen Sie vorschlagen.

6 Die Aufgabe ist, für Ihren Partner / Ihre Partnerin einen kurzen Vortrag zu halten. Wählen Sie eines der Themen aus. Sie sollen etwa eineinhalb Minuten sprechen. Danach stellt Ihnen Ihr Partner / Ihre Partnerin Fragen.

A
– Beschreiben Sie Vor- und Nachteile einer autoritären Erziehung.
– Erzählen Sie von einem Schulerlebnis, das typisch für die Erziehung an Ihrer Schule war.

B
– Berichten Sie über die Rolle der Eltern bei der Erziehung in Ihrem Land.
– Beschreiben Sie positive und negative Aspekte einer antiautoritären Erziehung.

Porträt

Emmi Pikler

(* 9. Januar 1902 in Wien,
† 6. Juni 1984 in Budapest)

Kinderärztin und Entwicklungspsychologin

Emmi Pikler, Tochter einer Wiener Kindergärtnerin und eines ungarischen Handwerkers, wuchs zunächst in Wien und ab 1908 in Budapest auf. Schon früh starb die Mutter, Emmi Pikler war gerade 12 Jahre alt. Das berufliche Ziel Kinderärztin stand für sie schon bald fest. Für das Medizinstudium kehrte Emmi Pikler nach Wien zurück. 1927 promovierte sie und absolvierte ihre pädiatrische Fachausbildung an der dortigen Universitäts-Kinderklinik und an der Kinderchirurgie.

Ihren Mann lernte Emmi Pikler während ihrer Ausbildung kennen. Er war ihr Lehrer, ein Mathematiker und Pädagoge. Seine Erfahrungen bestätigten ihre Annahmen und Thesen zur Entwicklungspsychologie. Schon bei ihrem ersten gemeinsamen Kind entschied das Paar, ihm eine freie Entwicklung in seinen Bewegungen zu ermöglichen und die Stadien mit Geduld abzuwarten.

Die Erfahrungen mit der Tochter zeigten, dass Kinder nicht animiert werden müssen, um sich zu bewegen oder zu spielen. Sie stellten aber auch fest, dass bereits Kleinigkeiten beim Umgang mit dem Kind oder aus der Umgebung Einfluss auf die kindliche Entwicklung nehmen. Die ersten Fachartikel zum Umgang mit Kleinkindern entstanden bereits zu dieser Zeit.

Die Familie lebte erst in Triest, dann in Budapest. 1940 erschien das erste Buch für Eltern, das auch über die ungarischen Grenzen hinaus Anerkennung fand.

Zehn Jahre arbeitete Emmi Pikler als Kinderärztin. Während des Nationalsozialismus durchlebte sie eine schwere Zeit, da sie jüdischer Herkunft war und ihr Mann zudem von 1936 bis 1945 in politischer Gefangenschaft lebte. Ihrer mutigen und unerschrockenen Art, aber auch der Hilfe der Eltern, deren Kinder sie betreute, ist es zu verdanken, dass sie und ihre Familie die Judenverfolgung überlebten.

Nach dem Krieg wurde Emmi Pikler noch zweimal Mutter.

Emmi Pikler praktizierte nicht mehr, kümmerte sich jedoch um verlassene und unterernährte Kinder. Schon 1946 wurde das bekannte Säuglingsheim Lóczy von ihr gegründet, dessen Leitung sie bis 1979 übernahm. Sie verstand es stets, dort eine angenehme und geborgene Umgebung zu schaffen und die üblichen Anstaltsschäden zu verhindern, nicht zuletzt durch sorgfältige Auswahl ihres pflegerischen Personals.

Emmi Pikler steht synonym für ein geändertes Bewusstsein beim Umgang mit Säuglingen und Kleinkindern. Das Kind wird als ernst zu nehmender Mensch und Partner betrachtet, der nicht laufend gelenkt werden muss. Kann ein Kind selbst Bewegungen entdecken, kann es selbstständig etwas erarbeiten, so haben diese Prozesse und Erlebnisse besondere Bedeutung für die frühkindliche Entwicklung. Umdrehen vom Rücken auf den Bauch, Aufrichten, Sitzen, Gehen – das alles allein zu entdecken und zu meistern gibt dem Kind Sicherheit und Vertrauen in sich selbst.

Nach Pikler steht die Entwicklung der Persönlichkeit in direktem Zusammenhang mit der selbstständigen Entwicklung der Bewegungsabläufe. „Wesentlich ist, dass das Kind möglichst viele Dinge selbst entdeckt. Wenn wir ihm bei der Lösung aller Aufgaben behilflich sind, berauben wir es gerade dessen, was für seine geistige Entwicklung das Wichtigste ist." Foto- und Videodokumente aus vielen Jahren beweisen, dass diese Annahme eine dauerhafte Praxiserfahrung im Lóczy wurde.

Emmi Piklers Arbeit, u.a. ihr Konzept des „SpielRaums", fand in den letzten Jahren ihres Lebens im In- und Ausland immer mehr Anerkennung. Emmi Pikler war bis zuletzt aktiv im Berufsleben tätig und verstarb 1984 nach kurzer schwerer Krankheit.

Mehr Informationen zu Emmi Pikler

Sammeln Sie Informationen über Persönlichkeiten aus dem In- und Ausland, die für das Thema „Psychologie" interessant sind, und stellen Sie sie im Kurs vor. Sie können dazu die Vorlage „Porträt" im Anhang verwenden.
Beispiele aus dem deutschsprachigen Bereich: Heinz Klippert – Alice Miller – Richard David Precht – Friedrich Wilhelm August Fröbel – Julia Onken – Verena Kast

Grammatik-Rückschau 8

1 Subjektive Bedeutung der Modalverben: Behauptungen ausdrücken

Mit den Modalverben *wollen* und *sollen* wird eine Behauptung ausgedrückt, die der Schreiber/Sprecher nicht überprüfen kann oder vielleicht bezweifelt.

Behauptung mit Modalverb	Umschreibung ohne Modalverb
a) Behauptung über andere oder einen Sachverhalt Matsumoto **soll herausgefunden haben**, dass unser Emotionsausdruck größtenteils in den Genen steckt …	In der Zeitung stand, dass … / Man sagt, dass … / Man berichtet, dass … / Man behauptet, dass … … Matsumoto herausgefunden hat, dass unser Emotionsausdruck größtenteils in den Genen steckt …
b) Behauptung über sich selbst Er **will** den Beweis **erbracht haben**, dass man Menschen wirklich vom Gesicht ablesen kann, was sie bewegt.	Er behauptet, dass … / Er sagt von sich selbst, dass … / Er gibt vor, dass … … er den Beweis erbracht hat, dass man Menschen wirklich vom Gesicht ablesen kann, was sie bewegt.

	Aktiv	Passiv
Gegenwart	Matsumoto **will** daraus **ableiten**, dass diese Emotionen Überbleibsel unserer evolutionären Abstammung sind.	Die Zielbuchstaben auf der linken Seite **sollen** der Wissenschaftlerin zufolge häufiger **ausgewählt werden**.
	wollen/sollen + Infinitiv	*wollen/sollen* + Partizip II + *werden*
Vergangenheit	Matsumoto **soll herausgefunden haben**, dass unser Emotionsausdruck tatsächlich größtenteils in den Genen steckt und nicht erlernt werden muss.	Von Biopsychologen **soll** jetzt die Linksvorliebe auch bei zwei Vogelarten **nachgewiesen worden sein**.
	wollen/sollen + Partizip II + *haben/sein*	*wollen/sollen* + Partizip II + *worden* + *sein*

2 Subjektive Bedeutung der Modalverben: Vermutungen ausdrücken

Grad der Sicherheit	Modalverb + Infinitiv*	Umschreibung ohne Modalverb
hoch Etwas ist sicher.	*müssen*: Da **muss** Ihre Diagnose falsch sein.	Ich bin sicher, dass … / Ich bin überzeugt, dass … / Alles deutet darauf hin, dass … / Alle Anzeichen sprechen dafür, dass … / Bestimmt … / Sicher … / Gewiss … / Zweifellos …
	nicht können: Er **kann nicht** zu den besonders Begabten gehören.	
Etwas ist sehr wahrscheinlich.	*dürfen* (nur im Konjunktiv II): Jonas **dürfte** zu den begabten Kindern gehören.	Aller Wahrscheinlichkeit nach … / Wahrscheinlich … / Vermutlich … / Ich vermute, dass … / Ich nehme an, dass … / Ich bin ziemlich sicher, dass … / Es sieht so aus, als ob …
	können (im Indikativ): Jonas **kann** hochbegabt sein.	
niedrig Etwas ist möglich.	*können* (nur im Konjunktiv II): Sie **könnten** recht haben.	Es ist möglich/denkbar / nicht ausgeschlossen, dass … / Vielleicht … / Möglicherweise … / Eventuell …

* Formen für Gegenwart und Vergangenheit wie in 1

53

Intuition – das schlaue Gefühl

1 Wie spontan und intuitiv handeln Sie? In welchen alltäglichen Situationen lassen Sie sich eher von Ihrer Intuition leiten statt von rationalen Überlegungen? Berichten Sie.

2a Was ist Intuition? Sehen Sie den Film und notieren Sie alles, was für eine Definition des Begriffs *Intuition* wichtig sein könnte.

b Formulieren Sie mithilfe Ihrer Notizen eine Definition für ein Wörterbuch.

c Vergleichen Sie Ihre Definitionen im Kurs. Welche sind die besten? Begründen Sie.

3a Sehen Sie die erste Sequenz und beschreiben Sie das Experiment „Wiedererkennungsintuition". Gehen Sie besonders auf die Vorkenntnisse und die Entscheidungsfindung der Testpersonen ein.

b „Intuitive Entscheidungen (z. B. beim Kauf eines Produkts) müssen nicht immer richtig sein." Begründen Sie diese Behauptung mit dem Ergebnis des Experiments.

4a Das Max-Planck-Institut hat auch die sogenannte „Gerechtigkeitsintuition" erforscht. Bilden Sie Gruppen zu je drei Personen und machen Sie das Experiment.

Ihre Gruppe hat 20 Münzen, die Sie mit einer anderen Gruppe möglichst gerecht teilen sollen. In der anderen Gruppe sind genauso viele Personen wie in Ihrer; auch das Alter und die soziale Situation sind gleich. Die Personen kennen Sie aber nicht. Sie sollen teilen, aber Sie müssen nicht unbedingt.

Diskutieren Sie und einigen Sie sich zu diesen Fragen:
Wie viele Münzen für die andere Gruppe wären eigentlich gerecht? Wie viele der 20 Münzen sind Sie tatsächlich bereit abzugeben?

sehen | nachdenken | diskutieren 8

b Schreiben Sie die Ergebnisse aller Gruppen an die Tafel. Vergleichen und diskutieren Sie.

	hält für gerecht	will abgeben
Gruppe 1	… Münzen	… Münzen
Gruppe 2		
…		

c Die Ergebnisse des Max-Planck-Instituts finden Sie auf Seite 228.
Stimmen die Ergebnisse mit denen in Ihrem Kurs überein? Wie erklären Sie sich die Ergebnisse des Instituts?

5a Sehen Sie die zweite Sequenz. Notieren Sie, wie Intuition aus medizinischer Sicht erklärt wird. Berichten Sie kurz.

b In der Alltagssprache gibt es Redewendungen, in denen der Ort unserer Intuition genannt wird. Was sagt man in Ihrer Sprache?

Mein Bauch sagt mir, dass …

Beim Einkaufen entscheide ich meist aus dem Bauch heraus.

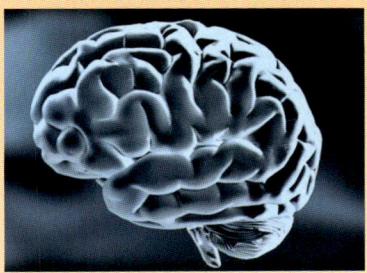

6a Sehen Sie die dritte Sequenz. Welche Wege werden darin genannt oder gezeigt, um intuitives Verhalten zu begünstigen und zu trainieren?

b Sind Sie eher ein Bauchmensch oder ein Kopfmensch?

55

Die schöne Welt der Künste

1a Welche Bereiche gehören zur Kunst? Sammeln Sie.

Theater, ...

b Kunst – Testen Sie Ihr Wissen. Arbeiten Sie in Gruppen und beantworten Sie die Fragen.

1. Welcher deutsche Filmemacher hat schon einmal einen Oskar für den besten nicht-englischsprachigen Film gewonnen?
   a Tom Tykwer ☐
   b Caroline Link ☐
   c Doris Dörrie ☐

2. Welcher berühmte Komponist stammt aus Österreich?
   a Johann Sebastian Bach ☐
   b Ludwig van Beethoven ☐
   c Wolfgang Amadeus Mozart ☐

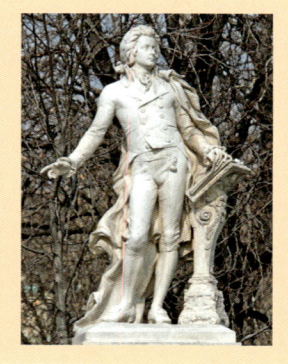

3. Wie heißt das berühmte Theater in Wien?
   a Volksbühne ☐
   b Burgtheater ☐
   c Schauspielhaus ☐

Sie lernen

Wichtige In... über Bauml...
Eine Grafik ... beschreiben ...
Information... über Obdac...
Aus einem ... das Wohne...
Eine Meinu... (in einem B...

Strukture...

Kausal-, Ko...
Komparativ...

Sie lernen

Ein Fazit aus Texten zum Thema „Kreativität" ziehen .... Modul 1
Einen Radiobeitrag über Filmproduktionen zusammenfassen und ein Exposé für einen Film schreiben .... Modul 2
Einen Brief schreiben und Ratschläge geben .... Modul 3
Einen autobiografischen Text verstehen und über Lesegewohnheiten sprechen .... Modul 4
Einen Radiobeitrag über ein neues Produkt verstehen und eine Grafik beschreiben .... Modul 4

Grammatik

Trennbare und untrennbare Verben .... Modul 1
Konnektoren (andernfalls, demnach, folglich, ...) .... Modul 3

AB Wortschatz

4. Wer schrieb u.a. die berühmten Werke „Der Besuch der alten Dame" und „Die Physiker"?

a Friedrich Dürrenmatt ☐
b Max Frisch ☐
c Urs Widmer ☐

5. Welcher Fotograf wurde mit großformatigen, digital bearbeiteten Fotos sehr berühmt?

a Andreas Gurski ☐
b Bernd Becher ☐
c August Sander ☐

6. Der berühmte Künstlerkreis, dem u.a. Wassily Kandinsky, Franz Marc und August Macke angehörten, hieß

a „Die blaue Gruppe". ☐
b „Der blaue Reiter". ☐
c „Das blaue Pferd". ☐

7. Welche Kunstschule gründete Walter Gropius 1919, die Architektur und Design bis heute entscheidend beeinflusst und die als Heimstätte der Moderne und Avantgarde gilt?

a Bauhaus ☐
b Hochschule für Gestaltung Ulm ☐
c Akademie der Künste Berlin ☐

8. Wie heißt einer der erfolgreichsten und populärsten deutschen Musiker?

a Daniel Brühl ☐
b Moritz Bleibtreu ☐
c Herbert Grönemeyer ☐

c Vergleichen Sie Ihre Ergebnisse und überprüfen Sie sie auf Seite 125. Welche Gruppe hat die meisten Fragen richtig beantwortet?

d Welche Bereiche der Kunst wurden in den Fragen behandelt? Decken Sie sich mit Ihrer Sammlung aus Aufgabe 1a?

e Welcher Bereich interessiert Sie besonders bzw. überhaupt nicht?

2 Recherchieren Sie Informationen zu einem Bereich, der Sie besonders interessiert, und erstellen Sie eigene Quizfragen.

Kreativ

▶ Ü1 **1** In welchen Situationen ist Kreativität gefragt?

2a Lesen Sie die Thesen (A–D). Welchen stimmen Sie zu, welchen nicht? Begründen Sie. Lesen Sie dann die Texte und ordnen Sie die Thesen zu.

A In Krisen sind wir besonders kreativ.

B Nur wer viel über ein Thema weiß, kann auf geniale Ideen kommen.

C In der Gruppe sind wir einfallsreicher als allein.

D Ortswechsel fördern die Kreativität.

1 _____ Diese Methode hat sich in vielen Bereichen durchgesetzt: Man sitzt in der Gruppe zusammen und lässt seinen Ideen freien Lauf. Das ist wohl die beliebteste Kreativtechnik. Sie basiert auf zwei Regeln. Erstens: Äußere jeden Einfall, der dir durch den Kopf geht – auch wenn er unsinnig erscheint! Zweitens: Bewerte weder deine eigenen noch die Ideen anderer! In der Praxis erweist sich die Methode oft als weniger wirksam als gedacht. Denn nicht jeder, dem gute Ideen in den Kopf schießen, kann diese in größerer Runde ungehemmt aussprechen. Zu groß ist die Sorge, etwas Naives oder Dummes zu sagen. Zumal es den meisten Menschen schwerfällt, die zweite Regel einzuhalten: Vorschläge anderer Gruppenmitglieder nicht zu kommentieren. Vor allem in Brainstorming-Runden in Unternehmen mit strenger Hierarchie beäugen sich die Teilnehmer mitunter eher skeptisch: Hat Kollege Müller etwa bessere Ideen als ich? Doch diese Leistungsatmosphäre ist Gift für den ungezügelten Kreativitätsfluss. Ein anderes Problem sind die Wartepausen, in denen der „Brainstormer" nicht selbst reden kann, sondern den anderen Gruppenmitgliedern zuhören muss. In dieser Phase wird die Ideenkette unterbrochen, der rote Faden geht verloren.

2 _____ Die meisten Einfälle kommen tatsächlich nicht am Schreibtisch. So berichtet beispielsweise der Physiker Freeman Dyson, dass er sich über Wochen in ein mathematisches Problem verbissen habe. Er hatte versucht, die Lösung regelrecht zu erzwingen. Doch erst, als er sich entschieden habe, nicht mehr danach zu suchen, sei ihm eine Lösung eingefallen – und zwar bei einer nächtlichen Fahrt im Bus. Der Physiker Albert Einstein meinte: „Wir können die Probleme nicht auf der gleichen Ebene lösen, auf der wir sie geschaffen haben." Das heißt: Eine Frage, die im wissenschaftlichen Labor entsteht, kann nur außerhalb des Labors beantwortet werden. Wie geht man also mit einem akuten Ideemangel um? Kreativitätstrainer empfehlen, sich von einem gedanklichen Problem zu lösen und einer monotonen Tätigkeit nachzugehen wie Autofahren, Bügeln oder Gemüseschneiden. Dadurch werde das Gehirn abgelenkt und könne gleichzeitig „unbewusst" nach einer kreativen Lösung fahnden.

3 _____ Die Lyrikerin Ingeborg Bachmann schrieb ihre schönsten Gedichte in Phasen größter Verzweiflung. Johann Wolfgang von Goethe verfasste seinen „Werther", als er unter Liebeskummer litt. Zieht man diese Beispiele heran, so kann man schnell den Eindruck gewinnen, dass Menschen in Lebenskrisen besonders kreativ wären. Doch Psychologen widersprechen dieser These: Aus wissenschaftlicher Perspektive sind wir eher dann ideenreich und schöpferisch, wenn wir uns in einer stabilen und ausgeglichenen seelischen Verfassung befinden. Edward R. Hirt von der Indiana-Universität in Bloomington hat herausgefunden, dass Menschen, die positiv gestimmt sind, kreativer denken als Miesepeter. Er versetzte seine Probanden entweder in positive oder negative Stimmung, indem er ihnen lustige oder traurige Filme vorführte. Danach testete er ihren Einfallsreichtum. Dabei zeigte sich: Je besser die Laune, desto flüssiger und assoziativer das Denken.

1 **4** _____ Will ich den perfekten Werbeslogan erfinden – so die landläufige Meinung – muss ich auch ein echter Werbefachmann sein. Soll heißen: Nur wer sich in einem speziellen Bereich richtig gut auskennt, kann darin auch verblüffende Ideen entwickeln. Weit gefehlt. Eine große Menge an Wissen und Erfahrung macht unflexibel und unkreativ. Wer zu viel weiß, dessen Blick ist irgendwann verstellt. Alle
5 Gedanken und Handlungen laufen dann automatisch ab, aus der Welt des Vertrauten kann sich der Experte nur noch sehr schwer lösen. Der Psychologe Merim Bilalic analysierte beispielsweise die Spielzüge von Schach-Koryphäen und Schach-Anfängern. Dabei zeigte sich: Die erfahrenen Spieler wählten in fast jeder Situation die konventionellste Lösung, auch wenn es nicht die schnellste war, um den Gegner schachmatt zu setzen. Sie konnten sich nicht von den jahrelang eingeübten Spielzügen lösen und brauch-
10 ten deshalb für den Sieg ein paar Züge mehr als nötig.

b Welche Thesen werden in den Texten bestätigt, welche widerlegt?

c Welche Konsequenzen könnte man aus den Informationen ziehen? Formulieren Sie in Gruppen zu jedem Text einen Tipp, wie man das Gesagte nutzen kann.

Tipp Text 1: Jeder Teilnehmer / Jede Teilnehmerin sollte zunächst für sich allein Ideen sammeln und diese aufschreiben. Anschließend liest jeder/jede seine/ihre Liste der Gruppe vor, die sich auf eine Idee einigt.

▶ Ü 2

3a In den Texten finden Sie viele trennbare und untrennbare Verben. Wiederholen Sie, welche Vorsilben trennbar und welche nicht trennbar sind.

▶ Ü 3

b Die Vorsilben *durch-*, *über-*, *um-*, *unter-* und *wider-* sind bei manchen Verben trennbar, bei anderen nicht. Kreuzen Sie an, was jeweils zutrifft. Markieren Sie die trennbaren und untrennbaren Verben in unterschiedlichen Farben. Was stellen Sie fest?

	Vorsilbe		Bedeutung: eher	
	betont	unbetont	wörtlich	bildhaft
1. Jeder **durchläuft** unkreative Phasen, das ist völlig normal. Manchmal hilft ein gutes Seminar.				
2. Die Kaffeemaschine war verkalkt und der Kaffee konnte nicht **durchlaufen**.				
3. Im Seminarraum war es kalt und alle mussten sich etwas **überziehen**.				
4. Leider hielt sich der Seminarleiter nicht an den Zeitplan und **überzog** fast zwei Stunden.				
5. Jemand berichtete, dass einem bekannten Werbefachmann Ideenklau **unterstellt** wurde.				
6. Das Seminar fand im Freien statt, aber bei Regen konnte man sich **unterstellen**.				
7. Viele Ideen zur Förderung der Kreativität wurden nur **umschrieben** und nicht im Detail erklärt.				
8. Das Seminar war nicht gut. Der Seminarleiter sollte sein Konzept besser komplett **umschreiben**.				

▶ Ü 4–5

4 Bilden Sie Gruppen und arbeiten Sie mit dem Wörterbuch. Jede Gruppe sucht für eine Vorsilbe aus Aufgabe 3b möglichst viele trennbare und untrennbare Verben und bildet jeweils einen Beispielsatz.

Film ab!

1a Stellen Sie sich vor, Sie möchten einen Film drehen. Wie würden Sie anfangen? Woran müssen Sie alles denken? Sammeln Sie gemeinsam im Kurs und notieren Sie.

b Jede Filmproduktion lässt sich in drei Phasen einteilen. Ordnen Sie die einzelnen Schritte den Phasen zu.

<del>Idee für einen Film</del>   aktive Arbeitsphase für Regie, Kamera, Ton, Licht, Maske, Requisite   Anschaffung von Kostümen und Requisiten   Aufstellen des Drehplans   Erstellung von Vorspann und Abspann   Einholung von Drehgenehmigungen und Lizenzen   evtl. Bau von Kulissen für den Film   evtl. Nachsynchronisierung   Schauspieler in Aktion   Hinzufügen von Ton- und Spezialeffekten   Engagement eines Drehbuchautors, Regisseurs und Kameramanns durch einen Produzenten   Schneiden des Films   Suche nach passenden Schauspielern und Drehorten   Überprüfung des Ablaufs am Set   Unterlegung mit Musik   Verpflegung des Drehteams   Suche nach Produzenten   Zusammenfassung der Idee in einem Exposé

Vorproduktion	Produktion	Nachbearbeitung
Idee für einen Film		

▶ Ü 1

c Haben Sie bei Aufgabe 1a noch andere Aspekte genannt? Was hatten Sie vergessen?

2a Bilden Sie drei Gruppen und hören Sie einen Teil eines Radiobeitrags. Jede Gruppe macht (2.15) Notizen zu den im Beitrag genannten Informationen über ihr Thema.

    Gruppe A Mögliche Probleme beim Erstellen eines Filmes
    Gruppe B Beschriebene Techniken und Verfahren
▶ Ü 2   **Gruppe C** Personen und ihre Besonderheiten

b Jede Gruppe stellt ihre gesammelten Informationen vor.

c Bilden Sie neue Gruppen, in denen je ein Vertreter der ursprünglichen Gruppen ist. Entscheiden Sie, welche fünf Informationen jeder Gruppe die wichtigsten sind, und erstellen Sie Plakate.

hören / schreiben

3a Was macht für Sie einen guten Film oder Videoclip aus? Überlegen Sie, welche Aspekte dabei eine Rolle spielen.

Schauspieler, Musik, …

b Sicherlich haben Sie in Aufgabe 3a auch die Handlung des Films genannt. Fast jeder Film ist nach einem bestimmten Schema aufgebaut, dem sogenannten „Vier-Akte-Schema". Lesen Sie das Schema und notieren Sie die Zeilenzahl aus dem Exposé im Schema.

1. **Exposition:** Zeile _1–____
   Vorstellung der handelnden Personen und Einführung in Ort und Zeit der Geschichte.

2. **Entwicklung:** Zeile _____
   Entwicklung der Handlung, d.h., die handelnden Personen treten in Beziehung zueinander. Es werden Konflikte oder Veränderungsmöglichkeiten deutlich.

3. **Zuspitzung:** Zeile _____
   Zuspitzung des Konflikts, für den eine Lösung gefunden werden muss.

4. **Auflösung:** Zeile _____
   Eine Lösung wird gefunden und der Konflikt ist somit beendet.

Exposé

1 Ines, Anfang 30 und kaufmännische Angestellte in Hannover, verlässt wie jeden Nachmittag auch an diesem grauen Tag das Büro. Wie so oft, ist die Straßenbahn gerade in die
5 Haltestelle eingefahren, als Ines um die Ecke biegt. Gelangweilt geht sie zwar schneller, läuft aber nicht, offensichtlich hat sie keine Hoffnung, die Bahn noch zu erwischen. Der Trambahn-Fahrer (Michael) sieht die Frau im Rück-
10 spiegel. Das ist die Frau, die ihm schon so oft aufgefallen ist. Er wartet auf sie. Während der folgenden Fahrt beobachtet er sie, nimmt allen Mut zusammen und beschließt, heute endlich Kontakt mit ihr aufzunehmen. Als Ines aus-
15 steigt, wünscht er der schönen Frau, die am Steintor als Letzte zugestiegen ist, über die Lautsprecher noch einen schönen Tag und sagt, er hoffe, sie bald wieder fahren zu dürfen. Ines ist in Gedanken noch so bei der Arbeit, dass sie
20 erst Minuten später realisiert, dass der Fahrer mit der sympathischen Stimme sie gemeint haben muss. Je mehr sie darüber nachdenkt, desto verwirrter und neugieriger wird sie. Michael hingegen ist sich sicher, dass sie mit Absicht
25 nicht auf seine Durchsage reagiert hat und beschließt, sich in Zukunft möglichst für andere Strecken einteilen zu lassen. Ines will nun den Fahrer unbedingt treffen. Das Problem: Sie weiß nicht, wie er aussieht – aber seine Stimme
30 hat sie noch im Ohr. Sie fährt also so oft wie möglich Bahn und lauscht den Durchsagen, ohne Erfolg … – sie hört die Stimme nicht wieder. Sie versucht sogar, über die Hannoverschen Verkehrsbetriebe den Namen des Man-
35 nes herauszubekommen – vergeblich. Wochen später resigniert sie.
 Da ergreift eine Freundin die Initiative. Ohne Ines' Wissen fordert sie den Fahrer über Internet und Radio auf, am Sonntag zu einer
40 bestimmten Zeit im Café am Steintor zu erscheinen. Die ahnungslose Ines ist an besagtem Sonntag mit ihrer Freundin in eben diesem Café. Michael fragt „unschuldig", ob er sich den Stuhl ausleihen könne. Sie erkennt seine
45 Stimme und lädt ihn spontan ein, an ihrem Tisch Platz zu nehmen. Die beiden kommen sofort ins Gespräch und die Freundin verschwindet schnell unter einem Vorwand, mit einem breiten Grinsen auf dem Gesicht …

▶ Ü 3

4 Arbeiten Sie zu dritt. Sammeln Sie Ideen für einen Film, den Sie mit Ihrem Handy drehen können. Entscheiden Sie sich für eine Idee und schreiben Sie ein Exposé. Achten Sie darauf, dass Ihre Geschichte einen Spannungsbogen hat. Drehen Sie dann Ihren Film.

Ein Leben für die Kunst

1 Welche Voraussetzungen muss man mitbringen, um als Künstler zu (über)leben? Diskutieren Sie.

2 Lesen Sie die Texte und beantworten Sie die Fragen.

a Was ist wichtig für den künstlerischen Erfolg?

b Wie wird der Künstleralltag charakterisiert?

Von der Kunst leben zu können – davon träumen viele junge Künstler. Die große Karriere winkt am Horizont. *Demgegenüber* steht die Realität. Und da wartet auf die meisten ein harter Alltag. Doch wer wirklich für die Kunst brennt, den schreckt das nicht. Der Andrang an den Kunstakademien und Schauspielschulen ist nach wie vor ungebrochen hoch. Vorausgesetzt, man meistert die Aufnahmeprüfung, dann durchläuft man eine Ausbildung, die einem viel abverlangt. Generell gilt, wer sich der Kunst verschreibt, hat einen unsicheren Weg gewählt. Die Konkurrenz ist groß, die Erwartungen hoch, feste Arbeitszeiten selten und finanzielle Unsicherheit ein gängiges Los. *Infolgedessen* setzen mittlerweile viele Schulen auf eine möglichst breite Ausbildung, um ihren Absolventen bessere Berufsmöglichkeiten zu verschaffen. So sind beispielsweise die Absolventen der Hamburger Stage School nicht nur auf der Bühne zu finden, sondern auch beim Film und Fernsehen, als Moderatoren, Komponisten, Drehbuchautoren, Regisseure oder Choreografen.

Nicht zu unterschätzen ist neben Talent und Handwerk das Schaffen eines Netzwerks. Wer über gute Kontakte verfügt, tut sich in der Kunstwelt leichter.

Langfristig sichert aber nur eines den Erfolg: der unbändige künstlerische Drang, *sonst* ist dieses Leben auf Dauer nicht durchzuhalten. Darauf achtet Kim Moke, künstlerische Direktorin der Hamburger Stage School, schon bei der Aufnahmeprüfung: „Dieses Funkeln in den Augen. Auf die Bühne zu wollen, koste es, was es wolle. Ohne diesen Willen geht es nicht." Das Gleiche gilt für Opernsänger, weiß Norma Sharp, Professorin für Gesang an der Hochschule für Musik Hanns Eisler in Berlin. „Diesen Beruf sollten nur die wählen, die es unbedingt wollen, denn man muss viele Schwierigkeiten aushalten. Etwa damit umgehen können, zehn- oder 15-mal vorzusingen, ohne genommen zu werden – und trotzdem weiterzumachen." Auch Studenten der Kunstakademie brauchen enormes Durchhaltevermögen und den Glauben an sich selbst. *Andernfalls* sollte man lieber einen anderen Studiengang wählen. Sich nicht entmutigen zu lassen und immer wieder zu versuchen, sich gegen die Konkurrenz durchzusetzen sind die entscheidenden Karrierefaktoren im Kunst-Bereich.

Fred Könnek, Kunsthochschule Kassel:
Manchmal frage ich mich natürlich, ob das der richtige Weg ist. Meine alten Freunde haben mittlerweile alle in irgendeiner Art Karriere gemacht. *Währenddessen* dreht sich bei mir immer noch alles primär darum, zu überleben. Neulich habe ich ein Bild zu einem ziemlich guten Preis verkauft. *Daraufhin* habe ich mir gleich viele neue Materialen angeschafft, in der Hoffnung auf mehr Verkäufe. Leider hat sich seitdem nichts getan. Leben kann ich von meiner Kunst nicht, also brauche ich die finanzielle Unterstützung meiner Eltern. Davon sind die natürlich auch nicht sonderlich begeistert und mir wäre es auch lieber, finanziell endlich unabhängig zu sein. *Dennoch* will ich ohne dieses Kribbeln, diese Aufregung, wenn ich meine Ideen entwickle, nicht leben. Deswegen bin ich Künstler geworden.

Astrid Wellman, Hochschule für bildende Künste Hamburg:

Früher habe ich mir ein Künstlerleben immer irgendwie romantisch vorgestellt. *Wohingegen* ich jetzt sagen muss, dass es mit Romantik wenig zu tun hat, *vielmehr* ist es vor allem harte Arbeit. Meine größte Angst ist, dass ich irgendwann aufgebe, weil sich kein materieller Erfolg einstellt. *Somit* wäre es natürlich ganz gut, ein zweites Standbein zu haben. Im Moment lebe ich von dem Geld, das ich als Museumspädagogin verdiene. Ich hätte auch einfach Medizin studieren können wie meine Schwester. *Stattdessen* habe ich mich für die oft brotlose Kunst entschieden. Auch wenn der große Durchbruch nicht kommt, werde ich sicherlich trotzdem immer etwas mit Kunst machen.

▶ Ü 1

3 Könnten Sie sich vorstellen, als Künstler zu leben und zu arbeiten? Begründen Sie.

4a In den Texten finden Sie eine Reihe von Konnektoren. Ordnen Sie sie ihrer Bedeutung zu.

| währenddessen | andernfalls | stattdessen | somit | vielmehr | daraufhin |
| dennoch | sonst | demgegenüber | wohingegen | infolgedessen |

Gegensatz	Folge	Zeit
	infolgedessen	

b Notieren Sie die Bedeutung der folgenden Konnektoren.

1. Viele träumen davon, mit ihrer Kunst erfolgreich zu sein. **Dagegen** spricht allerdings die Realität: Es ist schwieriger als Künstler zu überleben, als die meisten zunächst annehmen.	Gegensatz
2. Der Erfolg junger Künstler wird immer mehr von Galeristen und Sammlern bestimmt. **Demnach** ist es wichtig, die richtigen Kontakte zu knüpfen.	_____
3. An der Akademie lernen die Studenten, mit verschiedenen Techniken und Materialien umzugehen. **Gleichzeitig** lernen sie, sich professioneller zu vermarkten.	_____
4. Als Schauspieler muss man häufig vorsprechen und wird dabei oft abgewiesen, **folglich** ist es wichtig, ein starkes Selbstbewusstsein zu besitzen und sich nicht jede Abfuhr zu Herzen zu nehmen.	_____

▶ Ü 2–4

5 Ihre Brieffreundin Olivia schreibt Ihnen: Sie überlegt, ob sie ihrer Leidenschaft für Kunst nachgehen und Malerei an der Kunstakademie studieren soll oder doch lieber Wirtschaft, um später im Betrieb der Eltern zu arbeiten. Sie möchte Ihren Ratschlag. Schreiben Sie eine Antwort (ca. 150 Wörter).

▶ Ü 5

Leseratten

1a Leseratten sind Menschen, die gerne und viel lesen. Kennen Sie andere Wörter im Deutschen dafür? Welche Wörter für Lesefreunde gibt es in Ihrer Sprache?

b Welche Bücher oder Texte lesen Sie gerne? Was gefällt Ihnen daran?

2a Lesen Sie den Text von Doris Dörrie über das Lesen und beantworten Sie die Fragen.

1. Wie kam es, dass sie mit dem Lesen begann?
2. Was meint die Autorin mit der Äußerung, sie habe zwei Leben?
3. Wie äußert sich die Autorin zu Buchverfilmungen?
4. Welche Bücher las sie als Erstes, welche danach?
5. Was sagt sie über das Vorlesen?
6. Wie beschreibt sie ihr Verhältnis zum Lesen?

Lesen

Ich betrachte es als mein großes Glück, dass meine Eltern Leseratten sind und waren und ich mit sehr vielen Büchern und ohne Fernseher aufgewachsen bin. Nach dem Abendessen setzten sich meine Eltern im Wohnzimmer aufs Sofa und lasen. Das war so langweilig, dass man als Kind irgendwann auch zu einem Buch griff, um herauszubekommen, wie man das aushalten kann: einfach still dazusitzen und in ein Buch zu schauen. Ich kann mich sehr gut an das Wunder erinnern, das geschah, als ich lesen lernte und sich mit einem Mal auf den weißen Seiten mit den bis dahin langweiligen schwarzen Buchstaben eine riesige, bunte, unbekannte Welt auftat, in der ich ganz allein herumreisen konnte. Von da an hatte ich mindestens zwei Leben: Ich erinnere mich an das Gefühl, auf dem Sofa meiner Großmutter mit einem Buch in der Hand zu liegen, gleichzeitig aber auf einem Pferderücken zu sitzen und zusammen mit Winnetou durch die Prärie zu galoppieren. Bald stand ich auf einem schwankenden Schiff und segelte mit Graf von Luckner durch einen schweren Sturm, jagte mit Sigismund Rüstig am Strand Schildkröten oder erlebte die Meuterei auf der Bounty.

Mein Vater gab mir die Kinderbücher seiner Kindheit, und aufgeregt erzählte ich ihm von meinen Abenteuern, die ich nun erlebte und an die er sich gut erinnern konnte. Das war eine Welt, an der meine Mutter und meine kleineren Geschwister, die noch nicht lesen konnten, keinen Anteil hatten. Sie wussten ja noch nicht einmal, was ein Greenhorn war!

Mit meinem Vater sah ich auch die ersten Filme meines Lebens, natürlich alles Winnetou-Filme, und verstehe sehr gut die unvermeidliche Enttäuschung des treuen Lesers: Der eigene Film, der beim Lesen entsteht, ist immer besser, großartiger, schöner.

Irgendwann wechselte ich von der Jugendwelt meines Vaters in die meiner Mutter. Ich las „Flicka" und „Die Familie auf Jalna", „Vom Winde verweht". Unvergleichlich das Gefühl, mit einem Buch zu leben. Es nicht erwarten zu können, weiter zu lesen, mit den Charakteren die anregendsten Gespräche zu führen, mit Herzklopfen den Fortgang der Ereignisse zu erwarten und gleichzeitig das Ende zu fürchten. Ein tolles Buch ausgelesen zu haben ist ein Abschied der besonderen Art. Manche Figuren verlassen einen nie mehr, manche Schicksale lassen einen nicht mehr los. Sie bleiben für immer in Erinnerung.

Meine Lehrerin in der Volksschule, Frau Müller, erkannte meinen Lesefimmel und ermunterte mich, an Vorlesewettbewerben teilzunehmen. Fasziniert stellte ich fest, dass man einer Geschichte, wenn man sie laut und deutlich und mit richtiger Betonung vorliest, zu einem virtuellen Leben im Raum verhelfen kann, das von anderen wahrgenommen und geteilt wird. Das begeistert mich bis heute.

Fertigkeitstraining
hören | lesen | sprechen | schreiben

9 Modul 4

Später, als Teenager, waren meine Eltern so klug, kein Buch ihres umfangreichen Bücherregals wegzusperren oder zu zensieren, und so las ich – in den meisten Fällen viel zu früh – Bücher von Grass, Böll, Gordimer, Dostojewski, D. H. Lawrence, Remarque, Zweig, Andersch, Lenz. Was ich nicht verstand, übersprang ich. Ich fraß mich durch diese Bücher wie eine Raupe, und wie die Raupe Nimmersatt konnte ich nicht mehr aufhören. Bis heute. Ich kann mir gar nicht vorstellen, an einem Abend nicht zu lesen. Ohne Buch ins Bett zu gehen ist für mich, wie in eine Badewanne ohne Wasser zu steigen. Wenn ich nicht mindestens einmal am Tag dieses Fenster öffnen darf in eine andere Welt, habe ich das Gefühl, nicht genug Luft zu bekommen. Lesen ist wie atmen, eine Inspiration. Und immer noch bin ich auf der Suche nach Büchern, die mich durch den Tag und die Nacht begleiten. Das wird leider mit zunehmendem Alter schwieriger. Mein Vater liest immer noch zwischen sechzig und siebzig Bücher im Jahr. Für die anderen Leser in der Familie hat er notiert, wie ihm ein Buch gefallen hat. Oft steht „Großer Mist" auf der ersten Seite. Manchmal jedoch: „Hat mich nicht losgelassen." Und davon träume ich jedes Mal, wenn ich ein Buch öffne: dass es mich nicht loslassen möge, weit über die letzte Seite hinaus.

▶ Ü 1

b Viele Bücher sind verfilmt worden. Lesen Sie lieber das Buch oder sehen Sie lieber den Film? Oder möchten Sie beides erleben? Wenn ja, welche Reihenfolge ist Ihnen lieber: Erst lesen und dann ins Kino gehen oder umgekehrt? Begründen Sie Ihre Meinung.

3a Beantworten Sie den Fragebogen zu Lesegewohnheiten bei Büchern.

1. Ich habe öfter mehrere Bücher, die ich gleichzeitig/parallel lese. ❑
2. Ich lese nur ein Buch, wenn ich länger Zeit habe, z. B. am Wochenende oder im Urlaub. ❑
3. Ich lese ein Buch von vorne bis hinten durch. ❑
4. Ich lasse, wenn ich ein Buch lese, auch mal was aus. ❑
5. Ich überfliege manchmal die Seiten und lese nur das Interessanteste. ❑
6. Ich lese ein Buch in kleineren Portionen über längere Zeit. ❑

b Vergleichen Sie Ihre Antworten und machen Sie eine Kursstatistik.

c Ordnen Sie die Redemittel, um Ähnlichkeiten, Unterschiede und Überraschendes auszudrücken, in der Übersicht auf der nächsten Seite ein.

~~Ähnliche Ergebnisse werden auch in … deutlich.~~   Anders als in der einen Umfrage, …
Die Ergebnisse unterscheiden sich deutlich / sind sehr verschieden.
Im Unterschied zu …
In diesem Punkt sind sich beide … ähnlich.
Das gleiche Ergebnis ist auch in … zu erkennen.   Genauso verhält es sich auch bei …
Erstaunlich finde ich, dass …   Das Eigenartigste/Merkwürdigste/Seltsamste ist …
Im Gegensatz zu …   Auf beide … trifft zu, dass …   Eine vergleichbare Situation erkennt man …
Hinsichtlich des/der … ähneln sich … und … (sehr).   Ich habe nicht gewusst, dass …
Ganz anders stellt sich … dar.   … und … unterscheiden sich klar/deutlich voneinander.
… ist vergleichbar (mit) …   Völlig neu war/ist für mich, dass …
Ich hätte nicht gedacht/erwartet, dass …   Überraschend ist die Tatsache, dass …
Vergleicht man … und … erkennt man große Übereinstimmungen.

65

Leseratten

Ähnlichkeiten	Unterschiede	Überraschendes
Ähnliche Ergebnisse werden auch in … deutlich.		

d Vergleichen Sie Ihre Kursstatistik mit den Ergebnissen einer Umfrage aus Deutschland. Diskutieren Sie im Kurs: Wie erklären Sie Ähnlichkeiten und Unterschiede in den Ergebnissen. Was überrascht Sie?

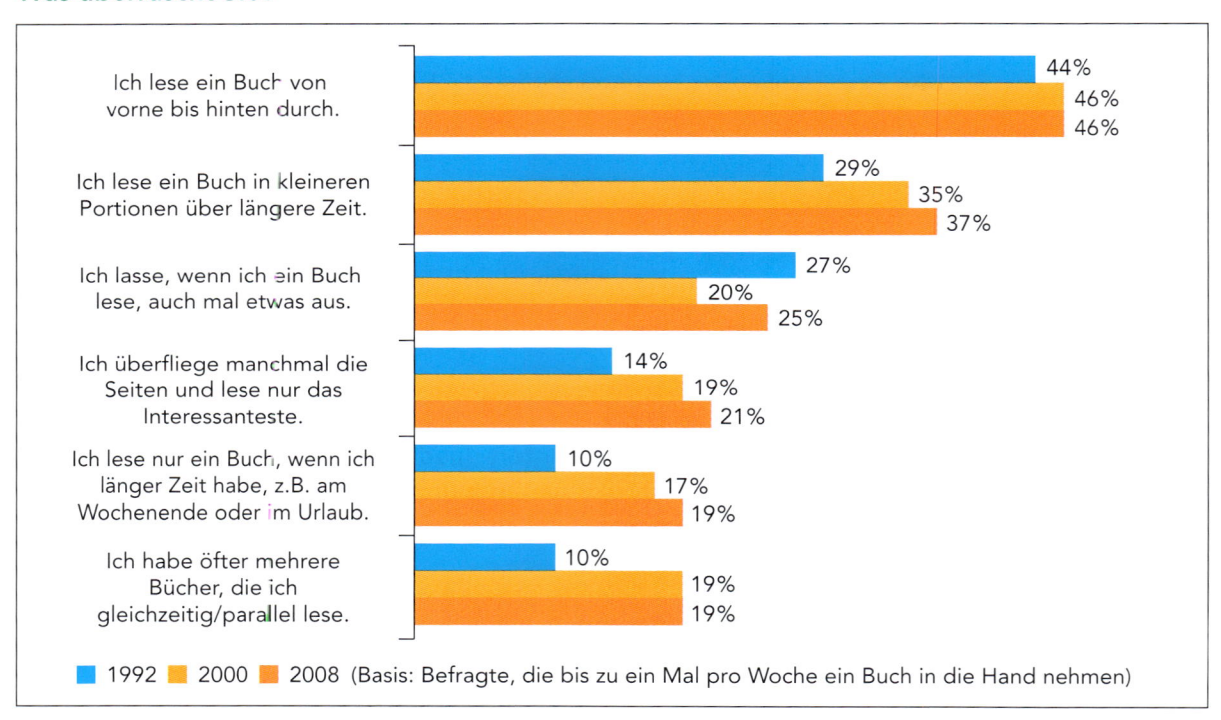

Ich lese ein Buch von vorne bis hinten durch.
- 44%
- 46%
- 46%

Ich lese ein Buch in kleineren Portionen über längere Zeit.
- 29%
- 35%
- 37%

Ich lasse, wenn ich ein Buch lese, auch mal etwas aus.
- 27%
- 20%
- 25%

Ich überfliege manchmal die Seiten und lese nur das Interessanteste.
- 14%
- 19%
- 21%

Ich lese nur ein Buch, wenn ich länger Zeit habe, z.B. am Wochenende oder im Urlaub.
- 10%
- 17%
- 19%

Ich habe öfter mehrere Bücher, die ich gleichzeitig/parallel lese.
- 10%
- 19%
- 19%

■ 1992 ■ 2000 ■ 2008 (Basis: Befragte, die bis zu ein Mal pro Woche ein Buch in die Hand nehmen)

4a Hören Sie einen Radiobeitrag und machen Sie Notizen zu den Punkten. (2.16)

1. Welche Neuheit wird im Beitrag vorgestellt?
2. Nennen Sie den Preis.
3. Beschreiben Sie das Aussehen.
4. Erklären Sie die Funktionsweise.
5. Welche Berufe haben die beiden befragten Experten?
6. Welche Meinung haben die Befragten zu der Neuheit?

▶ Ü 2 **b** Fassen Sie den Radiobeitrag zusammen. Würden Sie ein solches Gerät kaufen?

Fertigkeitstraining
hören | lesen | sprechen | schreiben

Modul 4

5 Ihre Aufgabe ist es, sich dazu zu äußern, wie die Deutschen dem Lesen von Bildschirmtexten gegenüberstehen.

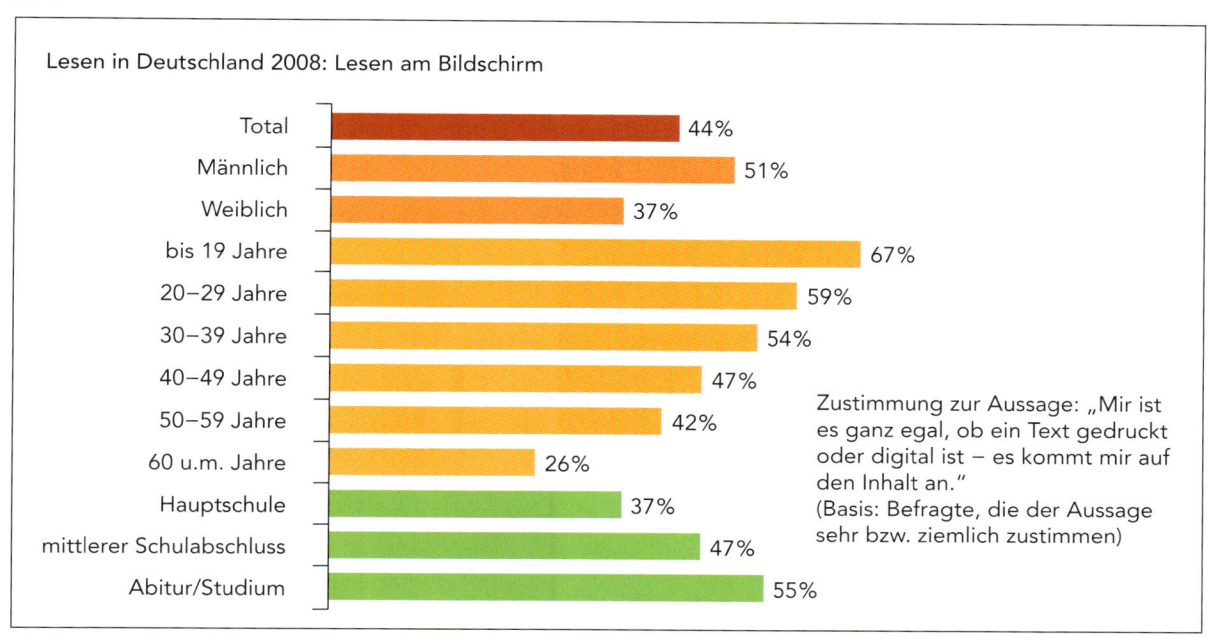

Lesen in Deutschland 2008: Lesen am Bildschirm

Gruppe	Prozent
Total	44%
Männlich	51%
Weiblich	37%
bis 19 Jahre	67%
20–29 Jahre	59%
30–39 Jahre	54%
40–49 Jahre	47%
50–59 Jahre	42%
60 u.m. Jahre	26%
Hauptschule	37%
mittlerer Schulabschluss	47%
Abitur/Studium	55%

Zustimmung zur Aussage: „Mir ist es ganz egal, ob ein Text gedruckt oder digital ist – es kommt mir auf den Inhalt an."
(Basis: Befragte, die der Aussage sehr bzw. ziemlich zustimmen)

Schreiben Sie,

- in welchen Gruppen es den meisten Befragten egal ist, ob sie Texte auf Papier oder am Bildschirm lesen.
- welche markanten Unterschiede es zwischen Männern und Frauen, den verschiedenen Altersgruppen und Bildungsschichten gibt.
- welche Gründe es für die Unterschiede geben könnte.
- ob Sie diese Zahlen überraschen.
- welche Bedeutung das Medium, auf dem ein Text erscheint, für Sie hat.

Hinweise:
Bei der Beurteilung wird unter anderem darauf geachtet,
– ob Sie alle fünf angegebenen Inhaltspunkte berücksichtigt haben,
– wie korrekt Sie schreiben,
– wie gut Sätze und Abschnitte sprachlich miteinander verknüpft sind.
Schreiben Sie mindestens 200 Wörter.

Porträt

Fondation Beyeler

Die Fondation Beyeler in Riehen bei Basel in der Schweiz ist weltweit eines der bedeutendsten Museen für moderne Kunst. Es beherbergt die Kunstsammlung des Ehepaars Hildy und Ernst Beyeler. Im Laufe von über 50 Jahren trugen sie die Kunstschätze mit Schwerpunkt klassische Moderne zusammen und gründeten 1982 die Stiftung Beyeler.

Ernst Beyeler, geboren 1921 in Basel, studierte Kunstgeschichte an der Universität Basel und arbeitete während seines Studiums als Aushilfe in einer kleinen antiquarischen Kunsthandlung. Diese Kunsthandlung mit Büchern, Grafiken und Zeichnungen übernahm er dann im Jahre 1945 und seine Karriere als erfolgreicher Kunsthändler nahm spätestens hier ihren Lauf. Seit den 1950er-Jahren trug er zusammen mit seiner Frau Hildy parallel zu seiner erfolgreichen Galeristentätigkeit ausgesuchte Werke der klassischen Moderne zusammen.

Die Öffentlichkeit bekam diese Schätze im Jahre 1989 bei einer Ausstellung im Museo Nacional Centro de Arte Reina Sofía in Madrid zum ersten Mal zu Gesicht. 1994 erhielt der bekannte italienische Architekt Renzo Piano den Auftrag, für die Sammlung ein öffentliches Museum zu bauen, und er entwarf ein beeindruckendes Gebäude: Das Museum für Moderne Kunst, das am 18. Oktober 1997 eröffnet wurde, kann mit gutem Recht von sich behaupten, eines der schönsten der Welt zu sein, wegen der gelungen lichtdurchfluteten Architektur, der beispielhaften Darstellung dieser einzigartigen Sammlung von Kunstwerken und auch der wunderschönen Lage mit Blick auf Obstbäume und weidende Kühe.

Die Fondation Beyeler enthält rund 180 Werke der klassischen Moderne und spiegelt den persönlichen Blick des Galeristen-Ehepaars auf die Kunst des 20. Jahrhunderts wider.

Unter anderem kann man hier Werke von Degas, Monet, Cézanne, van Gogh, Picasso, Warhol, Lichtenstein, Rothko oder Bacon sehen. Diese Kunstwerke der klassischen Moderne werden durch etwa 25 Objekte der Stammeskunst aus Afrika, Ozeanien und Alaska ergänzt. Neben dieser Dauerausstellung steht ein Drittel des Museums für Sonderausstellungen zur Verfügung. Auch im Garten des Museums werden immer wieder Sonderausstellungen gezeigt, die für alle Interessierten frei zugänglich sind.

Mehr Informationen zur Fondation Beyeler

Sammeln Sie Informationen über Persönlichkeiten aus dem In- und Ausland, die für das Thema „Kunst" interessant sind, und stellen Sie sie im Kurs vor. Sie können dazu die Vorlage „Porträt" im Anhang verwenden.
Beispiele aus dem deutschsprachigen Bereich: Thomas Quasthoff – Walter Gropius – Julia Jentsch – Franz Marc – Marc Foster – Martina Gedeck – Urs Widmer – Marlene Dietrich

Grammatik-Rückschau 9

1 Präfixe *durch-, über-, um-, unter-, wider-*: trennbar und untrennbar

trennbar: betont, eher wörtliche Bedeutung, untrennbar: unbetont, eher bildhafte Bedeutung

	trennbar	untrennbar	trennbar und untrennbar
über-	überkochen, übersiedeln	überarbeiten, überblicken, überdenken, überfordern, überreden, übertreiben	übersetzen, überstehen, übertreten, überziehen
unter-	unterbringen, untergehen	unterbrechen, unterdrücken, unterschätzen, unterwerfen	unterhalten, unterstellen, unterziehen
wider-	widerhallen, widerspiegeln	widerfahren, widerlegen, sich widersetzen, widersprechen, widerstehen	
durch-	durchfallen, durchführen, durchhalten, durchkommen, durchmachen, durchsehen	durchdenken, durchleben (eher wörtliche Bedeutung)	durchbrechen, durchdringen, durchfahren, durchlaufen, durchschauen, durchsetzen
um-	umladen, umsteigen, umziehen, umändern, umbauen, umtauschen, umfallen, umstoßen (Bedeutung „Veränderung" von Ort, Zustand, Richtung)	umarmen, umkreisen, umzäunen (Bedeutung „kreisförmige Bewegung")	umfahren, umfliegen, umgehen, umschreiben, umstellen (trennbar: „Veränderung", untrennbar: „kreisförmige Bewegung")

2 Konnektoren

Konnektor	Bedeutung	Beispielsatz
andernfalls	Folge	Für das Studium braucht man Durchhaltevermögen. **Andernfalls** sollte man lieber einen anderen Studiengang wählen.
demnach	Folge	Der Erfolg junger Künstler wird von Galeristen bestimmt. **Demnach** ist es wichtig, die richtigen Kontakte zu knüpfen.
folglich	Folge	Als Schauspieler wird man oft abgewiesen, **folglich** ist ein starkes Selbstbewusstsein wichtig.
infolgedessen	Folge	Die Konkurrenz ist groß. **Infolgedessen** setzen viele Schulen auf eine möglichst breite Ausbildung.
somit	Folge	Meine größte Angst ist, dass sich kein materieller Erfolg einstellt. **Somit** wäre es natürlich ganz gut, ein zweites Standbein zu haben.
sonst	Folge	Langfristig sichert aber nur eines den Erfolg: der unbändige künstlerische Drang, **sonst** ist dieses Leben nicht durchzuhalten.
dagegen	Gegensatz	Viele träumen davon, mit ihrer Kunst erfolgreich zu sein. **Dagegen** spricht allerdings die Realität.
demgegenüber	Gegensatz	Die Karriere winkt am Horizont. **Demgegenüber** steht oft die Realität.
dennoch	Gegensatz	Mir wäre es auch lieber, finanziell endlich unabhängig zu sein. **Dennoch** will ich ohne dieses Kribbeln nicht leben.
stattdessen	Gegensatz	Ich hätte auch einfach Medizin studieren können. **Stattdessen** habe ich mich für die oft brotlose Kunst entschieden.
vielmehr	Gegensatz	Mit Romantik hat das wenig zu tun, **vielmehr** ist es harte Arbeit.
wohingegen (Verb am Ende)	Gegensatz	Früher habe ich mir ein Künstlerleben romantisch vorgestellt, **wohingegen** ich jetzt sage, dass es mit Romantik wenig zu tun hat.
daraufhin	Zeit	Neulich habe ich ein Bild verkauft. **Daraufhin** habe ich mir gleich viele neue Materialien angeschafft.
gleichzeitig	Zeit	Die Studenten lernen, mit verschiedenen Techniken umzugehen. **Gleichzeitig** lernen sie, sich professioneller zu vermarkten.
währenddessen	Zeit	Meine Freunde haben mittlerweile Karriere gemacht. **Währenddessen** dreht sich bei mir immer noch alles primär darum, zu überleben.

„Das hier ist wichtig"

1 Sehen Sie den Kurzfilm „Der Termin".

a In welche Kategorie(n) würden Sie den Film einordnen?

> Abenteuer   Dokumentation   Drama   Komödie
> Horror   Action   Trash   Experiment   …

Welche Zuschauer könnten sich für diesen Film interessieren?

b Wie hat Ihnen der Film gefallen? Begründen Sie Ihre Meinung.

c Entdecken Sie zentrale Aussagen in dem Film? Wenn ja, welche? Diskutieren Sie.

2a Künstlerische Filme (K) unterscheiden sich von Sach- oder Dokumentarfilmen (S). Welche Aussage trifft für welche Kategorie (K/S) zu? Sehen Sie eventuell noch einmal einen der anderen Filme auf der DVD. Sprechen Sie dann im Kurs.

a Es gibt weniger Sprechtext. Die Mimik und Gestik sind wichtiger. _____
b Betroffene Leute und Experten informieren über ein aktuelles Problem. _____
c Der Off-Ton und direkte Aussagen wechseln sich ständig ab. _____
d Der Einsatz von Licht unterstreicht eine Aussage oder Stimmung. _____
e Die Position der Kamera spielt eine sehr wichtige Rolle. _____

b Welche weiteren typischen Merkmale können Sie für die beiden Kategorien nennen?

3 Wählen Sie eine Aufgabe und arbeiten Sie in zwei Gruppen. Wie interpretieren Sie das Verhalten der beiden Männer? Sehen Sie dazu die erste Sequenz.

Gruppe A

Schreiben Sie einen „inneren Monolog" für eine der beiden Figuren. Darin sollen die Stimmung und die Gedanken dieser Figur deutlich werden. Lesen Sie Ihren Monolog im Kurs vor.

sehen | nachdenken | diskutieren 9

Gruppe B

Schreiben Sie zusammen mit einem Partner / einer Partnerin einen „inneren Dialog", der die wahren Stimmungen und Gedanken der Figuren ausdrückt. Starten Sie dann die erste Sequenz ohne Ton und sprechen Sie Ihren Dialog zu der Szene.

4   Wählen Sie eine der Aufgaben und lassen Sie Ihrer Fantasie freien Lauf. Sie können allein, zu zweit oder in Gruppen arbeiten. Präsentieren Sie Ihre Ergebnisse im Kurs.

A   Der Film soll auf einem Kurzfilmfestival gezeigt werden. Der Produzent bittet Sie, einen Flyer oder ein Plakat dafür zu gestalten.

B   Sie haben den Auftrag bekommen, für den Anfang des Films eine passende Filmmusik zu machen. Benutzen Sie dafür Gegenstände, die Sie in der Nähe finden (Lineale, Bleistifte, Plastiktüten, Mülleimer usw.), um z.B. ein Schlagzeugstück und Geräusche zu erfinden. Sie können auch mit der Stimme improvisieren.

C   Der Produzent findet das Drehbuch noch nicht gut und bittet Sie, Vorschläge für Veränderungen der Geschichte zu machen. Sie können die veränderten Szenen zur Veranschaulichung auch vorspielen.

D   Die Kulturredaktion einer Lokalzeitung bittet Sie, eine Kritik zu dem Film zu schreiben. Sie sollen auf die gelungenen und nicht so gut gelungenen Leistungen in den Bereichen Buch, Regie, Darsteller, Musik usw. eingehen.

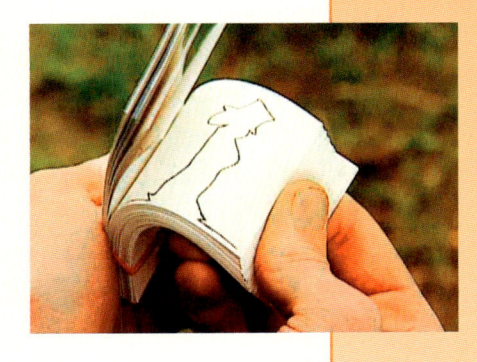

Erinnerungen

1a Lesen Sie die Tagebucheinträge. Um welche Ereignisse geht es?

b Schreiben Sie die Daten zu den Texten.

| 30.06.1992 | 01.01.2002 | 05.08.1888 | 25.12.1952 |

... und noch etwas sehr Interessantes ist heute passiert: Das erste GSM-Netz ist in Deutschland freigeschaltet worden. Zum ersten Mal gibt es hierzulande Handys im Hosentaschenformat. Ich habe sie schon gesehen und will mir trotz des Preises unbedingt eins zulegen. Mein Arbeitskollege hat mir erzählt, dass das wirklich gut funktionieren soll. Wäre doch praktisch, so ein Ding in der Tasche zu haben. Dann kann ich Anna anrufen, wenn ich möchte, und von überall aus. Tolle Vorstellung, am Bahnhof zu stehen, auf die S-Bahn zu warten und die Zeit für ein Telefongespräch zu nutzen. Und endlich kein Kleingeld mehr in der Tasche suchen für die sowieso kaputten Münztelefone. Freu mich riesig drauf. Will mich morgen gleich erkundigen gehen.

... Papa kam heute mit einer Überraschung nach Hause. In einem Riesenkarton. Ich durfte auspacken. Kein Spielzeug, sondern ein großer brauner Kasten. Und in dem Kasten kann man Menschen sehen. Menschen, so wie du und ich. Wie gebannt saßen wir davor, als Papa ihn anmachte. Tolle Technik. Bei uns im Wohnzimmer ist es jetzt wie im Kino. Abends wird es nie mehr langweilig. ...

Sie lernen

Texte über die Funktion des Gedächtnisses verstehen und Überschriften formulieren ... Modul 1
Eine Radiosendung zum Thema „Falsche Erinnerungen" verstehen und einen Blogeintrag schreiben ... Modul 2
Ein Gespräch verstehen und Fragen zu einem Text über Gesichtsblindheit stellen und beantworten ... Modul 3
Einen literarischen Text über Erinnerungen an das Jahr 1952 lesen und Informationen zum sozialen Hintergrund verstehen ... Modul 4
Darüber schreiben, woran Sie sich in fünf Jahren erinnern werden und über ein Lied sprechen ... Modul 4

Grammatik

Partizipialgruppen ... Modul 1
Vermutungen ausdrücken: Futur I und II ... Modul 3

Als ich gestern Vormittag nichts ahnend aus der Tür trat, erschrak ich ganz furchtbar. Da raste eine Kutsche ohne Pferde an mir vorbei, und sie knatterte und knallte zum Gotterbarmen. Und nicht nur ich glotzte am Straßenrand mit offenem Mund. Auch alle anderen waren stehen geblieben. Diese Maschine musste der Motorwagen sein, von dem schon viel gemunkelt worden war. Und was noch verblüffender war: Auf diesem Motorwagen saßen eine Frau und zwei Kinder!

Wie die Leute später erzählten, war das Bertha Benz, die Frau des Erfinders Carl Friedrich Benz. Sie war mit ihren beiden Söhnen zu dieser unglaublichen Tour aufgebrochen, um in Pforzheim die Großeltern zu besuchen. Angeblich ahnte Carl Friedrich nichts von diesem abenteuerlichen Plan, er soll noch geschlafen haben, als seine Frau den Motor des Gefährts ankurbelte. In der Zeitung stand dann, dass es einige Stunden gedauert hat, bis die drei Wiesloch schließlich erreichten. Tank und Kühlwasser waren zu diesem Zeitpunkt so gut wie leer und die Söhne wurden zum Brunnen geschickt, um Wasser zu holen, und in die Stadtapotheke, um Waschbenzin zu besorgen. Apotheker Willi Ockel hatte gerade noch zwei Liter auf Lager. Und dann fuhren sie weiter. Aber nicht lange. Kurz vor Bruchsal krachte die Kette. In einer alten Schmiede fanden sie zum Glück Hilfe. Bei Weingarten dann das nächste Problem: ein verstopfter Vergaser. Mithilfe ihrer Hutnadel machte Bertha Benz ihre „Kutsche" wieder flott. So kamen die drei gut durchgeschüttelt, aber glücklich, nach 106 km abends bei Großmama und Großpapa in Pforzheim an. Wirklich unglaublich!

… Raketen knallten, ein Feuerwerk erleuchtete den Himmel. Neujahr. Die Stimmung war grandios. Doch irgendwie war ich nicht bei der Sache. Ich musste an die komisch bunten Geldscheine in meinem Portemonnaie denken. Sofort schoss mir durch den Kopf, dass mit dem Glockenschlag um Mitternacht nur noch die Hälfte auf meinem Konto war. Und was wird am Montag im Supermarkt passieren? Wird jetzt alles doppelt so teuer? Das neue Jahr fängt nicht gut an …

2 Schreiben Sie selbst einen Tagebucheintrag zu einem besonderen Erlebnis.

Erinnern und Vergessen

1 Denken Sie an Ihre Kindheit zurück. Woran erinnern Sie sich gut, woran nicht mehr so gut? Berichten Sie.

2a Lesen Sie den Text. Geben Sie jedem der drei Textteile eine Überschrift.

b Lesen Sie den ersten Teil noch einmal. Erklären Sie, wie Neues aufgenommen und behalten wird.

c Lesen Sie den zweiten Teil noch einmal. Welche drei Hauptsysteme unseres Gedächtnisses werden genannt und wie werden sie unterteilt?

d Lesen Sie den dritten Teil noch einmal. Welche beiden Theorien des Vergessens werden vorgestellt? Welche Theorie erscheint dem Autor schlüssiger? Warum?

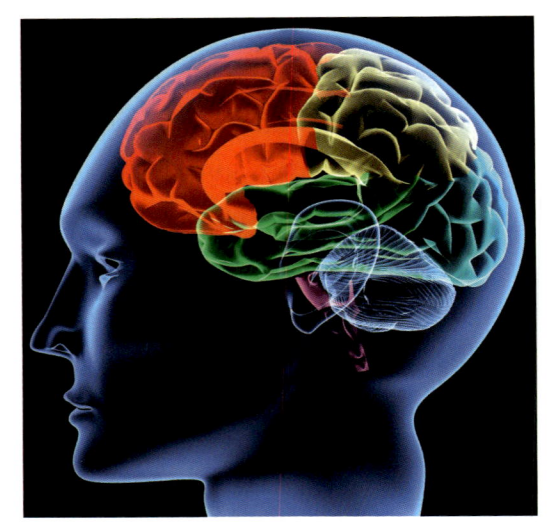

1 Jedes Wort, jeden Gedanken, sogar das Gefühl für uns selbst und andere verdanken wir unserem Gedächtnis. Ohne seine bindende Kraft zerfiele unser Bewusstsein in Einzelteile, in gelebte Augenblicke. Seit frühesten Zeiten rätseln Philosophen und Wissenschaftler über die Natur des Gedächtnisses. Noch immer ist die komplizierte Sprache unseres Gehirns nicht entschlüsselt. Unser Hirn besteht, grob geschätzt, aus etwa 100 Milliarden Nervenzellen (Neuronen), die zu einem riesigen Netz verbunden sind. Wird eine Nervenzelle von einem ankommenden Reiz erregt, leitet sie einen elektrischen Impuls mithilfe von Botenstoffen an ihre Nachbarzellen weiter: Sie „feuert", bildlich ausgedrückt, auf ihre Nachbarzelle.

Wenn wir etwas Neues lernen und unser Gedächtnis dies speichert, dann verstärken sich die Verbindungen zwischen bestimmten Neuronen. Je häufiger sich das Erlebnis wiederholt, desto stärker wird das Neuronennetz zusammengeschweißt, desto dauerhafter ist die Erinnerung. Unser Gedächtnis teilt sich die anfallende Arbeit auf: Die Eigenschaften der Dinge, an die wir uns erinnern, sind denjenigen Regionen zugeteilt, die auch für die Wahrnehmung dieser Eigenschaften zuständig sind. Erinnern wir uns etwa an einen Ball, so ruft unser Gedächtnis die Informationen über Farbe, Form und Funktion dieses Balls von verschiedenen Orten des Gehirns ab. Alle zusammen lassen in Sekundenbruchteilen das Bild des Balls vor unserem geistigen Auge entstehen.

2 Unser Gedächtnis besteht, streng genommen, aus drei Hauptsystemen. Das sensorische Gedächtnis speichert eintreffende Reize für Bruchteile von Sekunden. Was wichtig ist, gelangt ins Kurzzeitgedächtnis. Hier bleibt die Information einige Sekunden lang erhalten. Zeit genug, um etwa einen Satz zu begreifen, ohne seinen Anfang schon wieder zu vergessen.

Ins Langzeitgedächtnis gelangt, was wir für längere Zeit oder dauerhaft behalten. Genau betrachtet, kann das Langzeitgedächtnis noch weiter unterteilt werden: Gespeicherte Informationen stehen uns entweder bewusst oder unbewusst zur Verfügung. Bewusst sind uns die Inhalte des episodischen Gedächtnisses. Es speichert unsere eigene Lebensgeschichte: Erinnerungen an den ersten Kuss, die Flitterwochen, an das heutige Frühstück.

Das semantische Gedächtnis dagegen ist für unser Faktenwissen zuständig. Es nimmt den Namen der japanischen Hauptstadt ebenso auf wie die chemische Formel für Wasserstoff. Unser Gehirn erinnert sich an viel mehr, als uns bewusst ist. Etwa an Bewegungsabläufe: Beim Gehen oder Radfahren erinnern wir uns unbewusst daran, welche Muskeln wann aktiviert werden müssen. Diesen Gedächtnistyp nennt man das prozedurale Gedächtnis.

3 Noch bis vor wenigen Jahrzehnten glaubten die Wissenschaftler, unser Gedächtnis funktioniere, verglichen mit einem Computer, genauso unbestechlich: Es zeichne getreulich alles auf, was wir erleben. Heute steht fest, dass Erinnern wohl eher einem Puzzlespiel gleicht. Die Lücken füllen wir aus, indem wir raten. Erinnern wir uns etwa an einen Porsche, den wir am Vormittag an der Ampel gesehen haben, mag uns das Bild zwar klar vor Augen stehen. Würden wir seine Einzelheiten aber noch einmal mit dem Original vergleichen, fänden sich gewiss bedeutende Unterschiede. Beim Prozess des Merkens spielen Gefühle eine große Rolle. Wir speichern vor allem das, was uns an einem Erlebnis interessiert. Je stärker unsere emotionale Beteiligung, desto dauerhafter die Speicherung.

Was aber passiert, wenn wir etwas vergessen? Darüber gibt es zwei Theorien. Die eine geht davon aus, dass die in unserem Gehirn gespeicherte Erinnerung einfach mit der Zeit verblasst und schließlich ganz verschwindet. Dann müssten wir jedoch umso mehr vergessen, je mehr Zeit seit dem zu erinnernden Ereignis vergangen ist. Dies konnte bislang noch nicht bewiesen werden. Die zweite Theorie ist plausibler: Sie besagt, dass wir bestimmte Dinge vergessen, weil sie von neuen, interessanteren Eindrücken überlagert oder gestört werden. Wir finden somit nur noch schwer Zugang zu alten Informationen.

▶ Ü 1–2

3a Unterstreichen Sie in den folgenden Sätzen jeweils den Hauptsatz.

1. Unser Hirn besteht, grob geschätzt, aus etwa 100 Milliarden Nervenzellen.
2. Genau betrachtet, kann das Langzeitgedächtnis noch weiter unterteilt werden.
3. Es besteht, streng genommen, aus drei Hauptsystemen.

b Der nicht unterstrichene Teil ist eine Partizipialgruppe. Markieren Sie die Partizipien. Finden Sie im Text weitere Beispiele.

c Formen Sie die Partizipialgruppe in Konditionalsätze um.

Partizipialgruppe	Konditionalsatz
Unser Hirn besteht, grob geschätzt, aus …	Wenn man grob schätzt, besteht unser Hirn …
Genau betrachtet, kann das Langzeitgedächtnis noch weiter unterteilt werden.	
Es besteht, streng genommen, aus drei Hauptsystemen.	

d Ergänzen Sie die Regel: *Ende – verkürzte – endungslose.*

Partizipialgruppen sind oft _____ Konditionalsätze. Das _____ Partizip steht gewöhnlich am _____ der Partizipialgruppe*. Das gedachte Subjekt ist oft *man*.
Viele Partizipialgruppen mit konditionaler Bedeutung sind feste Wendungen:
genau/kurz/anders gesagt, anders formuliert, genauer/oberflächlich betrachtet, genau/streng / im Grunde genommen, richtig verstanden, grob geschätzt.

*Nach dem Partizip kann eine Präpositionalergänzung stehen, z. B. *verglichen mit* + Dat., *abgesehen von* + Dat., *ausgehend von* + Dat., oder ein *dass*-Satz: *angenommen, dass* …

▶ Ü 3–5

4 Recherchieren Sie im Internet unter dem Stichwort *Gedächtnistraining*. Stellen Sie mögliche Aufgaben dazu im Kurs vor.

Falsche Erinnerungen

1 Lesen Sie die Zitate zum Thema „Erinnerung". Was bedeuten Sie?

Ach, mein Gott, wenn man ganz ehrlich zu sich ist, färbt die Zeit die Erinnerungen natürlich schön.
(Wolfgang Niedecken – Sänger, Musiker, bildender Künstler)

Erinnern heißt auswählen.
(Günter Grass – Schriftsteller)

Erinnerungen sind Wirklichkeiten im Sonntagskleid.
(Oliver Hassencamp – Kabarettist, Schauspieler, Schriftsteller)

2 Sie hören ein Interview zum Thema „Falsche Erinnerungen". Sie hören den Text zweimal, zunächst einmal ganz, danach ein zweites Mal in Abschnitten. Kreuzen Sie die richtige Antwort (a, b oder c) an.

1	Wie charakterisiert Professor Jakobsen falsche Erinnerungen?	a	Als erfunden oder zum Teil von der Realität abweichend.
		b	Als erfunden und prinzipiell falsch.
		c	Als vergessen, aber tatsächlich erlebt.
2	Was nahm die Hälfte der Versuchspersonen in dem Experiment mit dem Heißluftballon an?	a	Dass das Erlebnis im Heißluftballon real war.
		b	Dass die Fotos Fälschungen waren.
		c	Dass sie von einem Flug im Heißluftballon geträumt haben.
3	Warum entstehen in unserem Gedächtnis Wissenslücken?	a	Weil neue Informationen nicht immer zu bereits vorhandenem Wissen passen.
		b	Weil sich unser Gedächtnis nicht alle Informationen merken kann.
		c	Weil unser Gehirn neue Informationen automatisch einordnet.
4	Welche Rolle spielen Gefühle beim Speichern von Informationen?	a	Gefühle bestimmen, welche Informationen gespeichert werden.
		b	Gefühle sorgen dafür, dass unser Wissen beim Speichern verändert wird.
		c	Gefühle spielen beim Speichern keine wesentliche Rolle.
5	Welche Voraussetzung muss erfüllt sein, um die Erinnerung eines Menschen zu manipulieren?	a	Die Details von einem Film bzw. von Fotos müssen abgespeichert worden sein.
		b	Die gezeigten Fotos und Filme müssen in ihrer Anzahl begrenzt sein.
		c	Die neuen Informationen müssen vom Inhalt her zu anderem Erinnerten passen, damit sie mit diesem vernetzt werden können.
6	Was sagt Professor Jakobsen zu positiven und negativen Erinnerungen?	a	Patienten müssen negative Erinnerungen intensiver verarbeiten.
		b	Patienten prägen sich negative Erinnerungen besser ein.
		c	Positive Erinnerungen bleiben länger im Gedächtnis.

7	Woran erinnert sich ein Mensch am intensivsten?	a Daran, was besonders wichtig gewesen ist.
		b Daran, was vor Kurzem erst passiert ist.
		c Daran, was zum ersten Mal geschehen ist.
8	Was ist für Historiker besonders schwierig einzuschätzen?	a Ob Zeitzeugen etwas real erlebt haben.
		b Ob Zeitzeugen sich an alle Fakten erinnern können.
		c Ob Zeitzeugen Teile des Erlebten verheimlichen.
9	Warum identifizieren Opfer Unschuldige als Täter?	a Weil das Gehirn falsche Informationen über den Täter speichert.
		b Weil die ursprünglichen Informationen mit den neuen vermischt werden.
		c Weil unser Gedächtnis Teile unserer Erinnerungen nicht wie in einem Puzzle zusammenfügt.
10	Wir glauben in einem Prozess vor Gericht eher …	a den Aussagen von Zeugen.
		b den genauen Fakten.
		c unserem gesunden Menschenverstand.

3 Sammeln Sie an der Tafel wichtige Informationen aus dem Text. ▶ Ü 1

4a Lesen Sie den Eintrag aus einem Weblog. Fassen Sie Christines Problem kurz zusammen.

> **Falsche Erinnerung?** Samstag, 28. Oktober 2008 von Christine
>
> Ich möchte ein Beispiel dafür einbringen, dass unsere Erinnerungen oft ganz unterschiedlich sind. Ich habe eine drei Jahre ältere Schwester. Neulich haben wir uns alte Fotos angeschaut. Auf einem Foto sind wir beim Bowling. Das ist jetzt fünf Jahre her. In unserer Mannschaft spielte Jochen mit, den man im Hintergrund auf dem Foto sieht. Jochen war ein Schulfreund von mir. Meine Schwester Anna aber behauptet, Jochen sei ein ehemaliger Arbeitskollege von ihr. Sie ist sich absolut sicher und kann sich an berufliche Einzelheiten erinnern. Ich aber auch. Schließlich bin ich mit Jochen zur Schule gegangen. Auf dem Foto ist eine Person zu sehen, an die wir beide unterschiedliche Erinnerungen haben. Wie ist das möglich?

b Schreiben Sie einen Blogeintrag. Beziehen Sie sich auf Christines Problem und gehen Sie dabei auf die Radiosendung ein. Benutzen Sie die Redemittel.

Wichtigkeit ausdrücken	Unwichtigkeit ausdrücken
Entscheidend ist für mich, dass …	Das spielt für mich gar keine Rolle.
Ich halte für besonders wichtig, dass …	Das ist ein zweitrangiges Problem.
Der wichtigste Punkt für mich ist, dass …	Das steht für mich an letzter Stelle.
Ich will hier unterstreichen/hervorheben, dass …	Für mich hat das gar keine Bedeutung.
Für mich ist von Bedeutung, dass …	Ich halte das für (absolut) unwichtig/belanglos/nebensächlich/bedeutungslos.
Das ist von größter Wichtigkeit!	Es gibt doch viel Wichtigeres!
Mir liegt besonders am Herzen, dass …	Für mich ist das kaum der Rede wert.
	Das hat doch gar nichts zu sagen!

Kennen wir uns …?

1 Hören Sie ein Gespräch. Was ist das Problem und welche Erklärung könnte es geben?
▶ Ü 1

2a Vermutungen. Hören Sie noch einmal Sätze aus dem Gespräch. Kreuzen Sie sprachliche Mittel an, mit denen man eine Vermutung ausdrücken kann.

- [ ] Partizipialsätze
- [ ] Futur
- [ ] Adjektive
- [ ] Modalverben *können* und *müssen* im Indikativ oder Konjunktiv
- [ ] Modalverb *dürfen* im Konjunktiv
- [ ] Plusquamperfekt
- [ ] Attribute
- [ ] Modalwörter wie *vielleicht, wahrscheinlich, vermutlich, …*

b Hören Sie die Sätze. Wie bildet man die Formen des Futurs? Ergänzen Sie.

Infinitiv	Futur I	Futur II
sehen	er wird _____	er wird _____
	werden + _____	werden + _____ + _____ /sein

c Welche der Sätze drücken eine Vermutung aus, die sich auf die Gegenwart oder Zukunft bezieht, welche eine Vermutung, die sich auf Vergangenes bezieht? Notieren Sie und ergänzen Sie die Regel.

▶ Ü 2–3

Zeitbezug

1. Weißt du, wer das ist? – Das wird wohl ein Kollege sein.   _Gegenwart_
2. Heute ging es ihm nicht gut, er wird morgen wohl krank sein.   _____
3. Denk dir nichts, er wird dich einfach nicht gesehen haben.   _____

Futur I: Vermutung bezieht sich auf die _____ oder _____.

Futur II: Vermutung bezieht sich auf die _____.

3a Der Text „Wenn alle gleich aussehen" gibt eine Erklärung zum Problem im Gespräch von Aufgabe 1. Stellen Sie Vermutungen an, was das Problem sein könnte.

78

b Lesen Sie nun den Text und formulieren Sie sieben Fragen dazu.

Wenn alle gleich aussehen
Von Christian Stöcker

Menschen, die an Prosopagnosie leiden, können Gesichter nur mit Mühe voneinander unterscheiden. Einst galt die Störung als exotisch und selten, nun zeigt sich: Millionen von Menschen haben dieses Problem – meist, ohne es zu ahnen.

„Eines Tages um die Mittagszeit", erzählt Bill Choisser, „traf ich meine Mutter auf dem Gehsteig und erkannte sie nicht." Sie sei „gar nicht amüsiert" gewesen über den Faux-pas ihres Sohnes, berichtet der auf seiner Webseite, und habe ihm „bis heute nicht vergeben". Für Choisser sind derartige Ereignisse keine lustigen Anekdoten, sondern ein lästiger Teil seines Alltags. Choisser leidet an einer Störung mit dem unhandlichen Namen Prosopagnosie – er tut sich schwer damit, Gesichter zu erkennen.

Obwohl dieses Problem in der Weltliteratur das eine oder andere Mal auftaucht, ist Prosopagnosie als definiertes Störungsbild erst 1947 zum ersten Mal wissenschaftlich beschrieben worden. Bis heute, glaubt man aktuellen Forschungsergebnissen, ist das Wissen um den Defekt so wenig verbreitet, dass weltweit Millionen von Menschen keine Ahnung haben, dass viele ihrer Schwierigkeiten auf ihn zurückzuführen sind. Zwei Prozent aller Menschen, schätzen Ken Nakayama von der Harvard University und seine Kollegen, leiden an Prosopagnosie, meist von Geburt an. Wer nie gelernt hat, wie es ist, Gesichter ohne Anstrengung unterscheiden zu können, merkt gar nicht, was ihm fehlt.

Martina Grüter kam in einer Studie an der Universität Münster für Deutschland auf einen ähnlichen Prozentsatz wie ihre US-Kollegen. Besonders angeborene Prosopagnosie sei sehr viel weiter verbreitet, als man bislang vermutet habe, sagt sie. Stimmen die Schätzungen, haben Hunderttausende von Deutschen Schwierigkeiten, Nachbarn, Kollegen und Freunde auf der Straße oder anderswo zu erkennen – ohne zu wissen warum.

Diese verblüffend anmutende Erkenntnis verwundert Grüter allerdings nicht übermäßig. Sie weiß, wovon sie spricht – ihr Ehemann, der ebenfalls auf diesem Gebiet forscht, ist selbst prosopagnostisch. Das sei aber „nicht so beeinträchtigend, wie man sich das vorstellt", sagt sie, und fügt hinzu: „An mir ist mein Mann noch nie vorbeigelaufen, ohne mich zu erkennen."

[…]

Erwachsene, die mit der Störung leben, kommen oft hervorragend zurecht – Martina Grüter kennt „Rechtsanwälte, Ärzte, Schulrektoren" mit Prosopagnosie – was vermutlich einer der Gründe ist, warum bis vor einigen Jahren „nur 100 Fälle weltweit dokumentiert waren", wie Nakayama erklärt. Erwachsene mit der Störung haben „Probleme in einer Verwechslungskomödie oder mit einem Film, in dem lauter ähnlich aussehende blonde Frauen vorkommen", sagt Grüter, aber im Alltag hätten sie Strategien entwickelt, um Menschen trotzdem zu unterscheiden.

Das Problem, sagt Grüter, seien die Kinder. 50 Prozent des Nachwuchses von Prosopagnostikern hätten selbst Probleme mit Gesichtern – und das kann, etwa im Kindergarten, durchaus zu sozialer Ausgrenzung führen. Würden Kindergärtner und Eltern aber richtig instruiert, könnten sie frühzeitig gegensteuern und auch Tipps geben. „Zum Beispiel, dass man sich Jana nicht darüber merkt, dass sie ein rotes Kleid anhat, sondern lieber über die Form ihrer Ohren", sagt Grüter.

„Das Bewusstsein allein macht vielen Betroffenen das Leben leichter." Wenn das eigene Kind im Kindergarten also Schwierigkeiten hat, sich in eine Gruppe zu integrieren, muss man nicht gleich an Autismus oder Ähnliches denken – vielleicht kann es seine neuen Spielkameraden einfach nicht auseinanderhalten.

c Arbeiten Sie zu zweit und beantworten Sie gegenseitig Ihre Fragen.

Weißt du noch …?

1a In dem Buch „Mein Jahrhundert" erzählt Günter Grass zu jedem Jahr des 20. Jahrhunderts eine Geschichte. Lesen Sie einen kurzen Auszug vom Anfang der Geschichte zum Jahr 1952. Was könnte mit dem „Zauberspiegel" gemeint sein?

> Sag ich, wenn Gäste uns fragen, immer noch: Uns hat der Zauberspiegel […] zusammengeführt, die Liebe kam erst scheibchenweise. Es geschah auf Weihnachten zweiundfünfzig.

b Lesen Sie nun den ersten Absatz. Haben Sie richtig vermutet, was der „Zauberspiegel" war?

1 1952
   Sag ich, wenn Gäste uns fragen, immer noch: Uns hat der Zauberspiegel, wie anfangs – und nicht nur in „Hör zu" – das Fernsehen genannt wurde, zusammengeführt, die Liebe kam erst scheibchenweise. Es geschah auf Weihnachten zweiundfünfzig. Da standen überall und so auch
5 bei uns in Lüneburg die Menschen gedrängt vor den Schaufenstern der Radiogeschäfte und erlebten, wie auf den Bildschirmen das erste richtige Fernsehprogramm ablief. Wo wir standen, gab's nur einen einzigen Apparat.

c Lesen Sie den Text zu Ende. Erschließen Sie aus dem Kontext die Bedeutung der folgenden Wörter.

1. rumzappeln (Zeile 10)
2. quasseln (Zeile 11)
3. jemanden verkuppeln (Zeile 15)
4. schnippisch (Zeile 21)
5. das Luftschloss (Zeile 30f.)
6. die Göre (Zeile 36)
7. der Ohrwurm (Zeile 37)
8. das Ebenbild (Zeile 40)
9. glotzen (Zeile 48)
10. etwas einmotten (Zeile 57)

1. sich nervös und hektisch bewegen

   Na, besonders mitreißend war das nicht: Zuerst eine Geschichte, in der es um das Lied „Stille Nacht, heilige Nacht"[1], einen Lehrer und einen Herrgottsschnitzer[2] namens Melchior ging.
10 Später gab's ein Tanzspiel, in dem, frei nach Wilhelm Busch, Max und Moritz rumzappelten. […] Achja, anfangs quasselte noch der Intendant vom Nordwestdeutschen Rundfunk irgendwas Feierliches, ein gewisser Dr. Pleister, auf den dann die Fernsehkritik „Scheibenkleister"[3] gereimt hat. Und eine Ansagerin gab's, die im geblümten Kleid beinahe schüchtern auftrat und alle und besonders mich anlächelte.

[1] Weihnachtslied
[2] Jemand, der Holzfiguren schnitzt
[3] Ausruf des Missfallens, wenn etwas nicht gut ist oder nicht funktioniert

15 Es war Irene Koss, die uns auf diese Weise verkuppelt hat, denn in der Menschentraube vor dem Radiogeschäft stand Gundel rein zufällig neben mir. Ihr gefiel alles, was der Zauberspiegel zu bieten hatte. Die Weihnachtsgeschichte rührte sie zu Tränen. Jeden Streich, den Max und Moritz lieferten, beklatschte sie ungeniert. Doch als ich nach den Tagesneuigkeiten – weiß nicht mehr, was außer der Papstbotschaft lief – Mut faßte und sie ansprach: „Ist Ihnen aufgefallen,
20 mein Fräulein, daß Sie eine sagenhafte Ähnlichkeit mit der Ansagerin haben?", fiel ihr nur ein schnippisches „Nicht daß ich wüßte" ein.

Trotzdem trafen wir uns anderntags, ohne verabredet zu sein, vor dem wiederum menschenbedrängten Schaufenster, und zwar schon am frühen Nachmittag. Sie blieb, obgleich ihr die Ausstrahlung des Fußballspiels zwischen dem F. C. St. Pauli und Hamborn 07 langweilig wurde.
25 Am Abend sahen wir, doch nur der Ansagerin wegen, das Programm. Und zwischendurch hatte ich Glück: Gundel folgte „zum Aufwärmen" meiner Einladung zu einer Tasse Kaffee. Sie stellte sich mir als ein Flüchtlingsmädel aus Schlesien vor, tätig als Verkäuferin bei „Salamander"[4]. Ich, der ich damals hochfliegende Pläne schmiedete, Theaterdirektor, zumindest Schauspieler werden wollte, gab zu, daß ich leider in der mehr schlecht als recht gehenden Gaststätte meines
30 Vaters aushelfen müsse, aber im Grunde arbeitslos sei, doch voller Ideen. „Nicht nur Luftschlösser", beteuerte ich.

Nach der Tagesschau sahen wir uns vor dem Radiogeschäft eine, wie wir fanden, witzige Sendung an, in der es um die Zubereitung von Weihnachtsstollen ging. Eingerahmt war das Teiganrühren von launigen Beiträgen Peter Frankenfelds, der später mit seiner Talentsuch-
35 sendung „Wer will, der kann" populär wurde. Außerdem vergnügten wir uns an Ilse Werner, die pfiff und sang, besonders aber an dem Kinderstar Cornelia Froboess, einer Berliner Göre, die durch den Ohrwurm „Pack die Badehose ein" bekannt geworden war.

Und so ging es weiter. Wir trafen uns vor dem Schaufenster. Bald standen und guckten wir Hand in Hand. Doch dabei blieb es. Erst als das neue Jahr schon begonnen hatte, stellte ich
40 Gundel meinem Vater vor. Ihm gefiel das Ebenbild der Fernsehansagerin Irene Koss, und ihr gefiel die am Waldrand gelegene Gaststätte. Um es kurz zu machen: Gundel hat Leben in den heruntergewirtschafteten „Heidekrug" gebracht. Sie verstand es, meinen seit Mutters Tod mutlosen Vater zu überreden, Kredit aufzunehmen und in die große Gaststube einen Fernseher, nicht etwa das kleine Tischgerät, sondern die Projektionstruhe von Philips, zu stellen, eine An-
45 schaffung, die sich gelohnt hat. Ab Mai war Abend für Abend im „Heidekrug" kein Tisch, kein Stuhl mehr frei. Von weither kamen Gäste, denn die Zahl privater Fernsehempfänger blieb noch lange bescheiden.

Bald hatten wir ein treues Stammpublikum, das nicht nur glotzte, sondern auch ordentlich was verzehrte. Und als der Fernsehkoch Clemens Wilmenrod populär wurde, übernahm Gun-
50 del, die nun nicht mehr Schuhverkäuferin war, sondern meine Verlobte, dessen Rezepte, um sie der zuvor recht eintönigen Speisekarte des „Heidekrugs" einzuverleiben. Ab Herbst vierundfünfzig – wir waren inzwischen verheiratet – zog dann die Seriensendung „Familie Schölermann" immer mehr Publikum an. Und mit unseren Gästen erlebten wir das wechselvolle Geschehen auf dem Bildschirm, als habe die Fernsehfamilie auf uns abgefärbt, als seien auch wir
55 die Schölermanns, also, wie man oft abfällig hören konnte, deutscher Durchschnitt. Ja, es stimmt. Wir sind mit zwei Kindern gesegnet, das dritte ist unterwegs. Beide leiden wir ein wenig unserer überschüssigen Pfunde wegen. Zwar habe ich meine hochfliegenden Pläne eingemottet, bin aber nicht unzufrieden mit meiner nebengeordneten Rolle. Denn es ist Gundel, die den „Heidekrug" – fleißig den Schölermanns abgeguckt – nun auch als Pension führt. Wie viele
60 Flüchtlinge, die ganz von vorne anfangen mußten, ist sie voller Tatendrang. Und das sagen auch unsere Gäste: Die Gundel, die weiß, was sie will.

[4] Schuhgeschäft

Weißt du noch …?

2a Lesen Sie den Text noch einmal und machen Sie Notizen zu folgenden Punkten.
- das Fernsehprogramm im Jahr 1952
- Informationen über Gundel
- Informationen über den Ich-Erzähler

b Welche Informationen über das Leben in Deutschland in den 1950er-Jahren können Sie aus Ihren Notizen und aus dem Text entnehmen? Sammeln Sie im Kurs.

c Besprechen Sie im Kurs – mithilfe der Informationen aus dem Text – wie das Leben in Deutschland in den 1950er-Jahren wohl war.

▶ Ü 1

3 Was denken Sie? Woran werden Sie sich in fünf Jahren erinnern? Wählen Sie ein Kärtchen oder eine eigene Idee und schreiben Sie einen Text.

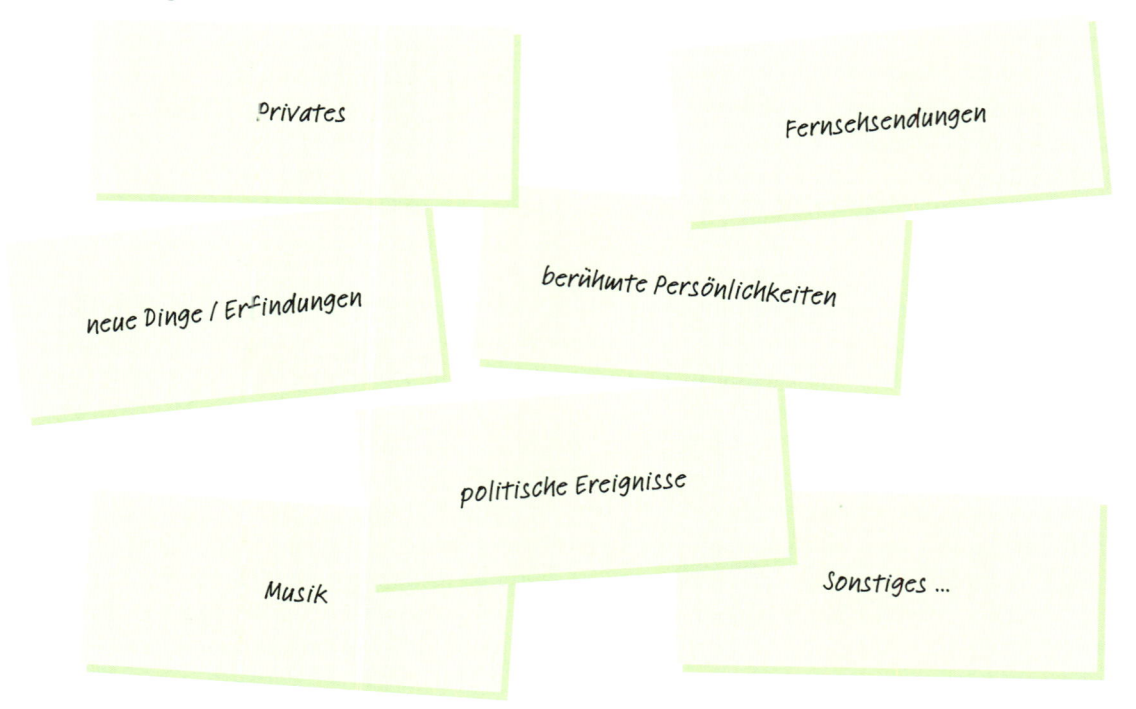

- Privates
- Fernsehsendungen
- neue Dinge / Erfindungen
- berühmte Persönlichkeiten
- politische Ereignisse
- Musik
- Sonstiges …

Ich denke, in fünf Jahren werde ich mich noch ganz genau an den Tag erinnern, als einer meiner Lieblingsschauspieler gestorben ist. Ich war gerade mit dem Fahrrad auf dem Weg zur Arbeit und sah aus dem Augenwinkel die Schlagzeilen der Zeitungen. …

Fertigkeitstraining
lesen | schreiben | sprechen | hören

4 Im Text wird ein deutscher Schlager genannt, an den sich der Ich-Erzähler erinnert. Lieder wecken oft Erinnerungen.

a Hören Sie das Lied „Tage wie dieser" von der Band Juli. Haben Sie es schon einmal gehört? Von wann könnte es sein?

b Hören Sie das Lied noch einmal. Wie gefällt Ihnen das Lied (der Text, die Melodie, der Rhythmus, die Stimme)?

c Welcher Tag könnte im Lied gemeint sein? Beschreiben Sie einen solchen Tag.

▶ Ü 2

„Tage wie dieser" sind für mich Tage, an denen die Sonne scheint, es warm ist und ich Zeit habe, gemeinsam etwas mit meiner Familie zu machen. Zum Beispiel …

5 Bringen Sie ein Lied mit, das Sie mit bestimmten Erinnerungen verbinden. Spielen Sie das Lied vor und erzählen Sie.

von Erinnerungen berichten	
Ich erinnere mich noch genau, wie …	Ich weiß noch genau, wie ich …
Mir kommt es vor, als wenn es gestern gewesen wäre.	Ich war damals … und konnte mir nicht vorstellen, dass …
Als … ständig im Radio lief, war ich …	Es war in … / beim …, als ich … das erste Mal hörte.
Als ich zum ersten Mal … hörte …	Mir wird immer in Erinnerung bleiben, wie …

Bei diesem Lied muss ich immer an meine Zeit an der Uni denken. Ich …

Ach ja, das werde ich nie vergessen …

Porträt

Aleida und Jan Assmann

> **Die Vergangenheit […], das ist unsere These, entsteht überhaupt erst dadurch, dass man sich auf sie bezieht.**
> Ein solcher Satz muss zunächst befremden. Nichts erscheint natürlicher als das Entstehen von Vergangenheit; sie entsteht dadurch, dass Zeit vergeht. So kommt es, dass das Heute morgen „der Vergangenheit angehört". Es ist zum Gestern geworden. Zu diesem natürlichen Vorgang können sich aber Gesellschaften auf ganz verschiedene Weise verhalten. Sie können – wie Cicero von den „Barbaren" behauptet – „in den Tag hineinleben" und das Heute getrost der Vergangenheit anheimfallen lassen, die in diesem Fall Verschwinden und Vergessen bedeutet, sie können aber auch alle Anstrengungen darauf richten das Heute auf Dauer zu stellen, etwa dadurch, dass sie – wie Ciceros Römer – „alle Pläne auf die Ewigkeit ausrichten" […]. Wer in dieser Weise schon im „Heute" auf das „Morgen" blickt, muss das „Gestern" vor dem Verschwinden bewahren und es durch Erinnerung festzuhalten suchen. In der Erinnerung wird Vergangenheit rekonstruiert. In diesem Sinne ist die These gemeint, dass man sich auf sich bezieht. […]
> (Aus: Jan Assmann: Das kulturelle Gedächtnis. Schrift, Erinnerung und politische Identität in frühen Hochkulturen. München 1992, S. 31ff.)

Aleida Assmann (1947) promovierte 1977 in Heidelberg im Fach Anglistik und in Tübingen in Ägyptologie. 1992 habilitierte sie in Heidelberg und folgte ein Jahr später dem Ruf auf den Lehrstuhl für Anglistik und Allgemeine Literaturwissenschaft an der Universität Konstanz, wo sie auch heute noch lehrt. 2001 wurde sie zum Fellow der Princeton University in New Jersey ernannt und im Sommer 2005 hatte sie die „Peter-Ustinov-Gastprofessur" an der Universität Wien inne.

Aleida Assmann veröffentlichte zahlreiche Arbeiten zur englischen Literatur und zur Archäologie der literarischen Kommunikation. Seit den 1990er-Jahren ist ihr Forschungsschwerpunkt die Kulturanthropologie, insbesondere die Themen kulturelles Gedächtnis, Erinnerung und Vergessen.

Aleida Assmann ist mit dem Ägyptologen Jan Assmann verheiratet. Die beiden haben fünf Kinder.

Jan Assmann (1938) ist Ägyptologe, Religions- und Kulturwissenschaftler. Er wuchs in Lübeck und Heidelberg auf und studierte Ägyptologie, Klassische Archäologie und Gräzistik in München, Heidelberg, Paris und Göttingen. Im Jahre 1971 habilitierte er sich und war bis zum Jahr 2003 Professor für Ägyptologie in Heidelberg. Seit 2003 ist er an der Uni Konstanz als Honorarprofessor für allgemeine Kulturwissenschaft tätig. Jan Assmann absolvierte zahlreiche Forschungs- und Auslandsaufenthalte (z. B. USA, Wien Frankreich, Ägypten).

Als Kulturwissenschaftler entwickelten Jan und Aleida Assmann zusammen die Theorie des kulturellen Gedächtnisses und wurden international bekannt. Beide haben zahlreiche Preise und Auszeichnungen erhalten.

Mehr Informationen zu Aleida und Jan Assmann

Sammeln Sie Informationen über Persönlichkeiten aus dem In- und Ausland, die für das Thema „Erinnerung" interessant sind, und stellen Sie sie im Kurs vor. Sie können dazu die Vorlage „Porträt" im Anhang verwenden.

Beispiele aus dem deutschsprachigen Bereich:
Deutsche Alzheimer Gesellschaft – Christa Wolf – Uwe Tim – Joachim Bodamer – Monika Maron – Karoline Pichler

Grammatik-Rückschau 10

1 Partizipialgruppe

Partizipialgruppe	Konditionalsatz
Unser Hirn besteht, **grob geschätzt**, aus etwa 100 Milliarden Nervenzellen.	**Wenn man grob schätzt**, besteht unser Hirn aus etwa 100 Milliarden Nervenzellen.
Genau betrachtet, kann das Langzeitgedächtnis noch weiter unterteilt werden.	**Wenn man es genau betrachtet**, kann das Langzeitgedächtnis noch weiter unterteilt werden.
Es besteht, **streng genommen**, aus drei Hauptsystemen.	**Wenn man es streng nimmt**, besteht es aus drei Hauptsystemen.

Partizipialgruppen sind oft verkürzte Konditionalsätze. Das endungslose Partizip steht gewöhnlich am Ende der Partizipialgruppe. Viele Partizipialgruppen mit konditionaler Bedeutung sind feste Wendungen, deren gedachtes Subjekt *man* ist:

genau/kurz/anders gesagt, anders formuliert, genauer/oberflächlich betrachtet, genau/ streng / im Grunde genommen, richtig verstanden, verglichen mit, abgesehen von, ausgehend von, grob geschätzt

2 Futur I und II zum Ausdruck von Vermutungen

Futur I	Futur II
er wird sehen	er wird gesehen haben er wird gefahren sein
werden + Infinitiv	*werden* + Partizip Perfekt + *haben* oder *sein*

	Zeitbezug
Weißt du, wer das ist? – Das wird wohl ein Kollege sein.	Gegenwart
Heute ging es ihm nicht gut, er wird morgen wohl krank sein.	Zukunft
Denk dir nichts, er wird dich einfach nicht gesehen haben.	Vergangenheit

Futur I: Vermutung bezieht sich auf die Gegenwart oder Zukunft.
Futur II: Vermutung bezieht sich auf die Vergangenheit.

Es war einmal

1 a Lesen Sie die Titel der bekanntesten Märchen der Brüder Grimm. Welche dieser Märchen kennen Sie? Sagen Sie in ein bis zwei Sätzen, worum es darin geht.

Aschenputtel
Dornröschen
Der Froschkönig
Der gestiefelte Kater
Frau Holle

Hänsel und Gretel
Rotkäppchen
Rumpelstilzchen
Schneewittchen
Das tapfere Schneiderlein

b Nennen Sie zu den Märchen Gegenstände, Orte, Tiere oder Personen, an denen man sie leicht erkennen kann.

c Sehen Sie den Film und nennen Sie die beiden Schwerpunkte, um die es darin geht.

2 a Welche Informationen über Leben und Werk der Brüder Grimm konnten Sie sich nach dem ersten Sehen des Films merken? Was wussten Sie schon vorher über die Grimms? Sammeln Sie im Kurs.

sehen | nachdenken | diskutieren 10

1 b Sehen Sie die erste Filmsequenz. Notieren Sie dabei Stichwörter zu den Schwerpunkten
– Lebenslauf,
– Märchensammlungen,
– Arbeiten zur deutschen Sprache.
Vergleichen Sie die Stichwörter mit Ihrem Partner / Ihrer Partnerin.

3 Sehen Sie den Film noch einmal ganz und achten Sie dabei auf die Einrichtung des Grimm-Museums in Kassel.
– Welche Exponate sind im Museum zu sehen?
– Welche Angebote gibt es speziell für Kinder?

4 Wählen Sie eine der folgenden Aufgaben und bereiten Sie sich allein oder mit anderen zusammen auf die Präsentation im Kurs vor.
A Wählen Sie Ihr Lieblingsmärchen der Brüder Grimm und erzählen Sie es wie ein(e) Märchenerzähler(in).
B Erzählen Sie ein Märchen aus Ihrem Land.
C Spielen Sie ein Märchen vor.

Redemittel

Hier finden Sie die Redemittel aus Aspekte 1 (Niveau B1+), Aspekte 2 (Niveau B2) und Aspekte 3 (Niveau C1) in einer Übersicht. Die Verweise geben an, in welchen Kapiteln die Redemittel behandelt werden: B1+K1M2 = Aspekte 1 (Niveau B1+), Kapitel 1, Modul 2; B2K4M2 = Aspekte 2 (Niveau B2), Kapitel 4, Modul 3; C1K4M2 = Aspekte 3 (Niveau C1), Kapitel 4, Modul 2.

1. Meinungen ausdrücken / argumentieren / diskutieren

etwas beurteilen — B1+K1M2 / B1+K5M2 / B2K10M4

Ich halte … für gut/schlecht/…
Für … spricht … / Dafür spricht …
Gegen … spricht … / Dagegen spricht …
Eine gute/schlechte Idee ist …
Ein wichtiger/entscheidender Vorteil/ Nachteil ist …

… ist sicherlich sinnvoll / … macht gar keinen Sinn.
Man muss auch bedenken, dass …
Man darf nicht vergessen, dass …
Ein Argument für/gegen … ist …
Besonders hervorzuheben ist auch …

eine Geschichte positiv/negativ bewerten — B1+K7M4 / B2K6M4

etwas positiv bewerten
Die Geschichte gefällt mir sehr.
Ich finde die Geschichte sehr spannend.
Eine sehr lesenswerte Geschichte.
Die Geschichte ist gut durchdacht und überraschend.
Ich finde die Geschichte kurzweilig und sehr unterhaltsam.
Die Geschichte macht mich neugierig.
Ich bin gespannt auf …
Die Geschichte ist gut erzählt.

etwas negativ bewerten
Ich finde die Geschichte unmöglich.
Die Geschichte ist voller Widersprüche.
Für mich ist die Geschichte Unsinn.
Die Geschichte ist nicht mein Geschmack.
Ich finde die Geschichte verwirrend.
Ich finde die Geschichte komisch/seltsam.
Die Geschichte ist schlecht erzählt.
Ich finde die Geschichte langweilig.
Ich kann die Geschichte schlecht verstehen.

Verhalten positiv/negativ bewerten — C1K4M2

Verhalten positiv bewerten
Ich finde es anständig/lobenswert/ anerkennenswert, dass …
Ich erkenne an, wenn jemand …
Ich schätze es, wenn …
Ich heiße das / ein solches Verhalten / diese Einstellung/Haltung gut, denn …

Verhalten negativ bewerten
Ich finde es falsch/unmöglich / nicht in Ordnung, dass …
… wäre für mich undenkbar.
Ich lehne es ab, wenn …
Ich missbillige so etwas.
Es ist für mich moralisch fragwürdig, wenn …
Ich halte nichts davon, wenn …
Solches Verhalten findet vielleicht bei vielen Anerkennung, aber …

Meinungen ausdrücken
B1+K1M2 / B1+K1M4 / B1+K2M4 / B2K1M2 / B2K1M4 / C1K3M4 / C1K7M2

Meiner Meinung/Auffassung nach …
Meiner Meinung nach ist das Unsinn, denn …
Ich bin der Meinung/Ansicht/Auffassung, dass …
Ich bin der festen Überzeugung, dass …
Ich bin da geteilter Meinung. Auf der einen Seite …, auf der anderen Seite …
Ich stehe auf dem Standpunkt, dass …
Ich denke/meine/glaube/finde, dass …
Ich bin davon überzeugt, dass …
Ich finde, dass man zwar einerseits …, andererseits ist es aber auch wichtig zu sehen, dass …

Ich denke, man kann das (nicht) so sehen, denn …
Für mich ist ganz klar, dass …
Einerseits kann man beobachten, dass …
Andererseits darf man nicht unterschätzen, dass …
Wir beobachten …, aber trotzdem …
Das Problem hat mehrere Seiten/Aspekte, z. B. …
So einseitig kann man das nicht sehen, denn …
… spricht mich (nicht) an, weil …
Meines Erachtens ist das …
Ich vertrete die Ansicht, dass …
Für mich steht fest, dass …

Zustimmung ausdrücken
B1+K1M4 / B1+K8M2 / B1+K9M2 / B2K1M4 / C1K3M4

Der Meinung bin ich auch.
Ich bin ganz deiner/Ihrer Meinung.
Das stimmt. / Das ist richtig. / Ja, genau.
Da hast du / haben Sie völlig recht.
Ja, das kann ich mir gut vorstellen.
Das kann ich mir vorstellen.
Ja, das ist richtig.
Ja sicher!
Selbstverständlich ist das so, weil …
Ja, das sehe ich auch so.

Ich stimme dir/Ihnen zu.
Der ersten Aussage kann ich völlig zustimmen, da/weil …
Ich denke, diese Einstellung ist falsch, denn …
Ich finde, … hat recht, wenn er/sie sagt, dass …
Ich bin der gleichen Ansicht.
Dem kann ich zustimmen.
Dem kann ich mich nur anschließen.
Das klingt einleuchtend/überzeugend.
Dieses Argument leuchtet mir ein.

Widerspruch ausdrücken
B1+K1M2 / B1+K1M4 / B2K1M4 / C1K3M4 / C1K7M2

Das stimmt meiner Meinung nach nicht.
Der Meinung bin ich auch, aber …
Das ist nicht richtig.
Das ist sicher richtig, allerdings …
Ich sehe das (etwas/völlig/ganz) anders, denn …
Da muss ich dir/Ihnen aber widersprechen.
Dem kann ich nur bedingt/teilweise zustimmen.
Das klingt überzeugend, aber …
Da kann ich dir/Ihnen nur völlig recht geben, aber …

Das kann ich nicht nachvollziehen.
Dieser Aussage muss ich widersprechen.
Da kann man einwenden, dass …
Dagegen spricht, dass …
Dem kann ich nicht zustimmen.
Das sehe ich ganz anders, denn …
Ich möchte bezweifeln, dass …
Das ist eine gängige Sichtweise, aber …
Da möchte ich widersprechen, weil …
Ich teile diese Auffassung nicht, denn …
Die Aussage überzeugt mich nicht.
Dazu habe ich eine andere Meinung.

Redemittel

Zweifel ausdrücken B1+K1M4 / B1+K9M2 / B2K1M4

Also, ich weiß nicht …
Ob das wirklich so ist?
Stimmt das wirklich?
Es ist unwahrscheinlich, dass …
Ich glaube/denke kaum, dass …

Wohl kaum, denn …
Ich bezweifle, dass …
Ich habe da so meine Zweifel.
Ich sehe das (schon) anders, da …

Vermutungen ausdrücken B1+K6M4 / B1+K7M4 / B1+K8M3 / C1K8M3

Etwas ist möglich.
Es ist möglich/denkbar/vorstellbar / nicht ausgeschlossen, dass …
Ich kann mir gut vorstellen, dass …
Es kann/könnte (gut) sein, dass …
Vielleicht/Möglicherweise/Eventuell …
Angeblich ist …
Es besteht die Möglichkeit, dass …
… lässt vermuten / darauf schließen, dass …

Etwas ist sehr wahrscheinlich.
Aller Wahrscheinlichkeit nach …
Wahrscheinlich/Vermutlich/Vielleicht …

Ich vermute, dass …
Ich nehme an, dass …
Ich glaube, dass …
Ich bin ziemlich sicher, dass …
Es sieht so aus, als ob …

Etwas ist sicher.
Ich bin sicher, dass …
Ich bin überzeugt, dass …
Alles deutet darauf hin, dass …
Alle Anzeichen sprechen dafür, dass …
Bestimmt/Sicher/Gewiss/Zweifellos …

argumentieren B1+K1M2 / B1+K5M2 / C1K1M2

Für mich ist es wichtig, dass …
Ich finde es …
Es ist (ganz) wichtig, dass …
Dabei wird deutlich, dass …
… haben deutlich gezeigt, dass …
… spielt eine wichtige Rolle bei …
… ist ein wichtiges Argument für …
… hat deutlich gezeigt, dass …

… macht klar, dass …
Außerdem muss man bedenken, dass …
Das Besondere daran ist, dass man …
Beim/Im … kannst du viele interessante/ lustige/ … Dinge lernen/machen.
Im Gegensatz zu anderen Organisationen, kannst du hier …

Gründe/Beispiele anführen C1K3M4

Das hat folgende Gründe: …
Dafür/Dagegen spricht vor allem, dass …
Dazu möchte ich folgende Beispiele anführen: …

Man kann das mit folgenden Beispielen untermauern: …
Man muss hierbei berücksichtigen, dass …

Wichtigkeit/Unwichtigkeit ausdrücken C1K10M2

Wichtigkeit ausdrücken
Entscheidend ist für mich, dass …
Ich halte für besonders wichtig, dass …
Der wichtigste Punkt für mich ist, dass …
Ich will hier unterstreichen/hervorheben, dass …
Für mich ist von Bedeutung, dass …
Das ist von größter Wichtigkeit!
Mir liegt besonders am Herzen, dass …

Unwichtigkeit ausdrücken
Das spielt für mich gar keine Rolle.
Das ist ein zweitrangiges Problem.
Das steht für mich an letzter Stelle.
Für mich hat das gar keine Bedeutung.
Ich halte das für (absolut) unwichtig/
belanglos/nebensächlich/bedeutungslos.
Es gibt doch viel Wichtigeres!
Für mich ist das kaum der Rede wert.
Das hat doch gar nichts zu sagen!

Konsequenzen nennen C1K4M3

Als Konsequenz ergibt sich daraus, dass …
… ist eine logische Folge.
Daraus lässt sich ableiten/folgern, dass …

Daraus kann man schließen, dass …
Daraus ergibt sich, dass …
… führt zu …

eine Diskussion führen B1+K10M2 / B2K10M4 / C1K1M4

um das Wort bitten / das Wort ergreifen
Entschuldigen Sie, wenn ich Sie unterbreche, …
Dürfte ich dazu bitte auch etwas sagen?
Ich möchte dazu etwas sagen/fragen/ergänzen.
Kann ich dazu bitte auch einmal etwas sagen?
Ich verstehe das schon, aber …
Ja, aber …
Glauben/Meinen Sie wirklich, dass …?
Das mag stimmen, aber …

ein Problem ansprechen
Ich finde es nicht gut, wenn …
… gefällt mir nicht.
Ich habe ein Problem mit …
Es ist nicht fair / in Ordnung, wenn …
Über … habe ich mich geärgert.
Ich fühle mich ausgenutzt, wenn …

eine andere Position vertreten
Es ist sicher richtig/verständlich, dass …,
aber …
Einerseits …, andererseits …
Aus meiner Sicht ist es wichtig, dass …
Sie sollten aber bedenken, dass ich in meiner
Situation …
Für mich ist entscheidend/wichtig, dass …,
weil …

auf die Meinung anderer eingehen
Ich kann verstehen, dass Sie …, aber ich …
Das ist Ihre Meinung. Ich bin der Ansicht …
Wir sollten auch die Meinung von Frau/Herrn …
berücksichtigen.
Was Sie sagen, ist aus Ihrer Position sicher richtig.
Trotzdem …
Ja, das sehe ich genau wie Sie, und darum …

sich nicht unterbrechen lassen
Lassen Sie mich bitte ausreden.
Ich möchte nur noch eines sagen …
Einen Moment bitte, ich möchte nur noch …
Darf ich bitte den Satz noch abschließen?
Ich bin noch nicht fertig.
Augenblick noch bitte, ich bin gleich fertig.

ein Gespräch leiten
Was meinen Sie dazu?
Können Sie das näher erläutern?
Würden Sie dem zustimmen?
Gut, dass Sie das ansprechen.
Kommen wir noch einmal zurück zu der Frage/
These, …
Ich nehme an, Sie sehen das genauso.

Redemittel

2. etwas vorschlagen

| eine Lösung aushandeln | B1+K4M2 / B1+K4M4 / B2K3M3 / B2K5M4 / C1K1M2 / C1K2M4 |

einen Vorschlag machen
Wie wäre es, wenn wir …
Wir könnten doch …
Vielleicht machen wir es so: …
Hast du nicht Lust?
Mein Vorschlag wäre …
Ich finde, man sollte …
Was hälst du / halten Sie von folgendem Vorschlag: …?
Wenn es nach mir ginge, würde …
Könnten Sie sich vorstellen, dass …
Meiner Meinung nach sollten wir …
Anstatt …, sollte/könnte man …
Ich würde lieber … als …
Um … zu, muss/müssen meiner Meinung nach vor allem …
Ich würde vorschlagen, dass du mal …
Du könntest ja mal in Betracht ziehen, …
Spring doch einfach mal über deinen Schatten und …
Hättest du nicht mal Lust, …?
Meiner Meinung nach sollten wir …

einen Gegenvorschlag machen
Das ist sicherlich keine schlechte Idee, aber kann man nicht … ?
Gut, aber man sollte überlegen, ob es nicht besser wäre, wenn …
Okay, aber wie wär's, wenn wir es anders machen. Und zwar …
Ich habe einen besseren Vorschlag. Also …
Anstatt … sollte/könnte man …

Ich würde lieber … als …
Wir sollten überlegen, ob es nicht besser wäre …
Ich hätte da eine bessere Idee: …
Ich würde gern einen anderen Vorschlag machen, und zwar …

einem Vorschlag zustimmen
Das hört sich gut an.
Einverstanden, das ist ein guter Vorschlag.
Ja, das könnte man so machen.
Ich finde diese Idee sehr gut.
Ich kann diesem Vorschlag nur zustimmen.
Dieser Vorschlag gefällt mir.

einen Vorschlag ablehnen
Das halte ich für keine gute Idee.
Ich halte diesen Vorschlag für nicht durchführbar.
Das kann man so nicht machen.
Das würde ich so nicht machen.
Das lässt sich nicht realisieren.
So geht das auf keinen Fall!

zu einer Entscheidung kommen
Lass/Lasst uns / Lassen Sie uns Folgendes vereinbaren: …
Einigen wir uns doch auf Folgendes: …
Darauf könnten wir uns vielleicht einigen.
Wie wäre es mit einem Kompromiss: …
Was halten Sie von folgendem Kompromiss: …
Wären alle damit einverstanden, wenn wir … ?
Ja, so machen wir es.

| Ratschläge und Tipps geben | B1+K2M4 / B1+K3M4 / B1+K5M3 / B1+K5M4 / B1+K7M4 / B2K9M4 |

Am besten ist …
Du solltest … / du könntest … / Du musst …
Man darf nicht …
Da sollte man am besten …

Empfehlenswert ist, wenn …
Überleg dir das gut.
Sag mal, wäre es nicht besser …
Verstehe mich nicht falsch, aber …
Wir schlagen vor …

Ich kann dir/euch nur raten ...
Ich würde dir raten/empfehlen ...
Am besten ist/wäre es ...
Auf keinen Fall solltest du ...
An deiner Stelle würde ich ...
Wenn du mich fragst, dann ...
Mir hat sehr geholfen, ...
Es lohnt sich, ...

Wir geben die folgenden Empfehlungen: ...
Sinnvoll/Hilfreich/Nützlich wäre, wenn ...
Dabei sollte man beachten, dass ...
Es ist besser, wenn ...
Wie wäre es, wenn ...?
Hast du schon mal über ... nachgedacht?
An deiner Stelle würde ich ...

3. Gefühle, Wünsche und Ziele ausdrücken

Gefühle und Wünsche ausdrücken — B2K2M4 / B2K4M4

Ich denke, dass ...
Ich würde mir wünschen, dass ...
Ich freue mich, wenn ...
Mir geht es ..., wenn ich ...
Ich glaube, dass ...

Ich fühle mich ..., wenn ...
Für mich ist es schön/gut/leicht ...
Mir ist aufgefallen, dass ...
Ich frage mich, ob ...
Für mich ist es schwierig, wenn ...

Verständnis/Unverständnis ausdrücken — B1+K3M4 / B1+K7M4

Ich kann gut verstehen, dass ...
Es ist ganz normal, dass ...
Ich verstehe ... nicht.

Ich würde anders reagieren.
Es ist verständlich, dass ...

Situationen einschätzen — B2K9M4

Welches Gefühl hast Du, wenn Du an ... denkst?
Was macht dich glücklich/traurig ...?
Was sagt ... zu deinen Gefühlen?

Wie geht es dir bei dem Gedanken, ...?
Wie würde ... reagieren, wenn ...?
Was sagt ... zu ...?

Glückwünsche ausdrücken — B1+K1M4 / B2K7M4

Herzlichen Glückwunsch!
Ich bin sehr froh, dass ...
Ich freue mich sehr/riesig für dich/euch.

Das ist eine tolle Nachricht!
Es freut mich, dass ...

Ziele ausdrücken — B1+K5M1

Ich hätte Spaß daran, ...
Ich hätte Lust, ...
Ich hätte Zeit, ...
Ich wünsche mir, ...

Ich habe vor, ...
Für mich wäre es gut, ...
Es ist notwendig, ...
Für mich ist es wichtig, ...

Redemittel

4. berichten und beschreiben

eigene Erfahrungen ausdrücken — B1+K3M4 / B2K1M1

Ich habe ähnliche Erfahrungen gemacht, als …
Wir haben gute/schlechte Erfahrungen gemacht mit …
Mir ging es ganz ähnlich, als …
Bei mir war das damals so: …
Wir haben oft bemerkt, dass…

Es ist ein gutes Gefühl, … zu …
… erweitert den Horizont.
Man lernt … kennen und dadurch … schätzen.
Man lernt sich selbst besser kennen.
Ich hatte Probleme mit …
Es ist schwer, … zu …
Mir fehlt …

über interkulturelle Missverständnisse berichten — B2K1M3

In … gilt es als sehr unhöflich, …
Ich habe gelesen, dass man in … nicht …
Von einem Freund aus … weiß ich, dass man leicht missverstanden wird, wenn man …

Als ich einmal in … war, ist mir etwas sehr Unangenehmes/Lustiges passiert. …
Wir hatten einmal Besuch von Freunden aus …
Wir konnten nicht verstehen, warum/dass …

einen Gegensatz ausdrücken — B1+K3M4 / B2K1M1

Im Gegensatz zu … mache ich …
Während …, habe ich …

Bei mir ist das ganz anders.
Während … abends …, mache ich …

einen Begriff erklären/definieren — B2K4M2 / C1K4M3

Meiner Meinung nach bedeutet „…", dass …
„…" ist …
„…" wird definiert als ….

Unter „…" versteht man …
Mit dem Begriff „…" bezeichnet man …
Von „…" spricht man, wenn …
Für mich ist ein Mensch …, wenn er …

recherchierte Ereignisse vorstellen — B2K8M2

Ich werde von … berichten.
Ich habe … ausgesucht, weil …
Ich fand … besonders interessant.

Eigentlich finde ich … nicht so interessant, aber …
Das erste/zweite Ereignis passierte …

historische Daten nennen — B2K8M2

Im Jahr …
Am …
Vor 50, 100 … Jahren …

… Jahre davor/danach …
… begann/endete/ereignete sich …

eine Grafik beschreiben

B1+K2M2 / B2K10M2 / C1K9M4

Einleitung
Die Grafik zeigt …
Die Grafik informiert über …
Die Grafik gibt Informationen über …
Die Grafik stellt … dar.
Die Angaben erfolgen in Prozent.

Hauptpunkte beschreiben
Auffällig/Bemerkenswert/Interessant ist, dass …
Die meisten … / Die wenigsten …
An erster Stelle … / An unterster/letzter Stelle steht/stehen/sieht man …
Am wichtigsten …
… Prozent sagen/meinen …
Die Grafik unterscheidet …
Im Vergleich zu …
Verglichen mit …
Im Gegensatz zu …
Während …, zeigt sich …
Ungefähr die Hälfte …
Die Grafik auf der zweiten Folie zeigt, …
Man kann deutlich sehen, dass …
In den Jahren von … bis … ist … stetig gestiegen / hat zugenommen / ist gewachsen.
Seit … nimmt die Zahl der … ab / fällt die Zahl der … / gibt es immer weniger …
Die Zahl der … ist wesentlich erheblich höher als …

Ähnlichkeiten
Ähnliche Ergebnisse werden auch in … deutlich.
Das gleiche Ergebnis ist auch in … zu erkennen.
Hinsichtlich des/der … ähneln sich … und … (sehr).
Genauso verhält es sich auch bei …
Eine vergleichbare Situation erkennt man …
Auf beide … trifft zu, dass …
… ist vergleichbar (mit) …
Vergleicht man … und …, erkennt man große Übereinstimmungen.
In diesem Punkt sind sich beide … ähnlich.

Unterschiede
Anders als in der einen Umfrage, …
Die Ergebnisse unterscheiden sich deutlich / sind sehr verschieden.
Ganz anders stellt sich … dar.
Im Gegensatz zu …
Im Unterschied zu …
… und … unterscheiden sich klar/deutlich voneinander.

Überraschendes
Das Eigenartigste/Merkwürdigste/Seltsamste ist …
Erstaunlich finde ich, dass …
Ich habe nicht gewusst, dass …
Ich hätte nicht gedacht/erwartet, dass …
Überraschend ist die Tatsache, dass …
Völlig neu war/ist für mich, dass …

von Erinnerungen berichten

C1K10M4

Ich erinnere mich noch genau, wie …
Mir kommt es vor, als wenn es gestern gewesen wäre.
Als … ständig im Radio lief, war ich …
Als ich zum ersten Mal … hörte …
Ich weiß noch genau, wie ich …

Ich war damals … und konnte mir nicht vorstellen, dass …
Es war in … / beim …, als ich … das erste Mal hörte.
Mir wird immer in Erinnerung bleiben, wie …

Redemittel

einen Vortrag / ein Referat halten B1+K10M4 / C1K6M4

Einleitung
Das Thema meines Vortrags/Referats/ meiner Präsentation lautet/ist …
Ich spreche heute zu dem Thema … / zu Ihnen über …
Ich möchte heute etwas über … erzählen.
Ich möchte Ihnen heute neue Forschungsergebnisse zum Thema … vorstellen.
Heute möchte ich mich der Frage / dem Thema … widmen.
In meinem Referat befasse ich mich mit …

Strukturierung
Mein Vortrag besteht aus drei Teilen: …
Mein Vortrag ist in drei Teile gegliedert: …
Zuerst möchte ich über … sprechen und dann etwas zum Thema … sagen. Im dritten Teil geht es dann um …, und zum Schluss möchte ich noch auf … eingehen.
Ich möchte auf vier wesentliche Punkte / Punkte, die mir wesentlich erscheinen …
Nachdem …, soll nun …

Übergänge
Soweit der erste Teil. Nun möchte ich mich dem zweiten Teil zuwenden.
Nun spreche ich über …
Ich komme jetzt zum zweiten/nächsten Teil.
Als Nächstes möchte ich auf … eingehen.
Eine häufige Meinung ist auch, dass …
Viele Menschen sind des Weiteren davon überzeugt, dass …

auf Folien verweisen
Ich habe eigene Folien/Power-Point-Folien zum Thema vorbereitet.
Auf dieser Folie sehen Sie …
Auf dieser Folie habe ich … für Sie dargestellt/zusammengefasst.
Hier erkennt man deutlich, dass …
Wie Sie hier sehen können, ist/sind …

Schluss
Ich komme jetzt zum Schluss.
Zusammenfassend möchte ich sagen, …
Abschließend möchte ich noch erwähnen, …
Ich hoffe, Sie haben einen Überblick über … erhalten.
Lassen Sie mich noch zum Schluss sagen / noch einmal darauf hinweisen, dass …
Das wären die wichtigsten Informationen zum Thema … gewesen. Gibt es noch Fragen?
Vielen Dank für Ihre Aufmerksamkeit.
Wenn Sie noch Fragen haben, bin ich gerne für Sie da.
Abschließend möchte ich noch einmal hervorheben/erwähnen, dass …
Fazit des oben Gesagten ist …
Insgesamt kann man sagen, dass …
Schließlich kann man zu dem Ergebnis kommen, dass …
Zusammenfassend ist festzuhalten, dass …
Ich hoffe, ich konnte deutlich machen, dass/wie …
Alles in allem kann man sagen, dass …

auf ein Referat reagieren C1K6M4

Fragen stellen
Eine Sache ist mir nicht ganz klar geworden.
Könnten Sie / Könntest du bitte noch einmal erklären, wie/warum …
Mich würde noch interessieren, ob/warum/wie …
Ich würde gerne noch mehr wissen über …

auf Fragen antworten
Vielen Dank für diese Frage, auf die ich gerne eingehe.
Das ist eine gute Frage, die ich mir bei der Recherche zu diesem Thema auch gestellt habe …
Natürlich, das hatte ich vielleicht nicht deutlich genug ausgedrückt.

Das will ich Ihnen/dir gerne erklären …
Unter … versteht man …
Das ist eine gute Frage, die mich auch beschäftigt hat.

Einwände erheben
Ich bin nicht sicher, ob man das so sagen kann.
Ich finde es wichtig, auch zu bedenken, dass …
Haben Sie / Hast du bei Ihren/deinen Recherchen auch bedacht, dass …

auf Einwände reagieren, Zeit (zum Nachdenken) gewinnen
Vielen Dank für diesen wertvollen Hinweis.
Mit diesen kritischen Überlegungen haben Sie / hast du bestimmt recht, dennoch möchte ich nochmal darauf zurückkommen, dass …
Ich verstehe Ihren/deinen Einwand, möchte aber noch mal darauf hinweisen, dass …
Vielen Dank für diesen Hinweis, das ist ein weiterer interessanter Punkt.
Darf ich später auf Ihre/deine Frage zurückkommen und zunächst …

5. zusammenfassen

einen Sachtext/Vortrag zusammenfassen — B2K9M2 / C1K7M4 / C1K8M2

Zusammenfassungen einleiten
In dem Text/Vortrag geht/ging es um …
In dem Text geht es um das Thema …
Der Text/Vortrag handelt/handelte von …
Das Thema des Textes ist …
Der Text/Vortrag behandelt/behandelte die Frage, …
Folgendes Thema wird … behandelt …
Der Text befasst sich mit …
Der Autor / die Autorin beschäftigt sich mit dem Thema / der Frage …

Informationen wiedergeben
Im ersten/zweiten/nächsten Abschnitt geht/ging es um …
Anschließend/Danach/Im Anschluss daran wird / wurde dargestellt / darauf eingegangen, dass …

Eine wesentliche Aussage ist/war …
Laut dem Referenten / der Referentin …
Der Text nannte folgende Beispiele: …
Gemäß dem Professor / der Professorin …
Hauptsächlich wird erklärt/erläutert/ beschrieben/dargelegt …
Außerdem/Darüber hinaus wird gezeigt, …
Es wird betont/hervorgehoben, …
Zunächst wird erklärt, …
Dann erläutert der Autor / die Autorin …
Folgende Beispiele werden angeführt: …
Mit folgendem Beispiel wird verdeutlicht …
Die Beispiele … zeigen …

Zusammenfassungen abschließen
Zusammenfassend kann man sagen, dass …
Als Hauptaussage lässt sich festhalten, dass …

Informationen zusammenfassen — B2K8M4

über vergangene Zeiten berichten
Damals war es so, dass …
Anders als heute, war es damals nicht möglich …
Wenn man früher … wollte, musste man …
Häufig/Meistens war es normal, dass …
In dieser Zeit …

von einem historischen Ereignis berichten
Es begann damit, dass …
Die Ereignisse führten dazu, dass …
Die Meldung / das Ereignis … hatte zur Folge, dass …
Nachdem … bekannt gegeben worden war, …
Dank … kam es (nicht) zu …
Zunächst meldete … noch, dass …, aber …

Redemittel

ein Ereignis kommentieren

Meines Erachtens war besonders erstaunlich/ überraschend, dass …
Die Ereignisse zeigen, dass/wie …
Ich denke, … ist auch für andere Länder interessant/wichtig, weil …
Für mich persönlich hat … keine besondere Bedeutung, denn …

ein Buch / eine Geschichte / einen Film zusammenfassen   B1+K7M4 / C1K7M4

Rubrik
Man kann das Buch / den Film folgender Rubrik zuordnen: …
Das Buch / Der Film gehört zur Sparte …
Das Buch / Der Film ist ein klassischer Krimi / ein klassisches Familiendrama.

Zur Handlung kann man sagen, dass …
Im Mittelpunkt des Geschehens steht …
Schauplatz ist (dabei) …
Spannung wird dadurch aufgebaut, dass …
Es gibt verschiedene Handlungsstränge, und zwar …

Inhalt/Handlung
In der Geschichte geht es um …
Die Geschichte handelt von …
Den Inhalt der Geschichte kann man so zusammenfassen: …
Es geht in dem Buch/Film „…" um Folgendes: …

positive/negative Bewertung
Das ist ein sehr lesenswertes Buch / ein sehr sehenswerter Film, denn …
Die Geschichte ist unterhaltsam/spannend/ kurzweilig/tiefsinnig/oberflächlich/gut durchdacht/unrealistisch/nicht schlüssig/…

6. erzählen

Spannung aufbauen   B2K6M2 / C1K7M4

Schlagartig wurde ihm/ihr klar/bewusst …
Ihm/Ihr blieb vor Schreck der Atem stehen.
Ihm/Ihr schlug das Herz bis zum Hals.
Wie aus dem Nichts stand plötzlich …
Was war hier los?
Warum war es auf einmal so …?
Was war das?
Ohne Vorwarnung war … da / stand … vor ihm/ihr …
Eigentlich wollte … gerade …, als aus heiterem Himmel …
Damit hatte er/sie nicht im Traum gerechnet: …

Was soll er/sie jetzt nur machen?
Er/Sie wurde blass.
Er/Sie bekam es mit der Angst zu tun.
Jetzt war alles aus.
Schlagartig wurde ihm/ihr bewusst, …
Plötzlich wurde ihm/ihr alles klar.
Jetzt verstand er/sie, was hier gespielt wurde.
Wie hatte er/sie sich nur so täuschen können?
Jetzt zeigt … sein/ihr wahres Gesicht.
Was sollte er/sie nur machen?
Konnte er/sie ihm/ihr vertrauen?

7. formelle Texte verfassen

einen Beschwerdebrief schreiben — B2K10M4

Erwartungen beschreiben
In Ihrer Anzeige beschreiben Sie ...
Die Erwartungen, die Sie durch die Anzeige wecken, sind ...
Durch Ihre Anzeige wird der Eindruck geweckt, dass ...

Problem schildern
Leider musste ich feststellen, dass ...
Meines Erachtens ist es nicht in Ordnung, dass ...
Ich finde es völlig unangebracht, dass ...

Forderung stellen
Ich muss Sie daher bitten, ...
Ich erwarte, dass ...
Deshalb möchte ich Sie auffordern ...

einen Leserbrief verfassen — B2K5M4

Einleitung
Mit großem Interesse habe ich Ihren Artikel „ ..." gelesen.
Ihr Artikel „ ..." spricht ein interessantes/wichtiges Thema an.

eigener Standpunkt / eigene Erfahrungen
Ich vertrete die Meinung / die Ansicht / den Standpunkt, dass ...
Aufgrund dieser Argumente bin ich der Meinung, ...
Meine Erfahrung hat mir gezeigt, dass ...
Aus meiner Erfahrung heraus kann ich nur unterstreichen, ...

Beispiele anführen
Lassen Sie mich folgendes Beispiel anführen ...
Man sieht das deutlich an folgendem Beispiel ...
Ein Beispiel dafür/dagegen ist ...
An folgendem Beispiel kann man besonders gut sehen, ...

Pro-/Contra-Argumente anführen
Dafür/Dagegen spricht ...
Einerseits/Andererseits ...
Ein wichtiges Argument für/gegen ... ist, dass ...

zusammenfassen
Insgesamt kann man sehen, ...
Zusammenfassend lässt sich sagen, ...
Abschließend möchte ich sagen, ...

ein Bewerbungsschreiben verfassen — B2K3M4

Einleitung
Sie suchen ...
In Ihrer oben genannten Anzeige ...
Da ich mich beruflich verändern möchte ...

Vorstellung der eigenen Person
Nach erfolgreichem Abschluss meines ...
In meiner jetzigen Tätigkeit als ... bin ich ...

bisherige Berufserfahrung / Erfolge
Ein Praktikum bei der Firma... hat mir gezeigt, dass ...

Erwartungen an die Stelle
Mit dem Eintritt in Ihr Unternehmen verbinde ich die Erwartung, ...

Eintrittstermin
Die Tätigkeit als ... könnte ich ab dem ... beginnen.

Schlusssatz und Grußformel
Über eine Einladung zu einem persönlichen Gespräch freue ich mich sehr.
Mit freundlichen Grüßen

Redemittel

einen Beitrag schreiben — C1K5M4

Einleitung
Dieses Thema ist von besonderer Aktualität, weil …
Mit diesem Thema muss man sich befassen, denn …
Die Auseinandersetzung mit diesem Thema ist wichtig, …
Eine heute viel diskutierte Frage ist …

Argumente/Gedanken hervorheben
Hierbei muss man besonders betonen, dass …
Hier ist hervorzuheben, dass …
Besonders wichtig aber erscheint …
Ausschlaggebend/Auffallend ist …
Man darf auch nicht übersehen, dass …
Außerdem spielt noch … eine wichtige Rolle.
Weitaus wichtiger jedoch ist …
Von besonderer/zentraler Bedeutung ist …

mit Beispielen verdeutlichen
… ist dafür beispielhaft.
Das lässt sich mit folgendem Beispiel verdeutlichen: …
Als Beispiel kann … dienen.
Ein treffendes Beispiel dafür ist …
Ein Beispiel, das man hier unbedingt anführen sollte: …
Ergänzend möchte ich hinzufügen, dass …

etwas ergänzen
Darüber hinaus ist zu erwähnen …
Nicht zuletzt wegen …
Hinzuzufügen wäre noch …

etwas wiederholen
Wie bereits erwähnt, …
Wie schon beschrieben, …
Wie oben bereits dargelegt/dargestellt, …

Schluss
Zusammenfassend/Abschließend lässt sich sagen …
Mich überzeugen am stärksten die Gründe …
Meiner Einschätzung nach …
In Anbetracht der aktuellen Situation …

einen Kommentar schreiben — C1K1M4

einen Kommentar einleiten
Mein Kommentar bezieht sich auf das Thema …
Der Artikel … behandelt das Thema …

die eigene Ansicht argumentierend darlegen
Ich bin der Meinung/Ansicht/Auffassung, dass …
Ich halte diese Idee für …, weil …
In meinen Augen ist dieses Konzept …, denn …
Für/Gegen … spricht das Argument, dass …

die eigenen Hauptgründe hervorheben
Für mich persönlich ist … am wichtigsten.
Das entscheidende Argument dafür/dagegen ist für mich …
Ich habe zu … einen klaren Standpunkt. Er lautet: …

auf Argumente/Aussagen eingehen
Sicher ist … für viele … sinnvoll, aber ich …
Jeder von uns hat sich schon über Hilfe von Nachbarn gefreut, darum/trotzdem …
Im Text wird (zwar) gesagt, dass …, aber/darum …
Man sollte dabei aber bedenken, dass …
Dieser Gedanke ist für viele Menschen sicher richtig / eine Hilfe / unangenehm …

Konsequenzen für die Zukunft formulieren / Resümee ziehen
Mein persönlicher Entschluss wäre …
Für mich käme nur … in Frage.
Langfristig gesehen würde ich mich für/gegen … entscheiden, weil …
Mit … Jahren könnte ich mir vorstellen, dass …

8. telefonieren

ein Telefongespräch führen B2K7M2

sich vorstellen und begrüßen
Ja, guten Tag, mein Name ist ...
Guten Tag, hier spricht ...
Guten Tag, ... am Apparat.
..., mein Name.

falsch verbunden
Entschuldigung, mit wem spreche ich?
Oh, da habe ich mich verwählt, Verzeihung.
Ich glaube, ich bin falsch verbunden, entschuldigen Sie.

sich verbinden lassen
Könnten Sie mich bitte mit Herrn/Frau ... verbinden?
Ich würde gern mit ... sprechen.
Könnten Sie mir vielleicht die Durchwahl geben?

eine Nachricht hinterlassen
Könnte ich eine Nachricht für ... hinterlassen?
Könnten Sie Herrn/Frau ... bitte Folgendes ausrichten: ...

das Gespräch einleiten
Ich rufe an wegen ...
Ich rufe aus folgendem Grund an: ...
Ich hätte gern Informationen zu ...

Fragen stellen
Ich würde gern wissen, ...
Mich würde auch interessieren, ...
Wie ist das denn, wenn ...
Ich wollte auch noch fragen, ...

sich vergewissern
Könnten Sie das bitte wiederholen?
Ich bin mir nicht ganz sicher, ob ich Sie richtig verstanden habe
Wie war das noch mal?
Habe ich Sie richtig verstanden: ...
Sie meinen also, ... / Kann man also sagen, dass ...

auf Fragen antworten
Ja, also, das ist so: ...
Dazu kann ich Ihnen Folgendes sagen: ...
Das wird folgendermaßen gehandhabt: ...

kurze Zusammenfassung/Rückversicherung
Gut, können wir folgendes festhalten: ...
Wir verbleiben also so: ...

das Gespräch beenden und sich verabschieden
Das war's auch schon. Vielen Dank.
Gut, vielen Dank für die Auskunft.
Das hat mir sehr geholfen, Vielen Dank.
Ich melde mich dann noch mal.
Auf Wiederhören.

Grammatik

Verb

Hier finden Sie wichtige Grammatikthemen aus allen drei Bänden von Aspekte in einer Übersicht. Die Verweise geben an, in welchen Kapiteln die entsprechenden Grammatikphänomene behandelt wurden, z. B. **B1+ K8** = Aspekte 1 (Niveau B1+), Kapitel 8; **B2 K7** = Aspekte 2 (Niveau B2) Kapitel 7; **C1 K10** = Aspekte 3 (Niveau C1), Kapitel 10.

Verb

Futur I und II zum Ausdruck von Vermutungen   C1 K10

Mit den Formen des Futur I und Futur II kann man Vermutungen ausdrücken. Wie sicher man sich mit der Vermutung ist, kann man zum einen durch die Betonung, zum anderen auch durch die Verwendung von Modalpartikeln wie *wohl* deutlich machen.

Bildung

Futur I	er wird warten	*werden* + Infinitiv Präsens
Futur II	er wird gewartet haben er wird gefahren sein	*werden* + Partizip Perfekt + *haben* oder *sein*

Zeitbezug

Futur I	Vermutung bezieht sich auf die Gegenwart oder Zukunft.
	Weißt du, wer das ist? – Das wird wohl ein Kollege sein. Heute ging es ihm nicht gut, er wird morgen wohl krank sein.
Futur II	Vermutung bezieht sich auf die Vergangenheit
	Denk dir nichts, er wird dich einfach nicht gesehen haben.

Konjunktiv II der Gegenwart   B1+ K8

Man verwendet den Konjunktiv II, um:

Bitten höflich auszudrücken *Könnten Sie mir das bitte genau beschreiben?*
Irreales auszudrücken *Hätten Sie die Ware doch früher abgeschickt.*
Vermutungen auszudrücken *Es könnte sein, dass er einen Defekt hat.*

Die meisten Verben bilden den Konjunktiv II mit den Formen von *würde* + Infinitiv.

ich **würde** anrufen	wir **würden** anrufen
du **würdest** anrufen	ihr **würdet** anrufen
er/es/sie **würde** anrufen	sie/Sie **würden** anrufen

Die Modalverben und die Verben *haben*, *sein* und *brauchen* bilden den Konjunktiv II mit den Formen des Präteritums und Umlaut. Die erste und die dritte Person Singular haben im Konjunktiv II immer die Endung **-e**.

Verb

ich wäre, hätte, müsste, …	wir wären, hätten, müssten, …
du wär(e)st, hättest, müsstest, …	ihr wär(e)t, hättet, müsstet, …
er/es/sie wäre, hätte, müsste, …	sie/Sie wären, hätten, müssten, …

Merke: ich sollte, du solltest, …; ich wollte, du wolltest, …

Viele unregelmäßige Verben können den Konjunktiv II wie die Modalverben bilden, meistens verwendet man jedoch die Umschreibung mit *würde* + Infinitiv.

Ich käme gerne zu euch. / Ich würde gerne zu euch kommen.

Konjunktiv II der Vergangenheit   B2 K7

Eine Handlung in der Vergangenheit wurde **nicht** realisiert.

Bildung   *hätte/wäre* + Partizip II
*Wenn ich das vorher **gewusst hätte, wäre** ich nicht in Urlaub **gefahren**.*

Konjunktiv II der Vergangenheit mit Modalverben

Bildung   *hätte* + Infinitiv + Modalverb im Infinitiv
*Sie **hätten** mal besser auf Ihre Ernährung **achten sollen**.*

Wortstellung im Nebensatz

*Er sagte, dass ich besser auf meine Ernährung **hätte achten sollen**.*

Das Verb *haben* im Konjunktiv steht **vor** den Infinitiven, das Modalverb steht am Ende.

Bedeutung der Modalverben   B1+ K5

Modalverb	Bedeutung	Alternativen
dürfen	Erlaubnis	*es ist erlaubt zu* + Inf., *es ist gestattet zu* + Inf., *die Erlaubnis haben zu* + Inf., *das Recht haben zu* + Inf.
nicht dürfen	Verbot	*es ist verboten zu* + Inf., *es ist nicht erlaubt zu* + Inf., *keine Erlaubnis haben zu* + Inf.
können	a) Möglichkeit	*die Möglichkeit/Gelegenheit haben zu* + Inf., *es ist möglich zu* + Inf.
	b) Fähigkeit	*imstande sein zu* + Inf., *die Fähigkeit haben/besitzen zu* + Inf., *in der Lage sein zu* + Inf.
mögen	Wunsch, Lust	Adverb: *gern*, *Lust haben zu* + Inf.
müssen	Notwendigkeit	*es ist notwendig zu* + Inf., *gezwungen sein zu* + Inf., *es ist erforderlich zu* + Inf., *haben zu* + Inf., *es bleibt einem nichts anderes übrig, als zu* + Inf.
sollen	Forderung	*den Auftrag / die Aufgabe haben zu* + Inf., *aufgefordert sein zu* + Inf.
wollen	eigener Wille, Absicht	*die Absicht haben zu* + Inf., *beabsichtigen zu* + Inf., *vorhaben zu* + Inf., *planen zu* + Inf.

Grammatik

Verb

Subjektive Bedeutung der Modalverben

C1 K8

Behauptungen ausdrücken

Mit den Modalverben *wollen* und *sollen* wird eine Behauptung ausgedrückt, die der Schreiber/Sprecher nicht überprüfen kann oder vielleicht bezweifelt.

Behauptung mit Modalverb	Umschreibung ohne Modalverb
a) Behauptung über andere oder einen Sachverhalt Matsumoto **soll** herausgefunden **haben**, dass unser Emotionsausdruck größtenteils in den Genen steckt …	*In der Zeitung stand, dass … / Man sagt, dass … / Man berichtet, dass … / Man behauptet, dass …* *… Matsumoto herausgefunden hat, dass unser Emotionsausdruck größtenteils in den Genen steckt …*
b) Behauptung über sich selbst Er **will** den Beweis **erbracht haben**, dass man Menschen wirklich vom Gesicht ablesen kann, was sie bewegt.	*Er behauptet, dass … / Er sagt von sich selbst, dass … / Er gibt vor, dass …* *… er den Beweis erbracht hat, dass man Menschen wirklich vom Gesicht ablesen kann, was sie bewegt.*

Formen für Gegenwart und Vergangenheit

	Aktiv	Passiv
Gegenwart	*wollen/sollen* + Infinitiv Matsumoto **will** daraus **ableiten**, dass diese Emotionen Überbleibsel unserer evolutionären Abstammung sind.	*wollen/sollen* + Partizip II + *werden* Die Zielbuchstaben auf der linken Seite **sollen** der Wissenschaftlerin zufolge häufiger **ausgewählt werden**.
Vergangenheit	*wollen/sollen* + Partizip II + *haben/sein* Matsumoto **soll herausgefunden haben**, dass unser Emotionsausdruck größtenteils in den Genen steckt und nicht erlernt werden muss.	*wollen/sollen* + Partizip II + *worden* + *haben/sein* Von Biopsychologen **soll** jetzt die Linksvorliebe auch bei zwei Vogelarten **nachgewiesen worden sein**.

Vermutungen ausdrücken

Grad der Sicherheit	Modalverb + Infinitiv	Umschreibung ohne Modalverb
hoch ↑ Etwas ist sicher.	*müssen:* Da **muss** Ihre Diagnose falsch sein.	*Ich bin sicher, dass … / Ich bin überzeugt, dass … / Alles deutet darauf hin, dass … / Alle Anzeichen sprechen dafür, dass … / Bestimmt … / Sicher … / Gewiss … / Zweifellos …*
	nicht können: Er **kann nicht** zu den besonders Begabten gehören.	
Etwas ist sehr wahrscheinlich.	*dürfen* (nur im Konjunktiv II): Jonas **dürfte** zu den begabten Kindern gehören.	*Aller Wahrscheinlichkeit nach … / Wahrscheinlich … / Vermutlich … / Ich vermute, dass … / Ich nehme an, dass … / Ich bin ziemlich sicher, dass … / Es sieht so aus, als ob …*
	können (im Indikativ): Jonas **kann** hochbegabt sein.	
niedrig Etwas ist möglich.	*können* (im Konjunktiv II): Sie **könnten** recht haben.	*Es ist möglich/denkbar / nicht ausgeschlossen, dass … / Vielleicht … / Möglicherweise … / Eventuell …*

Formen für Gegenwart und Vergangenheit s. o.

Verb

Modalverbähnliche Verben
B2 K10

Einige Verben können mit *zu* + Infinitiv stehen und haben dann eine ähnliche Bedeutung wie Modalverben.

sein + *zu* + Infinitiv

Der Umgang mit der Entwicklung **ist zu überlegen**.	Der Umgang mit der Entwicklung **muss** überlegt werden / **sollte** überlegt werden.
Die Probleme **sind** gut zu **bewältigen**.	Die Probleme **können** gut bewältigt werden.

haben + *zu* + Infinitiv

Die Regierung **hat** Arbeitnehmer besser **zu schützen**.	Die Regierung **muss** Arbeitnehmer besser schützen.

nicht(s) brauchen + *zu* + Infinitiv

Man **braucht nichts zu machen**.	Man **muss** nichts machen.
Sie **brauchen nicht anzurufen**.	Sie **müssen** nicht anrufen.

Auch in Verbindung mit *nur* oder *erst* steht *brauchen* mit *zu* + Infinitiv:
*Du **brauchst nur anzurufen**. Du **brauchst erst anzurufen**, wenn du zu Hause bist.*

lassen + Infinitiv
B2 K10

Auch das Verb *lassen* kann mit einem weiteren Infinitiv stehen.

Bedeutung

Firmen **lassen** Anbieter die Kosten zahlen.	Firmen **veranlassen**, dass Anbieter die Kosten zahlen (müssen).
Man **lässt** die Mitarbeiter **entscheiden**.	Man **erlaubt** den Mitarbeitern zu entscheiden.

Indirekte Rede
B2 K8; C1 K3

Verwendung des Konjunktiv I

In der indirekten Rede verwendet man den Konjunktiv I, um deutlich zu machen, dass man die Worte eines anderen wiedergibt. Die indirekte Rede mit Konjunktiv wird vor allem in der Wissenschaftssprache, in Zeitungen und in Nachrichtensendungen verwendet. In der gesprochenen Sprache wird in der indirekten Rede auch häufig der Indikativ gebraucht.

Grammatik

Verb

Konjunktiv I: Infinitivstamm + Endung

	sein	*haben*	Modalverben	andere Verben
ich	sei	habe > hätte	könne	sehe > würde sehen
du*	sei(e)st	habest	könnest	sehest
er/es/sie	sei	habe	könne	sehe
wir	seien	haben > hätten	können > könnten	sehen > würden sehen
ihr*	sei(e)t	habet	könnet	sehet
sie/Sie	seien	haben > hätten	können > könnten	sehen > würden sehen

* Der Konjunktiv I wird meistens in der 3. Person verwendet – die Formen in der 2. Person sind sehr ungebräuchlich – hier wird meist der Konjunktiv II verwendet.
Konjunktiv I entspricht den Formen des Indikativs. → Verwendung des Konjunktiv II / *würde* + Infinitiv

Er sagt, die Leute **haben** *keine Zeit.* → *Er sagt, die Leute* **hätten** *keine Zeit.*

Konjunktiv I der Vergangenheit

Im Konjunktiv I gibt es nur eine Vergangenheitsform. Sie wird mit dem Konjunktiv I von *haben* oder *sein* und dem Partizip II gebildet.
Man sagt, Gutenberg **habe** *den Buchdruck* **erfunden** *und Zeppelin* **sei** *der Erfinder der Luftschifffahrt* **gewesen**.

Redewiedergabe

C1 K3

Präpostionen mit Dativ

vorangestellt	nachgestellt	
laut*		Laut der Autorin des linken/rechten Textes …
gemäß	*gemäß*	Gemäß ihrer Einstellung … / Ihrer Aussage gemäß …
nach	*nach*	Nach Angabe von … / Ihrer Meinung nach …
	zufolge	Professorin Miriam Meckel zufolge …

* auch mit Genitiv möglich

Nebensatz mit *wie*

Wie Kerstin Cuhls berichtet, helfen ihr die neuen Möglichkeiten sehr.
Wie im rechten Text beschrieben wird, braucht man Auszeiten, um Informationen zu verarbeiten.

Passiv

B1+ K10; B2 K5

Verwendung

Man verwendet das **Passiv**, wenn ein Vorgang oder eine Aktion im Vordergrund steht (und nicht eine handelnde Person).
Das **Aktiv** verwendet man, wenn wichtig ist, wer oder was etwas macht.

Verb

Bildung des Passivs *werden* + Partizip II

Präsens	Die Begeisterung wird geweckt.	*werde/wirst/wird* … + Partizip II
Präteritum	Die Begeisterung wurde geweckt.	*wurde/wurdest/wurde* … + Partizip II
Perfekt	Die Begeisterung ist geweckt worden.	*bin/bist/ist* … + Partizip II + *worden*
Plusquam-perfekt	Die Begeisterung war geweckt worden.	*war/warst/war* … + Partizip II + *worden*

Die meisten Verben mit Akkusativ können das Passiv bilden. Der Akkusativ im Aktiv-Satz wird im Passiv-Satz zum Nominativ.

Aktiv-Satz   **Passiv-Satz**

Der Architekt (plant) Wohnungen.	Wohnungen (werden) (vom Architekten) (geplant.)
Nominativ Akkusativ	Nominativ (*von* + Dativ)

Andere Ergänzungen bleiben im Aktiv und im Passiv im gleichen Kasus.

Er schenkt meinem Sohn eine Wohnung.	Meinem Sohn wird eine Wohnung geschenkt.
Nominativ Dativ Akkusativ	Dativ Nominativ

Handelnde Personen oder Institutionen werden mit *von* + Dativ angegeben, Umstände und Ursachen mit *durch* + Akkusativ.

Passiv mit Modalverben

Modalverb + Partizip II + *werden* im Infinitiv: *Die Wohnungen **müssen geplant werden**.*

Besonderheiten des Passivs   C1 K6

Es im Passivsatz
In Passivsätzen (auch in subjektlosen) muss die Position 1 von einem Satzglied, auch in Form eines Nebensatzes, oder von dem Wort *es* besetzt werden. Wird die Position 1 von einem anderen Satzglied besetzt, entfällt das Wort *es* immer, auch in subjektlosen Passivsätzen (Stilistisch gilt dies als die bessere Variante.)

Position 1	Position 2	
Es	wird	vermutet, dass Umweltfaktoren eine Rolle spielen
Dass … eine Rolle spielen,	wird	vermutet.

Nebensatz im Passiv mit Modalverb
Präsens und Präteritum: am Satzende steht: Partizip II + *werden* + Modalverb
*Es gibt verschiedene Hauttests, mit denen viele Allergene **identifiziert werden können/konnten**.*

Konjunktiv der Vergangenheit: am Satzende steht: Konjunktiv von *haben* + Partizip II + *werden* + Modalverb im Infinitiv
*Heute weiß man, dass viele Allergien schon viel früher **hätten behandelt werden müssen**.*

Grammatik   Verb

Passiv mit *wollen/sollen*
Wunsch bezieht sich auf andere Person oder Sache ➔ Passivsatz mit *sollen*
*Die Ursachen für das Entstehen von allergischen Erkrankungen **sollen erforscht werden**.*
*Er **soll geheilt werden**.*
Wunsch bezieht sich auf die eigene Person ➔ Passivsatz mit *wollen*
*Nach langer Krankheit **will** er endlich **geheilt werden**.*
Als Stilmittel können Sachen personalisiert werden. *Die Gesundheit **will gepflegt werden**.*

Passiversatzformen   B1+ K10; B2 K5

man   *Hier baut **man** Häuser.*   = *Hier werden Häuser gebaut.*

Passiversatzformen mit modaler Bedeutung

sein* + Adjektiv mit Endung *-bar/-lich
*Das Projekt ist nicht **finanzierbar**.*   = *Das Projekt **kann** nicht finanziert werden.*

***sein* + *zu* + Infinitiv**
*Die Begeisterung der Kinder für die Wissenschaft **ist** frühzeitig **zu wecken**.*
= *Die Begeisterung der Kinder **muss/kann/soll** frühzeitig geweckt werden.*

***sich lassen* + Infinitiv**
*Das Projekt **lässt sich** nicht **finanzieren**.*   = *Das Projekt **kann** nicht finanziert werden.*

Zeitformen:

jetzt (Präsens)	*Das Projekt **lässt** sich nicht **finanzieren**.*
früher (Präteritum)	*Das Projekt **ließ** sich nicht **finanzieren**.*
früher (Perfekt)	*Das Projekt **hat** sich nicht **finanzieren lassen**.*
in Zukunft (Futur)	*Das Projekt **wird** sich nicht **finanzieren lassen**.*

Passiv mit *sein*   B2 K7

Passiv mit *werden*   **Passiv mit *sein***
*Der Mantel **wurde** mit EC-Karte bezahlt.*   *Der Mantel **ist** bezahlt.*
*Die EC-Karte **ist** gesperrt **worden**.*   *Die Karte **ist** gesperrt.*
↓   ↓
Vorgang, Prozess   neuer Zustand, Resultat eines Vorgangs

Bildung   *sein* + Partizip II

| Präsens | *Die Karte ist gesperrt.* | *sein* im Präsens + Partizip II |
| Präteritum | *Die Karte war gesperrt.* | *sein* im Präteritum + Partizip II |

Trennbare und untrennbare Präfixe   C1 K9

trennbar: betont, eher wörtliche Bedeutung
  <u>um</u>fahren   *Beinahe hätte er das Schild umgefahren.*
untrennbar: unbetont, eher bildhafte Bedeutung
  um<u>fah</u>ren   *Wir empfehlen, den Stau großräumig zu umfahren.*

108

Verb | Adjektiv

	trennbar	untrennbar	trennbar und untrennbar
über-	überkochen, übersiedeln	überarbeiten, überblicken, überdenken, überfordern, überreden, übertreiben	übersetzen, überstehen, übertreten, überziehen
unter-	unterbringen, untergehen	unterbrechen, unterdrücken, unterschätzen, unterwerfen	unterhalten, unterstellen, unterziehen
wider-	widerhallen, widerspiegeln	widerfahren, widerlegen, sich widersetzen, widersprechen, widerstehen	
durch-	durchfallen, durchführen, durchhalten, durchkommen, durchmachen, durchsehen	durchdenken, durchleben (eher wörtliche Bedeutung)	durchbrechen, durchdringen, durchfahren, durchlaufen, durchschauen, durchsetzen
um-	umladen, umsteigen, umziehen, umändern, umbauen, umtauschen, umfallen, umstoßen (Bedeutung „Veränderung" von Ort, Zustand, Richtung)	umarmen, umkreisen, umzäunen (Bedeutung „kreisförmige Bewegung")	umfahren, umfliegen, umgehen, umschreiben, umstellen (trennbar: „Veränderung", untrennbar: „kreisförmige Bewegung")

Adjektiv

Deklination der Adjektive   B1+ K1; C1 K1

Typ 1: bestimmter Artikel + Adjektiv + Substantiv

	maskulin	neutrum	feminin	Plural
Nominativ	der mutig**e** Mann der	das mutig**e** Kind das	die mutig**e** Frau die	die mutig**en** Helfer die
Akkusativ	den mutig**en** Mann den			
Dativ	(mit) dem mutig**en** Mann dem	(mit) dem mutig**en** Kind dem	(mit) der mutig**en** Frau der	(mit) den mutig**en** Helfern den
Genitiv	(trotz) des mutig**en** Mannes des	(trotz) des mutig**en** Kindes des	(trotz) der mutig**en** Frau der	(trotz) der mutig**en** Helfer der

auch nach: – Demonstrativartikel: *dieser, dieses, diese; jener, jenes, jene; derselbe, dasselbe, dieselbe; diejenig-* (Plural); *solch-; folgend-; beid-* (Plural)
– Fragewort: *welcher, welches, welche*
– Indefinitartikel: *jed-* (nur Singular); *all-/alle* (Plural); *manch-; mehrer-* (Plural); *irgendwelch-* (Plural); *kein-* (Plural)

Grammatik

Adjektiv

Typ 2: unbestimmter Artikel + Adjektiv + Substantiv

	maskulin	neutrum	feminin	Plural
Nominativ	ein mutig**er** Mann — der	ein mutig**es** Kind — das	eine mutig**e** Frau — die	mutig**en** Helfer — die
Akkusativ	einen mutig**en** Mann — den			
Dativ	(mit) einem mutig**en** Mann — dem	(mit) einem mutig**en** Kind — dem	(mit) einer mutig**en** Frau — der	(mit) mutig**en** Helfern — den
Genitiv	(trotz) eines mutig**en** Mannes — des	(trotz) eines mutig**en** Kindes — des	(trotz) einer mutig**en** Frau — der	(trotz) mutig**er** Helfer — der

im Singular ebenso nach: – Negationsartikel: *kein, kein, keine*
– Possessivartikel: *mein, mein, meine, …*
– Indefinitartikel: *manch ein-; irgendein-*

Im Plural nach Negationsartikel und Possessivartikel immer **-en**.

Typ 3: Nullartikel + Adjektiv + Substantiv

	maskulin	neutrum	feminin	Plural
Nominativ	mutig**er** Mann — der	mutig**es** Kind — das	mutig**e** Frau — die	mutig**e** Helfer — die
Akkusativ	mutig**en** Mann — den			
Dativ	(mit) mutig**em** Mann — dem	(mit) mutig**em** Kind — dem	(mit) mutig**er** Frau — der	(mit) mutig**en** Helfern — den
Genitiv	(trotz) mutig**en** Mannes — des	(trotz) mutig**en** Kindes — des	(trotz) mutig**er** Frau — der	(trotz) mutig**er** Helfer — der

auch nach: – Zahlen
– Indefinitartikel: *viel, wenig, genug, mehr, etwas*
– Indefinitartikel im Plural: *einig-, viel-, wenig-, etlich-, ander-, ein paar, zahlreich-, verschieden-, weiter-, sämtlich-, sonstig-*
– Relativpronomen im Genitiv: *dessen, deren*

Adjektiv

Partizipien als Adjektive
B2 K8

Partizipien als Adjektive geben nähere Informationen zu Substantiven. Sie stehen zwischen Artikelwort und Substantiv. Die Partizipien können zusammen mit anderen Erweiterungen stehen (z.B. Adverbien oder Adjektiven). Partizipien als Adjektive kann man meist alternativ mit einem Relativsatz umschreiben.

Partizip als Adjektiv	Relativsatz
Die Passagiere müssen die **anfallenden** Arbeiten gerecht aufteilen.	Die Passagiere müssen die Arbeiten, **die anfallen**, gerecht aufteilen.

Bildung: Partizip als Adjektiv

Beschreibung von Gleichzeitigem **Partizip I + Adjektivendung** *Die Zuschauer leiden mit bei einem gnadenlos tobenden Sturm.*	bei Umformung in einen Relativsatz: **Relativsatz im Aktiv** *Die Zuschauer leiden mit bei einem Sturm, der gnadenlos tobt.*
Beschreibung von Vorzeitigem **Partizip II + Adjektivendung** *Alle feiern gemeinsam ein lange geplantes Bordfest.*	bei Umformung in einen Relativsatz: **Relativsatz im Passiv** *Alle feiern gemeinsam ein Bordfest, das lange geplant worden ist.*

Das modale Partizip
C1 K7

Bildung zu + Partizip I + Endung
Bildung bei transitiven, passivfähigen Verben möglich
→ die **zu inhaftierenden** Straftäter / die **zu erwartende** Rückfallquote

Umformung in Relativsatz
Die **abzusehenden** Vermittlungschancen sind nicht schlecht.
→ Die Vermittlungschancen, **die man absehen kann**, sind nicht schlecht.
→ Die Vermittlungschancen, **die abzusehen sind**, sind nicht schlecht.

Position direkt vor dem Nomen; vor dem modalen Partizip können weitere Angaben stehen
Die <u>nicht leicht</u> **zu treffende** Entscheidung liegt bei der Anstaltsleitung.
Die <u>unter gleichen Bedingungen</u> **abzulegende** Prüfung soll für alle gerecht sein.

Bedeutung passivische Bedeutung, kann das Gleiche ausdrücken wie Äußerung mit Modalverb
Die **zu inhaftierenden** Straftäter sind nur selten Frauen.
→ Die Straftäter, **die inhaftiert werden müssen**, sind selten Frauen.
Die **abzusehenden** Vermittlungschancen sind nicht schlecht.
→ Die Vermittlungschancen, **die man absehen kann**, sind nicht schlecht.

Grammatik

Adjektiv | Pronomen

Partizipialgruppe

C1 K10

Partizipialgruppen sind verkürzte Konditionalsätze. Das endungslose Partizip steht gewöhnlich am Ende. Viele Partizipialgruppen mit konditionaler Bedeutung sind feste Wendungen, deren gedachtes Subjekt *man* ist: *genau/kurz/anders gesagt, anders formuliert, genauer/oberflächlich betrachtet, genau/streng/im Grunde genommen, richtig verstanden, verglichen mit, abgesehen von, ausgehend von, grob geschätzt*

Partizipialgruppe	Konditionalsatz
Unser Hirn besteht, **grob geschätzt**, aus etwa 100 Milliarden Nervenzellen.	**Wenn man grob schätzt**, besteht unser Hirn aus etwa 100 Milliarden Nervenzellen.
Genau betrachtet, kann das Langzeitgedächtnis noch weiter unterteilt werden.	**Wenn man es genau betrachtet**, kann das Langzeitgedächtnis noch weiter unterteilt werden.
Es besteht, **streng genommen**, aus drei Hauptsystemen.	**Wenn man es streng nimmt**, besteht es aus drei Hauptsystemen.

Pronomen

Relativpronomen

B1+ K7; B2 K4, B2 K6

	Singular			Plural
Nominativ	der	das	die	die
Akkusativ	den	das	die	die
Dativ	dem	dem	der	**denen**
Genitiv	**dessen**	**dessen**	**deren**	**deren**

Genus und Numerus des Relativpronomens richten sich nach dem Bezugswort, der Kasus nach dem Verb im Relativsatz oder der Präposition.

… *die Frau*, **die** *ich getroffen habe*. … *die Kollegin*, *mit* **der** *ich gearbeitet habe*.
 + Akk.   *mit* + Dat.

Relativpronomen im Genitiv

Wir verstehen die Sprache, **deren** *Klang ganz anders ist, nicht.*

= Wir verstehen die Sprache nicht. Der Klang **dieser Sprache** ist ganz anders.

Nach dem Relativpronomen im Genitiv folgt ein Substantiv ohne Artikel.

Relativpronomen *wo, wohin, woher*

Gibt ein Relativsatz einen Ort, eine Richtung oder einen Ausgangspunkt an, kann man alternativ zum Relativpronomen auch *wo, wohin, woher* verwenden.

Ich habe Anne in der englischen Kleinstadt kennengelernt,
… **wo** *wir gearbeitet haben.*   … **wohin** *ich gezogen bin.*   … **woher** *mein Kollege kommt.*

Pronomen | Präposition

Bei Städte- und Ländernamen benutzt man immer *wo, wohin, woher*.
Pablo kommt aus Sao Paulo, wo *auch seine Familie lebt.*

Relativpronomen *was*

Bezieht sich das Relativpronomen auf einen ganzen Satz oder stehen die Pronomen *etwas, alles* und *nichts* im Hauptsatz, dann verwendet man das Relativpronomen *was*.

Meine Kinder sehen ihre Großeltern höchstens einmal im Jahr, was *ich wirklich schade finde.*

Mit Maja kann ich alles *nachholen,* was *ich verpasst habe.*

Es gibt eigentlich nichts, was *mich an ihm stört.*

Relativpronomen *wer*

Nominativ	wer
Akkusativ	wen
Dativ	wem
Genitiv (selten)	wessen

Relativsätze mit *wer* beschreiben eine unbestimmte Person näher. Der Nebensatz beginnt mit dem Relativpronomen *wer*, der Hauptsatz mit dem Demonstrativpronomen *der*. Wenn beide Pronomen im gleichen Kasus stehen, kann das Demonstrativpronomen entfallen.

Jemand hat solche Eintragungen.
↓
Wer *solche Eintragungen hat,*
(Nominativ)

Er hat sich seine Zukunft verbaut.
↓
[der] *hat sich seine Zukunft verbaut.*
(Nominativ)

Jemand kommt in sein Training.
↓
Wer *in sein Training kommt,*
(Nominativ)

Ihn bringt er nicht zur Polizei.
↓
den *bringt er nicht zur Polizei.*
(Akkusativ)

Präpositionen

Präpositionen   B1+ K8, K9; B2 K6; C1 K7

mit	Zeit	Ort	Grund/Gegengrund	Art und Weise
Dativ	*ab, an, aus, bei, in, nach, seit, vor, von … bis, von … an, zu, zwischen*	*ab, aus, bei, fern, gegenüber, nach, nahe, von, zu*	*aus, vor, zufolge, zuliebe*	*aus, außer, bei, entgegen, entsprechend, gemäß, laut, mit, mitsamt, nach, nebst, zuwider*
Akkusativ	*bis, für, gegen, um, über*	*bis, durch, gegen, um*	*durch*	*ohne*
Genitiv	*außerhalb, innerhalb, während*	*außerhalb, entlang, inmitten, innerhalb, unweit*	*angesichts, anlässlich, aufgrund, bezüglich, dank, hinsichtlich, infolge, mangels, trotz, um … willen, ungeachtet, wegen, zwecks*	*anhand, anstatt, anstelle, eingedenk, inklusive, laut, mithilfe, mittels*

Grammatik

Präposition | Partikeln | Wortbildung

mit Dativ oder Akkusativ (Wechselpräpositionen): *an, auf, hinter, in, neben, über, unter, vor, zwischen*

Die Präpositionen *dank, trotz, wegen* werden in der gesprochenen Sprache auch mit dem Dativ verwendet.

Feste Präpositionen bei Adjektiven, Substantiven und Verben → siehe Liste im Arbeitsbuch

Partikeln

Modalpartikeln

B2 K9

doch, aber, ja, eben, ruhig, einfach, mal, schon, denn, eigentlich, also, wohl

Modalpartikeln werden vor allem in der gesprochenen Sprache gebraucht. Sie können in Äußerungen je nach Betonung Emotionen oder Einstellungen verstärken.
In Aussagesätzen stehen die Modalpartikeln meist nach dem Verb.
Denn steht nur in Fragesätzen, *eigentlich* und *also* in Fragen, Aussagen oder Aufforderungen.
Einige Partikeln können kombiniert werden, z.B. *doch wohl, einfach mal*, oder *denn eigentlich*.
Die **Bedeutung** ist vom Kontext und von der Betonung abhängig, z.B.:
    Das ist **doch** nicht wahr! (Ausruf/Verärgerung)
    Du kannst ihn **doch** nicht anrufen. (Mahnung/Warnung)
    Das ist **doch** eine tolle Nachricht. (Freude/Überraschung)
    Nimm es **doch** nicht so schwer! (Mitleid/Rat)

Wortbildung

Vom Verb zum Substantiv

C1 K1

Endung / Veränderung	Beispiel	Bedeutung
das + Infinitiv	**das** Arbeiten	Handlungen
Verb ohne Endung auch mit Vokaländerung	der Ruf die Flucht	Handlungen oder Gefühle
Endung -e	die Sorg**e**	andauernde Handlungen/Gefühle
Endung -ung	die Erfahr**ung**	Abstrakta (feminin)
Endung -nis	das Bedürf**nis**	Zustände, Erfahrungen und Einstellungen
Endung -schaft	die Wissen**schaft**	(feminin)
Partizip II + -e	das **Geschriebene**	vergangene Ereignisse/Handlungen oder Haltungen
Partizip I + -e	der/die **Lesende**	Personen, die etwas tun
Endung -er	der Fernseh**er**	Gebrauchsgegenstände oder Personen

Wortbildung | Satz

Vom Adjektiv zum Substantiv C1 K1

Endung / Veränderung	Beispiel	Bedeutung
Artikelwort und Endung -e	der/das/die Neue	Personen oder Dinge
Endung -(ig)keit	die Gerechtigkeit	Abstrakta (feminin)
Endung -heit	die Krankheit	Abstrakta (feminin)
Endung -schaft	die Verwandtschaft	(feminin)

Satz

Dativ- und Akkusativ-Ergänzungen B2 K1

Dativ vor Akkusativ   *Ich gebe dem Mann die Schlüssel.*

ABER:

Akkusativ-**Pronomen** vor Dativ   *Ich gebe sie dem Mann / ihm.*

Reihenfolge der Angaben im Mittelfeld B2 K1

Für die Reihenfolge der Angaben im Mittelfeld gibt es keine festen Regeln, aber meistens gilt die Reihenfolge:

temporal (wann?) – **ka**usal (warum?) – **mo**dal (wie?) – **lo**kal (wo? woher? wohin?): **tekamolo**

Ich	bin	Mittelfeld				gezogen.
		vor einigen Jahren	aus beruflichen Gründen	spontan	nach Neuseeland	
		temporal	**kausal**	**modal**	**lokal**	

Will man eine Angabe betonen, so ändert sich die Reihenfolge. Man kann z.B. das, was man betonen möchte, auf Position 1 stellen.

Aus beruflichen Gründen bin ich vor einigen Jahren spontan nach Neuseeland gezogen.

Grammatik

Satz

Reihenfolge von Angaben und Ergänzungen im Mittelfeld
B2 K1

Gibt es im Satz außer den Angaben auch Ergänzungen, steht die Dativ-Ergänzung vor oder nach der temporalen Angabe und die Akkusativ-Ergänzung vor der lokalen Angabe. Präpositional-Ergänzungen stehen normalerweise nach den Angaben, am Ende des Mittelfelds.

		Mittelfeld				
Ich	habe	meiner besten Freundin	jeden Tag	aus Heimweh	mehrere E-Mails	ins Büro	geschickt.
		Dativ	**temporal**	**kausal**	**Akkusativ**	**lokal**	

oder

Ich	habe	jeden Tag	meiner besten Freundin	aus Heimweh	mehrere E-Mails	ins Büro	geschickt.
		temporal	**Dativ**	**kausal**	**Akkusativ**	**lokal**	

Attribute
C1 K2

Attribute bestimmen ein Substantiv näher und geben ihm zusätzliche Merkmale.

Das │ bewusst absolvierte │ Grundstudium │ meines abgebrochenen Studiengangs │ brachte mir wichtige Erfahrungen, │ die mein späteres Studium ergänzten. │

Der Bewerber hat eine │ falsche │ Entscheidung getroffen.

Artikelwort	Linksattribut	Substantiv	Rechtsattribut
ein	bunter (Adjektiv)	Lebenslauf	–
ein	abgebrochenes (Partizip II)	Studium	–
ein	schwerwiegendes (Partizip I)	Problem	
eine	–	Frage	des Alters (Substantiv im Genitiv)
die	–	Begründung	von Richtungswechseln (Präposition mit Substantiv)
eine	wichtige	Erfahrung,	die mein späteres Studium ergänzte (Relativsatz)
die	–	Bemühungen,	einen guten Arbeitsplatz zu finden (Infinitiv mit *zu*)
die	–	Tatsache,	dass es zu wenige Arbeitsplätze gibt (*dass*-Satz)

Satz

Nominalisierung und Verbalisierung C1 K3

Verbalstil wird häufig in gesprochener Sprache und erzählenden Texten verwendet. Texte im Verbalstil klingen flüssiger und leichter und sind für Zuhörer verständlicher.
Nominalstil wird oft in wissenschaftlichen Texten und Fachtexten verwendet. Texte in Nominalstil klingen sachlich. Einen Text im Nominalstil zu formulieren ermöglicht es dem Schreiber, viele Informationen kompakt wiederzugeben.

Nominalstil (Fachtexte, wissenschaftliche Texte)	Verbalstil (gesprochene Sprache, erzählende Texte)
Präpositionalattribut … →	Akkusativ- oder Dativ-Ergänzung
In der Forschung gibt es eine Unterscheidung zwischen Spracherwerb und Sprachenlernen.	Die Forschung unterscheidet dabei den Spracherwerb und das Sprachenlernen.
Genitivattribut … →	Subjekt von intransitiven/reflexiven Verben
Es besteht die Annahme, dass eine Verbesserung des Sprachvermögens mit …	Daher nimmt man an, dass sich das Sprachvermögen verbessert, wenn …
Präpositionalattribut … →	Präpositional-Ergänzung
Abweichungen von den Normen der Muttersprache sind dabei …	Es ist …, wenn sie dabei von den Normen der Muttersprache abweichen.
Possessivpronomen … →	Personalpronomen
Ihr Erwerb umfasst auch Sprachregeln, deren Vorkommen in ihrer Alltagssprache selten ist.	Sie erwerben auch Sprachregeln, die in ihrer Alltagssprache nur selten vorkommen, …
Genitivattribut. Die handelnde „Person" wird oft mit *durch* verbunden … →	transitive Verben: Akkusativ-Ergänzung im Aktivsatz / Subjekt im Passivsatz
Selbst ohne Korrekturen der Sprachfehler durch die Eltern ist der Erwerb …	Selbst, wenn Eltern die Sprachfehler nicht korrigieren, erwerben die Kinder …
Adjektive … →	Adverbien
Bei Erwachsenen gibt es die allgemeine Beobachtung, dass …	Bei Erwachsenen kann man allgemein beobachten, dass …

Nominalisierung und Verbalisierung: Modalsätze C1 K4 (B2 K4)

Nominalform	Verbalform
Durch den Import neuer Technologien steigt die Wettbewerbsfähigkeit des Landes.	Die Wettbewerbsfähigkeit des Landes steigt, **indem** neue Technologien importiert werden.
Durch die Einflussnahme von Gewerkschaften ist den Arbeitern ein angemessener Lohn sicher.	Den Arbeitern ist ein angemessener Lohn **dadurch** sicher, **dass** Gewerkschaften Einfluss nehmen.

Grammatik

Satz

Nominalisierung und Verbalisierung: Temporalsätze

C1 K4 (B1+ K9; B2 K2)

Nominalform	Verbalform	Bedeutung
Die Kohle spielte **beim** wirtschaftlichen Wiederaufbau der Bundesrepublik eine entscheidende Rolle.	Die Kohle spielte eine entscheidende Rolle, **als** die Wirtschaft der Bundesrepublik wiederaufgebaut wurde.	Gleichzeitigkeit
Während der Kohleförderung wurde in diesen Anlagen schwer gearbeitet.	**Während/Wenn** man Kohle förderte, wurde in diesen Anlagen schwer gearbeitet.	Gleichzeitigkeit
Seit der Entdeckung der Steinkohle hat das Ruhrgebiet eine rasante Entwicklung genommen.	**Seitdem** die Steinkohle entdeckt wurde, hat das Ruhrgebiet eine rasante Entwicklung genommen.	Zeitraum vom Anfang der Handlung
Bis zum Beginn des wirtschaftlichen Abschwungs vergingen nur wenige Jahre.	**Bis** der wirtschaftliche Abschwung begann, vergingen nur wenige Jahre.	Zeitraum bis zum Ende der Handlung
Nach dem Ende des Krieges stieg die Bevölkerungszahl bis 1950 rasch an.	**Nachdem** der Krieg beendet worden war, stieg die Bevölkerungszahl bis 1950 rasch an.	Vorzeitigkeit A vor B mit Zeitenwechsel
Vor dem Beginn der Kohlekrise arbeiteten die meisten Menschen in der Rohstoffverarbeitung.	**Bevor** die Kohlekrise begann, arbeiteten die meisten Menschen in der Rohstoffverarbeitung.	Nachzeitigkeit A nach B

Nominalisierung und Verbalisierung: Konditionalsätze

C1 K4

Nominalform	Verbalform
Große Investitionen, z. B. der Aufbau einer Fabrik, rechnen sich erst **bei** einer Ausnutzung über einen Zeitraum von 50 Jahren.	Große Investitionen, z. B. der Aufbau einer Fabrik, rechnen sich erst, **wenn** sie über einen Zeitraum von 50 Jahren genutzt werden.
Ohne die Beachtung dieses Ziels müssten die Konzerne mit Kursverlusten an den Aktienbörsen rechnen.	**Wenn** die Konzerne das Ziel **nicht** beachten/**miss**achten, müssten sie mit Kursverlusten an den Aktienbörsen rechnen.

Nominalisierung und Verbalisierung: Kausal-, Konzessiv-, Final- und Konsekutivsätze

C1 K5 (B1+ K2; B2 K3)

Kausalsätze	
Nominalform	**Verbalform**
Aufgrund/Wegen unrealistischer Erwartungen scheiterten viele hoch motivierte, aber schlecht informierte Menschen.	**Weil/Da** viele hoch motivierte, aber schlecht informierte Menschen unrealistische Erwartungen hatten, scheiterten sie.

Satz

Konzessivsätze	
Nominalform	**Verbalform**
Trotz großer Motivation verpufft nach zwei bis drei Monaten bei mehr als der Hälfte der Befragten die Anfangsbegeisterung.	**Obwohl** viele motiviert sind, verpufft nach zwei bis drei Monaten bei mehr als der Hälfte der Befragten die Anfangsbegeisterung.

Finalsätze	
Nominalform	**Verbalform**
Zur besseren Bewältigung seines Vorhabens hilft womöglich auch die Gesellschaft anderer in entsprechenden Kursen. **Für** das erfolgreiche Umsetzen eines Vorsatzes sollten unterschiedliche Lösungswege angedacht werden.	Die Gesellschaft anderer hilft einem womöglich auch in entsprechenden Kursen, **um** sein Vorhaben besser **zu** bewältigen. / **damit** man sein Vorhaben besser bewältigen kann. **Um** einen Vorsatz erfolgreich um**zu**setzen, sollten unterschiedliche Lösungswege angedacht werden.

Konsekutivsätze	
Nominalform	**Verbalform**
Infolge zu hoher Ziele (= Grund) **müssen viele Menschen ziemlich schnell Fehlschläge hinnehmen.** (= Folge)	Viele Menschen haben so hohe Ziele (= Grund), **sodass** sie ziemlich schnell Fehlschläge hinnehmen müssen. (= Folge)

Nominalisierung und Verbalisierung: Präpositional-Ergänzung　　　　C1 K5

Nominalform	Verbalform
Heute profitiert man **von** der Mitgliedschaft in mehreren Netzwerken.	Heute profitiert man **davon**, Mitglied in mehreren Netzwerken zu sein.
Diese Netzwerke können sich **über** einen deutlichen Anstieg ihrer Mitgliederzahl freuen.	Diese Netzwerke können sich **darüber** freuen, **dass** ihre Mitgliederzahl deutlich ansteigt.

Präpositional-Ergänzungen können in einen *dass*-Satz oder Infinitivsatz umgeformt werden. Einen Infinitivsatz kann man nur bilden, wenn das Subjekt des Nebensatzes mit dem Subjekt des Hauptsatzes identisch ist. Bei der Umformung wird die Präposition zu einem Pronominaladverb im Hauptsatz. Bei vielen Verben kann das Pronominaladverb weggelassen werden.

Die Betreiber von Netzwerken freuen sich (darüber), dass die Mitgliederzahlen steigen.

Grammatik
Satz

Weitere Nebensatztypen B2 K3, B2 K7

alternative oder adversative Bedeutung (Gegensatz)	anstatt … zu / anstatt dass	(An)statt lange zu telefonieren, könntest du mir eine Mail schicken.
		(An)statt dass wir telefonieren, schreib ich dir lieber eine Mail.
	während	Während die anderen für die gleiche Arbeit gutes Geld verdienen, geht man als Praktikant meistens ohne einen Cent nach Hause.
Einschränkung	ohne … zu / ohne dass	Wir haben lange telefoniert, ohne über die Änderungen zu sprechen.
		Wir haben lange telefoniert, ohne dass ich nach den Änderungen gefragt habe.
irrealer Vergleichssatz mit Konjunktiv II	als	Unser Chef macht den Eindruck, als wäre er der beste Skifahrer der Welt.
	als ob	Mein Chef tut immer so, als ob das völlig normal wäre.
	als wenn	Es sieht so aus, als wenn Judo mir wirklich etwas gebracht hätte.

Zweiteilige Konnektoren B2 K3

Aufzählung	Ich muss mich **sowohl** um Design **als auch** um die Finanzierung kümmern. Hier habe ich **nicht nur** nette Kollegen, **sondern auch** abwechslungsreiche Aufgaben.
„negative" Aufzählung	Aber nichts hat geklappt, **weder** über die Stellenanzeigen in der Zeitung, **noch** über die Agentur für Arbeit.
Vergleich	**Je** mehr Absagen ich bekam, **desto** frustrierter wurde ich.
Alternative	**Entweder** man kämpft sich durch diese Praktikumszeit **oder** man findet wahrscheinlich nie eine Stelle.
Gegensatz/ Einschränkung	Da verdiene ich **zwar** nichts, **aber** ich sammle wichtige Berufserfahrung.
	Einerseits bleiben diese Kontakte oft oberflächlich, **andererseits** kann man auch wirklich wichtige berufliche Kontakte herstellen.

Satz

Weitere Konnektoren C1 K9

Die folgenden Konnektoren können alleine die Position 1 besetzen, also direkt vor dem konjugierten Verb stehen.

konsekutiv (Folge)

andernfalls	Für das Studium braucht man Durchhaltevermögen. **Andernfalls** sollte man lieber einen anderen Studiengang wählen.
demnach	Der Erfolg junger Künstler wird von Galeristen bestimmt. **Demnach** ist es wichtig, die richtigen Kontakte zu knüpfen.
folglich	Als Schauspieler wird man oft abgewiesen, **folglich** ist ein starkes Selbstbewusstsein wichtig.
infolgedessen	Die Konkurrenz ist groß. **Infolgedessen** setzen viele Schulen auf eine möglichst breite Ausbildung.
somit	Meine größte Angst ist, dass sich kein materieller Erfolg einstellt. **Somit** wäre es natürlich ganz gut, ein zweites Standbein zu haben.
sonst	Langfristig sichert aber nur eines den Erfolg: der unbändige künstlerische Drang, **sonst** ist dieses Leben nicht durchzuhalten.

adversativ (Gegensatz)

dagegen	Viele träumen davon, mit ihrer Kunst erfolgreich zu sein. **Dagegen** spricht allerdings die Realität.
demgegenüber	Die Karriere winkt am Horizont. **Demgegenüber** steht oft die Realität.
dennoch	Mir wäre es auch lieber, finanziell endlich unabhängig zu sein. **Dennoch** will ich ohne dieses Kribbeln nicht leben.
stattdessen	Ich hätte auch einfach Medizin studieren können. **Stattdessen** habe ich mich für die oft brotlose Kunst entschieden.
vielmehr	Mit Romantik hat das wenig zu tun, **vielmehr** ist es harte Arbeit.
wohingegen	Früher habe ich mir ein Künstlerleben romantisch vorgestellt, **wohingegen** ich jetzt sage (Verb am Ende), dass es mit Romantik wenig zu tun hat.

temporal (Zeit)

daraufhin	Neulich habe ich ein Bild verkauft. **Daraufhin** habe ich mir gleich viele neue Materialien angeschafft.
gleichzeitig	Die Studenten lernen, mit verschiedenen Techniken umzugehen. **Gleichzeitig** lernen sie, sich professioneller zu vermarkten.
währenddessen	Meine Freunde haben mittlerweile Karriere gemacht. **Währenddessen** dreht sich bei mir immer noch alles primär darum, zu überleben.

Grammatik
Satz

Weiterführende Nebensätze
C1 K2

Weiterführende Nebensätze beziehen sich auf die Gesamtaussage des Hauptsatzes. Die Aussage des Hauptsatzes wird kommentiert oder weitergeführt. Sie werden mit *was, wo(r)* + Präposition oder mit *weshalb/weswegen* eingeleitet und stehen immer nach dem Hauptsatz.

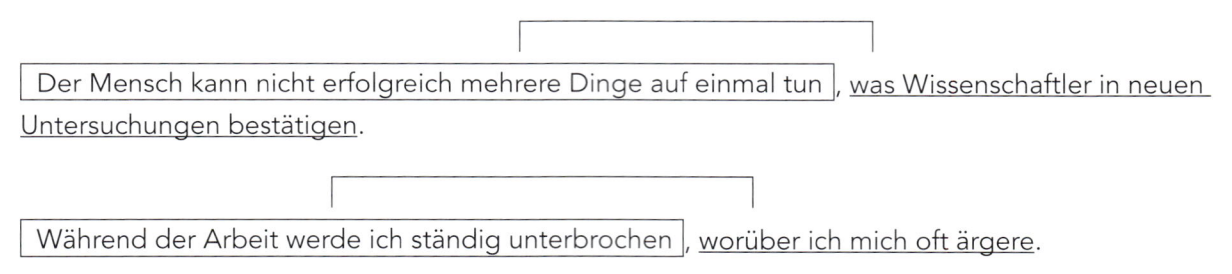

Der Mensch kann nicht erfolgreich mehrere Dinge auf einmal tun, was Wissenschaftler in neuen Untersuchungen bestätigen.

Während der Arbeit werde ich ständig unterbrochen, worüber ich mich oft ärgere.

Infinitivsätze in Gegenwart und Vergangenheit
C1 K6

Satzverbindungen mit *dass* können in einen Infinitivsatz umgeformt werden, wenn das Subjekt oder das Objekt des Hauptsatzes auch das Subjekt des Nebensatzes mit *dass* ist.

Geschehen im Hauptsatz **gleichzeitig mit** dem Geschehen im Nebensatz mit *dass* → Infinitivsatz im **Präsens** Aktiv oder Passiv	
Der Moderator bittet die Experten,	… dass sie den Zuschauern den Placebo-Effekt erklären. … den Zuschauern den Placebo Effekt **zu erklären**.
Den Placebos kommt zugute,	… dass sie für den Organismus nicht belastend sind. … für den Organismus nicht belastend **zu sein**.
Die Patienten gehen davon aus,	… dass sie mit wirksamen Medikamenten behandelt werden. … mit wirksamen Medikamenten **behandelt zu werden**.
Geschehen im Hauptsatz **vor** dem Geschehen im Nebensatz mit *dass* → Infinitivsatz im **Präsens** Aktiv oder Passiv	
Viele Kranke hatten Angst,	… dass sie Nebenwirkungen spüren. … Nebenwirkungen **zu spüren**.
Geschehen im Hauptsatz **nach** dem Geschehen im Nebensatz mit *dass* → Infinitivsatz im **Perfekt** Aktiv oder Passiv	
Die Forscher sind der Ansicht,	… dass sie interessante Erkenntnisse gewonnen haben. … interessante Erkenntnisse **gewonnen zu haben**.
Die Patienten bestätigen den Ärzten,	… dass sie für die gemeinsamen Gespräche dankbar gewesen sind. … für die gemeinsamen Gespräche dankbar **gewesen zu sein**.
Wir alle erinnern uns daran,	… dass wir als Kinder mit einem Streicheln von unseren Schmerzen befreit worden sind. … als Kinder mit einem Streicheln von unseren Schmerzen **befreit worden zu sein**.

Prüfungsvorbereitung

Prüfungsvorbereitung in Aspekte 3 Lehrbuch (LB) und Arbeitsbuch (AB)

Im Lehrbuch sowie im Arbeitsbuch finden Sie Aufgaben, die auf die Prüfungen zum C1-Niveau des Goethe-Instituts und von TELC vorbereiten.

Im Internet finden Sie unter www.langenscheidt.de/Aspekte je einen Übungstest.

	Goethe-Zertifikat C1	TELC Deutsch C1-Prüfung
Leseverstehen		
Aufgabe 1	AB Kapitel 2, S. 141f., Ü2	LB Kapitel 5, S. 80f., A2 AB Kapitel 6, S. 138, Ü3
Aufgabe 2	AB Kapitel 5, S. 176ff., Ü2	LB Kapitel 6, S. 12f., A2 AB Kapitel 9, S. 173f., Ü2
Aufgabe 3	AB Kapitel 1, S. 125, Ü3	LB Kapitel 3, S. 48f., A2a
Aufgabe 4a	–	AB Kapitel 10, S. 183ff., Ü1
Aufgabe 4b	–	AB Kapitel 4, S. 162, Ü1
Aufgabe 5	–	AB Kapitel 1, S. 128f., Ü3 AB Kapitel 8, S. 156f., Ü2a
Hörverstehen		
Aufgabe 1	LB Kapitel 2, S. 29, A3	LB Kapitel 1, S. 12f., A2
Aufgabe 2	LB Kapitel 3, S. 44f., A2 LB Kapitel 10, S. 76f., A2	LB Kapitel 5, S. 76, A2
Aufgabe 3	–	LB Kapitel 4, S. 66, A3 LB Kapitel 8, S. 44, A2
Schriftlicher Ausdruck		
Aufgabe 1	LB Kapitel 9, S. 67, A5 AB Kapitel 3, S. 154, Ü3	LB Kapitel 5, S. 83, A5
Aufgabe 2	LB Kapitel 4, S. 67, A5 AB Kapitel 7, S. 146, Ü3	LB Kapitel 4, S. 61, A3c LB Kapitel 7, S. 35, A5 LB Kapitel 9, S. 63, A5
Mündlicher Ausdruck		
Aufgabe 1	LB Kapitel 1, S. 19, A6	–
Aufgabe 2	LB Kapitel 2, S. 35, A6b	LB Kapitel 8, S. 51, A6
Aufgabe 3/4	–	LB Kapitel 3, S. 50, A4

Österreichisches Sprachdiplom Deutsch (ÖSD): Übungstest auf der Aspekte-Homepage.

Auswertung zum Gesundheitstest, Kapitel 6, Auftaktseite, Seite 8/9

A Morgens wie ein König, mittags wie ein Edelmann und abends wie ein Bettler. So empfiehlt uns ein deutsches Sprichwort, wie wir uns über den Tag verteilt ernähren sollen. Doch das üppige Frühstück und das spartanische Abendessen sind schon lange keine Garanten mehr für unsere tägliche Fitness. Was und wie wir essen sollten, hängt vielmehr von sehr individuellen Faktoren ab. Wen eine körperlich schwere Arbeit erwartet, der sollte gut gestärkt in den Tag gehen. Wer im Büro arbeitet und fast nur am Computer sitzt, sollte auf leichte Kost mit weniger Fett und Zucker achten. Grundsätzlich gilt aber, dass Menschen, die sich ausreichend bewegen und regelmäßig Sport treiben, im Prinzip alles essen können und dürfen. Auch zum Frühstück.

B Wer nicht ausreichend schläft, dem wird sein Körper schnell zeigen, wo die eigenen Grenzen sind. Doch nicht jeder Mensch braucht gleich viel Schlaf. Manche Menschen kommen problemlos mit sechs Stunden Schlaf aus, andere sind mit zehn Stunden Schlaf erst richtig fit, also wahre Murmeltiere. Das Alter und die individuelle Belastung sind weitere Faktoren. Im Durchschnitt braucht der Mensch etwa acht Stunden Pause in der Nacht, um sich zu regenerieren. Wie erholsam der Schlaf ist, hängt aber auch davon ab, wie ruhig und tief man schläft. Viele Menschen fühlen sich nicht fit, weil sie nicht genug schlafen. Sie sind zwar müde, gehen aber trotzdem nicht ins Bett. Nur noch den Film zu Ende sehen, noch ein Bierchen mit Freunden, ein Schwätzchen, eine Mail, … Das rächt sich am nächsten Morgen. Hören Sie auf sich und schlafen Sie gut.

C Fitness zeigt sich nicht in einem Sprint. Der strengt alle Menschen an. Auch das Treppensteigen mit Gewicht geht an niemandem spurlos vorbei. Entscheidend ist aber, wie lange Sie dann außer Atem sind. Wenn Sie schnell wieder Luft bekommen und schon kurze Zeit später wieder alles wie immer ist, kann Ihre Kondition nicht so schlecht sein. Läuft Ihnen aber noch Minuten später der Schweiß und können Sie noch immer nicht richtig sprechen, sollten Sie etwas für Ihre Kondition tun. Gleiches gilt, wenn Sie schon bei kürzeren Fahrradtouren in ebenem Gelände körperlich angestrengt sind. Wenn Sie Ihren Körper konditionell trainieren möchten, können Sie ganz einfach im Alltag beginnen. Öfter Treppen steigen, statt Fahrstühle benutzen, mehr zu Fuß gehen, als mit dem Bus fahren. Sportarten, die sich für den Anfang eignen, sind Nordic Walking, Schwimmen und Fahrrad fahren. Starten Sie nicht mit einem Dauerlauf. Langes und schnelles Joggen ist nur etwas für wirklich Geübte und nicht für alle gesund.

D Sich immer wieder über gesunde Ernährung zu informieren ist wichtig für ein solides Grundwissen und neue Anregungen. Leider ist das Wissen aber noch lange kein Garant dafür, Übergewicht und Fehlernährung vorzubeugen. Man muss auch danach leben, also entsprechend einkaufen, kochen und essen. Doch Vorsicht bei Ratgebern, die mit einer dubiosen Diät blitzschnelles Abnehmen versprechen. So schnell, wie die Pfunde damit gehen, kommen sie meist auch wieder, da nichts Prinzipielles an den Gewohnheiten geändert wurde. Viel wichtiger ist es, für sich selbst gesunde Lebensmittel und Speisen zu entdecken, die einem dauerhaft schmecken und einem einfach rundum gut tun.

E Heute schon geputzt? Nein? Dann ran an Staubsauger und Wischlappen. Einmal die Wohnung richtig zu putzen ist eine gute Fitnesseinheit, bringt viele Muskeln in Bewegung und verbraucht ordentlich Kalorien. Putzen und Aufräumen ist dabei nicht nur ein kleines Fitness-Studio, sondern macht auch der Seele Spaß, wenn alles gut aussieht und an seinem Platz ist. Haushaltsarbeiten wie Kochen oder Bügeln bringen zwar kaum etwas für die Ausdauer oder Gelenkigkeit, sind aber oft gut für die geistige Fitness oder um die Seele baumeln zu lassen.

F Sie haben die Übung gemacht? 1:0 für Sie! Viele Menschen schauen sich zwar solche Übungen in Zeitschriften an, machen sie aber selten nach. Wie weit sind Sie ohne Anstrengung und Schummeln wirklich gekommen?

Auswertung zum Gesundheitstest, Kapitel 6, Auftaktseite, Seite 8/9

a = Absolutes Minimum. Wenn Ihnen jetzt schon der Rücken schmerzt, sollten Sie unbedingt über eine regelmäßige, sanfte Gymnastik nachdenken.
b = Durchschnitt. Man könnte sagen, dass Sie etwas eingerostet sind. Wenn Sie diese Übung regelmäßig Tag für Tag wiederholen, werden Sie sehen, dass Sie schon bald weiter kommen.
c = Nicht schlecht. Ihre Muskeln sind geschmeidig und lassen sich leicht dehnen. Mit etwas Übung schaffen Sie es auch bald bis auf den Boden.
d = Bravo, Ihre Gelenke und Muskeln sind fit und sicher treiben Sie Sport. Bleiben Sie dabei, Ihr Körper dankt es Ihnen.

G Zum Erhalt unserer Fitness gehört auch, dass wir Zeit für uns allein haben, um überhaupt einmal in uns zu horchen, wie es uns eigentlich geht. Fühle ich mich gut, bin ich zufrieden, ausgeglichen? Was möchte ich noch für mich tun? Wer sich keine Zeit im Alltag für sich nimmt, überhört oft die wichtige „innere Stimme", die uns Hinweise auf unser Wohlbefinden gibt. Wie viel Zeit wir für uns brauchen, ist individuell sehr unterschiedlich. Manchen reicht eine allein verbrachte Mittagspause, andere brauchen jeden Tag eine kleine persönliche Auszeit, z. B. bei einem heißen Bad, andere wiederum einen ausgedehnten Spaziergang am Wochenende. Wer seiner inneren Stimme aber nur im Urlaub erlaubt zu sprechen, der läuft Gefahr, dass sie verstummt.

H Mit den Arztbesuchen ist es ähnlich wie mit dem Sport: Mäßig aber regelmäßig. Die gängigen Vorsorgetermine sollten Sie in jedem Fall einhalten. Je älter Sie sind, umso kürzer werden die Abstände zwischen diesen Untersuchungen. Krankheiten früh zu erkennen hilft, sie schnell zu heilen, und hält uns lange fit und mobil. Nur zum Arzt zu gehen, wenn der Schmerz unerträglich ist, kann halsbrecherisch sein. Jeden Monat muss ein gesunder Mensch aber auch nicht beim Arzt erscheinen. Kopfschmerzen nach langen Arbeitstagen brauchen keinen Arzt und keine Tablette, sondern frische Luft und Bewegung.

Fortsetzung „Struwwelpeter", Kapitel 8, Modul 4, Seite 48, Aufgabe 1

Am nächsten Tag – ja sieh nur her!
Da war er schon viel magerer.
Da fing er wieder an zu schrein:
„Ich esse keine Suppe! Nein!
Ich esse meine Suppe nicht!
Nein, meine Suppe ess ich nicht!"

Am dritten Tag, o weh und ach!
Wie ist der Kaspar dünn und schwach!
Doch als die Suppe kam herein,
Gleich fing er wieder an zu schrein:
„Ich esse keine Suppe! Nein!
Ich esse meine Suppe nicht!
Nein, meine Suppe ess ich nicht!"

Am vierten Tage endlich gar
Der Kaspar wie ein Fädchen war.
Er wog vielleicht ein halbes Lot –
Und war am fünften Tage tot.

Lösungen zu Kapitel 9, Auftaktseite, Seite 56, Aufgabe 1b

1b, 2c, 3b, 4a, 5a, 6b, 7a, 8c

Vorlage für eigene Porträts

Bilder

Name	
Vorname(n)	
Nationalität	
geboren am	
Beruf(e)	
bekannt für	
wichtige Lebensstationen	
gestorben am	
Informationsquellen (Internet, …)	

Arbeitsbuchteil

Gesund und munter ...

Wortschatz wiederholen und erarbeiten

1a Um welche Begriffe rund um den Körper geht es hier? Ergänzen Sie die Sätze.

| iSchbienen | gElonleben | reiNen | meDanu |
| merWinp | dieBnabsche | ~~dultBurck~~ | Bechlauban |

1. Sie müssen auf Ihre Ernährung achten. Essen Sie weniger Fett und Salz. Ihr __Blutdruck__ ist viel zu hoch.
2. Sein Gegenspieler trat nach dem Ball, traf aber sein _____ so hart, dass es brach.
3. Ich hasse diese Leute, die einem im Gespräch kumpelhaft ihren _____ in die Seite hauen. Schrecklich!
4. Drück mir die _____ für die Prüfung. Ich kann Glück gebrauchen.
5. Sie hat tolle Augen und so lange _____.
6. Wenn die _____ ausfallen, wird unser Körper vergiftet.
7. Jeder Mensch hat in seiner Mitte einen _____.
8. Oh, diese Rückenschmerzen. Mit meiner kaputten _____ muss ich unbedingt zum Orthopäden.

b Schreiben Sie eigene Sätze wie in Übung 1a und tauschen Sie sie im Kurs aus.

2 Fachbegriff und Alltagssprache – Was gehört zusammen?

1. ___ Vorsorge
2. ___ Sprachtherapeut
3. ___ Behandlung
4. ___ blauer Fleck
5. ___ Hautarzt
6. ___ Betäubung
7. ___ Vorbeugung
8. ___ Bruch
9. ___ Abwehrkräfte

a Therapie
b Dermatologe
c Narkose
d Prävention
e Fraktur
f Immunsystem
g Prophylaxe
h Logopäde
i Hämatom

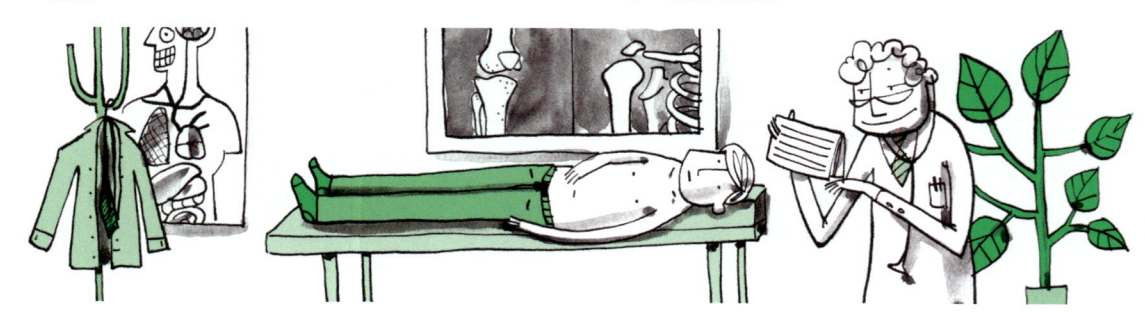

3 Ergänzen Sie die passenden Verben. Manchmal gibt es mehrere Lösungen.

1. eine Krankheit vom Arzt _____ lassen
2. regelmäßig Medikamente _____
3. einen Vorsorgetermin _____
4. ein Pflaster auf die Wunde _____
5. auf eine gesunde Ernährung _____
6. eine Salbe auf die Haut _____
7. eine Brausetablette in Wasser _____
8. den Oberkörper für die Untersuchung _____

4a Sind Sie fit in Erster Hilfe? Beschreiben Sie, wie die „Stabile Seitenlage" bei bewusstlosen Menschen durchgeführt wird.

Zuerst muss die Person auf den Rücken gedreht werden. Die Arme und …

_____
_____
_____
_____
_____

Beschreiben Sie eine weitere Erste-Hilfe-Maßnahme (z.B. bei Nasenbluten, gebrochenem Arm, Schnittwunde, …), die Sie kennen.

Zu Risiken und Nebenwirkungen ...

1a Hören Sie den zweiten Teil des Radiobeitrags zum Thema „Placebo" noch einmal. Welche Aussagen sind falsch? Kreuzen Sie an.

1. [F] In einem Versuch erhielten Probanden bei einem grünen Signal Schmerzmedikamente, bei einem roten keine.
2. [R] Mit dem Experiment konnte man nachweisen, dass ein klarer Zusammenhang zwischen unserer Vorstellung von der Wirkung und der wahrgenommenen Wirkung eines Medikaments besteht.
3. [F] Die Angst vor Spritzen führt dazu, dass ihr Einsatz als Placebo kaum Heilwirkung zeigt.
4. [F] Wenn der Patient vom Arzt über die möglichen Nebenwirkungen des Scheinmedikaments informiert wird, haben diese keinen Einfluss auf die Heilwirkung.
5. [R] Generell lässt sich sagen, dass das reine Arzt-Patienten-Gespräch schmerzlindernd wirkt.

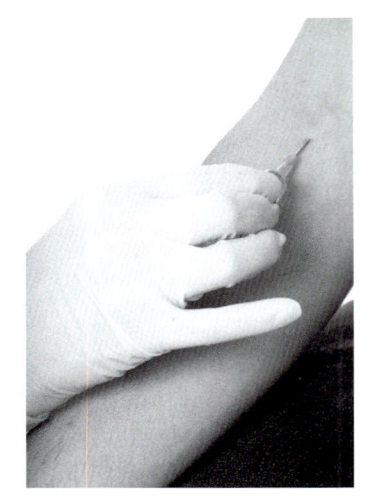

b Korrigieren Sie die falschen Aussagen.

2a Formen Sie die Nebensätze in *dass*-Sätze um.

1. Patienten haben nach dem Arztbesuch oft den Eindruck, sich bereits besser zu fühlen.
   Patienten haben nach dem Arztbesuch oft den Eindruck, dass sie
2. Hausmittel haben den Vorteil, mit einfachen Mitteln hergestellt werden zu können.
3. Ärzte haben im Alltag oft das Problem, nicht genug Zeit für ihre Patienten zu haben.
4. Rückblickend können die Patienten bestätigen, gut therapiert worden zu sein.
5. In der heutigen Zeit haben viele die Gewohnheit, zu schnell zu Medikamenten zu greifen.
6. Placebos hatten vor 20 Jahren den Ruf, völlig wirkungslos zu sein.

Modul 1 6

b Formen Sie die *dass*-Sätze in Infinitivsätze um.

1. Bei manchen Krankheiten ist es notwendig, dass sie mit neuen Methoden bekämpft werden.
   _____

2. Viele Patienten stehen vor dem Problem, dass sie die Therapierisiken nicht einschätzen können.
   _____

3. Meine Mutter erinnert sich gut daran, dass sie von einer Kräuterfrau geheilt wurde.
   _____

4. Für Kinder ist es ideal, dass sie manchmal mit Hausmitteln behandelt werden können.
   _____

5. Erinnert ihr euch, dass ihr von Ärzten als gleichberechtigte Partner behandelt worden seid?
   _____

6. Auch Ärzte sind heute oft der Ansicht, dass sie dank Placebos gute Therapiemöglichkeiten gefunden haben.
   _____

c Entscheiden Sie, welche Sätze in einen Infinitivsatz umgeformt werden können und welche nicht. Formen Sie dann die entsprechenden Sätze um.

Mein Bruder kann nur bestätigen, dass unsere Familie schon immer auf Hausmittel schwört. Er selbst war allerdings der Ansicht, dass er wegen seiner Migräne Tabletten einnehmen muss. Aber im Laufe der Zeit wurde klar, dass sie ihm auch nicht halfen. Mein Bruder sagt heute, dass er von seinen Medikamenten beinahe abhängig geworden ist. Darum ist es für mich wie ein Wunder, dass er heute wieder fit und schmerzfrei ist. Davor konnte ich nur beobachten, dass er alle möglichen Therapien ausprobierte. Er hatte sich schon damit abgefunden, dass er sein Leben lang mit den Schmerzen leben muss. Über unsere Tante fand er heraus, dass meine Cousine ein gutes Hausmittel gegen Kopfschmerzen kannte. Es war sein Glück, dass er diesen Tipp bekommen hat. Für ihn war es ideal, dass er von ihr das Rezept bekam. Es half sofort und ist so simpel …

3a Ergänzen Sie die Satzanfänge mit Infinitivsätzen.

1. Ich hatte noch nie die Gelegenheit, …
2. Meine Bekannten haben manchmal Angst, …
3. Wenn man krank ist, ist es in meinem Land üblich, …
4. Was hältst du von der Idee, …
5. Ich habe heute einfach keine Zeit, …

b Schreiben Sie zu zweit Kärtchen mit Satzanfängen wie in Übung 3a oder im Lehrbuch, Aufgabe 4b. A zieht eine Karte und liest vor, B ergänzt den Satz. Dann zieht B eine Karte …

Ich habe keine Angst davor, …

Ab und zu habe ich Lust, …

Für mich ist es (nicht) normal, …

Hast du manchmal das Gefühl, …?

Gesünder leben

1 Lesen Sie noch einmal den Text im Lehrbuch, Aufgabe 2, und erklären Sie die Ausdrücke.

1. etw. vernachlässigen (Z. 3)
   etwas nicht genügend berücksichtigen

2. prädestiniert sein für etw. (Z. 5)

3. ein kognitiver Vorsprung (Z. 21/22)

4. über etwas hinwegsehen (Z. 37/38)

5. vorzugsweise (Z. 95)

6. es geht auch wie in/bei (Z. 129/130)

7. maßgeschneidertes Konzept (Z. 132/133)

8. Programm zur Früherkennung (Z. 137)

2a In einer Studie machten die Deutschen folgende Aussagen zu ihrem Verhalten bei der Ernährung. Wo gibt es deutliche Unterschiede zwischen Menschen im Alter von 20–29 Jahren und der restlichen Bevölkerung?

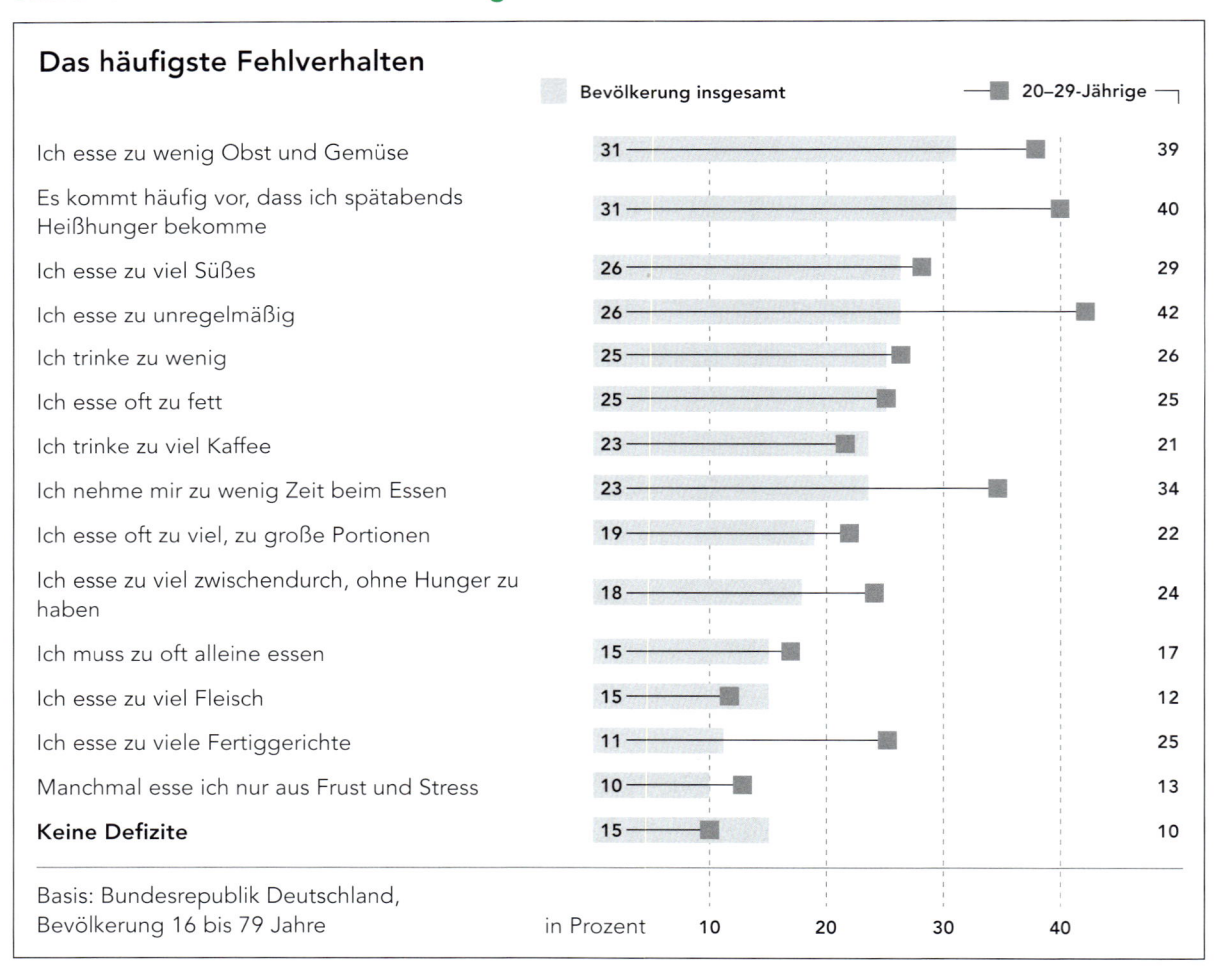

Das häufigste Fehlverhalten

Aussage	Bevölkerung insgesamt	20–29-Jährige
Ich esse zu wenig Obst und Gemüse	31	39
Es kommt häufig vor, dass ich spätabends Heißhunger bekomme	31	40
Ich esse zu viel Süßes	26	29
Ich esse zu unregelmäßig	26	42
Ich trinke zu wenig	25	26
Ich esse oft zu fett	25	25
Ich trinke zu viel Kaffee	23	21
Ich nehme mir zu wenig Zeit beim Essen	23	34
Ich esse oft zu viel, zu große Portionen	19	22
Ich esse zu viel zwischendurch, ohne Hunger zu haben	18	24
Ich muss zu oft alleine essen	15	17
Ich esse zu viel Fleisch	15	12
Ich esse zu viele Fertiggerichte	11	25
Manchmal esse ich nur aus Frust und Stress	10	13
Keine Defizite	15	10

Basis: Bundesrepublik Deutschland, Bevölkerung 16 bis 79 Jahre — in Prozent

b Beschreiben Sie Gründe für diese Unterschiede. Überlegen Sie, ob es ähnliche Beobachtungen bei unterschiedlichen Altersgruppen auch in Ihrem Land geben könnte. Berichten Sie im Kurs.

Modul 2 6

3a Denkpause – Lesen Sie die Anleitungen und finden Sie passende Titel dafür.

Wenn Sie sich gestresst fühlen oder Ihren Tag durchgängig verplant haben, hilft es, wenigstens einmal kurz „abzuschalten".

1. _____ (1 Min.)
Setzen Sie sich aufrecht an den Schreibtisch.
Reiben Sie Ihre Handflächen aneinander.
Wenn die Hände richtig schön warm sind, lehnen Sie sich nach vorn und stützen die Ellenbogen auf dem Schreibtisch auf.
Schließen Sie die Augen und legen Sie die warmen Handflächen über die Augenhöhlen.
Atmen Sie einige Male tief durch und genießen Sie die Wärme um die Augen.
Öffnen Sie dann blinzelnd die Augen.

2. _____ (30 Sek.)
Setzen Sie sich aufrecht hin.
Nun greifen Sie mit den Fingern in die Haare und massieren mit den Fingerspitzen die Kopfhaut.
Beginnen Sie vorn am Haaransatz und massieren Sie dann nach hinten bis zum Hinterkopf.
Atmen Sie dabei tief in den Bauch.

3. _____ (1 Min.)
Jetzt setzen Sie sich so hin, dass beide Füße fest auf dem Boden stehen.
Legen Sie Ihren Oberkörper einfach auf den Oberschenkeln ab, so dass Ihr Kopf frei zwischen den Beinen baumeln kann.
Lassen Sie einfach locker und atmen Sie 5 Mal tief in den Bauch.

4. _____ (30 Sek.)
Rollen Sie anschließend den Oberkörper langsam Wirbel für Wirbel hoch.

b Probieren Sie ein bis zwei der entspannenden Übungen aus, um wieder locker zu werden.

TIPP Pausen erfrischen!
Beim Lernen und Üben sollten Anspannung und Entspannung in einem ausgewogenen Verhältnis stehen. Gönnen Sie sich spätestens nach 90 Minuten eine Pause. Fenster auf – tief durchatmen – Schultern heben und fallen lassen – auf der Stelle laufen – kurz vor die Haustür gehen – … Es gibt viele Möglichkeiten. Weniger hilfreich sind Computerspiele, zu viel Kaffee oder Essen am Schreibtisch, um sich zu erfrischen.

c Und wie werden Sie wieder locker und frisch? Schreiben Sie selbst eine Anleitung für Ihre Lieblingsmethode und vergleichen Sie dann im Kurs.

Wenn es juckt und kribbelt

1 Ordnen Sie die möglichen Symptome von Allergien den Kategorien zu.

> allergischer Schock Asthma Ekzeme niedriger Blutdruck Juckreiz Quaddeln Kribbeln und Anschwellen der Mundschleimhaut Rötungen Schnupfen rote Augen verlangsamter Herzschlag Ausschlag Atembeschwerden Herzrasen Bläschen taube Zunge

Haut	Atemwege	Herz-Kreislauf-System

2 Formulieren Sie die Sätze stilistisch besser.
1. Es werden immer mehr Stoffe bekannt, die Allergien auslösen.
2. Es wird dennoch vermutet, dass die Zunahme der Allergien auch viel mit Stress und Umwelteinflüssen zu tun hat.
3. Es werden heute deutlich mehr Allergien verzeichnet als noch vor zwanzig Jahren.
4. Es wird immer häufiger behauptet, dass Allergien „Modekrankheiten" seien.

1. Immer mehr Stoffe ...

3a Formen Sie die Sätze ins Passiv um.
1. Mithilfe von Tests können die Ärzte viele Allergien erkennen.
2. Die Ärzte müssen mit den Patienten verschiedene Tests durchführen.
3. Dafür müssen die Patienten einige Nadelstiche ertragen.
4. Die Ärzte können wirksame Medikamente manchmal nicht verschreiben.
5. Ärzte können Allergien meist nicht heilen.
6. Die moderne Medizin kann die Symptome von Allergien verringern.

1. Mithilfe von Tests können viele Allergien erkannt werden.

Modul 3

6

b Schreiben Sie die umgeformten Sätze aus Übung 3a als Nebensätze.

1. Heute ist jedem klar, dass _mithilfe von Tests viele Allergien erkannt werden können._

2. Es ist selbstverständlich, dass _____

3. Um Allergien eindeutig nachzuweisen, ist es nötig, dass _____

4. Es ist unverständlich, dass _____

5. Es ist eine traurige Tatsache, dass _____

6. Zum Glück ist die moderne Medizin so weit, dass _____

4 Schreiben Sie die Nebensätze.

1. Heute ist ihm klar, dass er (werden – schon viel früher – untersucht – müssen)
   dass er schon viel früher hätte untersucht werden müssen.

2. Er denkt sich, dass (einen ausführlichen Gesundheitscheck – durchführen – werden – müssen)

3. Jetzt weiß er, dass (werden – die Ergebnisse – müssen – gründlicher analysiert)

4. Er denkt sich oft, dass (früher – verschrieben – werden – wirksame Medikamente – können)

5. Jetzt weiß er, dass (können – werden – seine Symptome – schon vor langem – geheilt)

5 Formulieren Sie Passivsätze mit *sollen*.

1. Die Mediziner wollen die Ursachen von Allergien noch besser erforschen.
2. Die Pharmaindustrie will noch mehr Geld für die Erforschung von neuen Medikamenten zur Verfügung stellen.
3. Die Textilindustrie soll allergieauslösende Stoffe in Kleidungen vermeiden.
4. Textilhersteller sollen auch Inhaltsstoffe von Aufdrucken auf T-Shirts angeben.
5. Unabhängige Prüfstellen sollen die Verträglichkeit von Kleidungsstücken noch besser überprüfen.

1. Die Ursachen von Allergien ...

Mythen der Medizin

1a Lesen Sie die zu ausführlichen Notizen – welche Informationen sind nicht so wichtig? Welche Wörter können Sie weglassen oder durch Abkürzungen/Zeichen ersetzen? Markieren Sie.

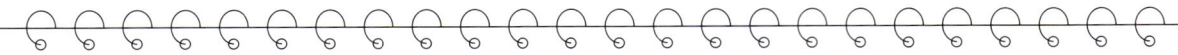

Mythos: Versorgung mit Hightech-Medizin ist ein Segen für die Menschen

Frage: Warum nicht?

Beispiel: Stadt von der Größe Münchens und Herzerkrankungen.

In München gibt es circa 30 Großpraxen, Kliniken und Ähnliches für Patienten mit Herzbeschwerden. Kardiologen färben Blutgefäße mit Kontrastmitteln und entdecken Engstellen in den Gefäßen. Das sind oft Hinweise für drohenden Infarkt.

Zahl dieser Untersuchungen steigt stark: in den USA werden etwa eine Million Patienten pro Jahr mit Herzkathetern versorgt, in Deutschland 200.000.

Für 1,3 Millionen Einwohner würden drei bis fünf Herzkatheter-Labore reichen. Aber keine Klinik will auf das Geschäft verzichten. Zu viele Patienten werden unnötig mit Herzkathetern untersucht. Und Ärzte in den ca. 30 Einrichtungen haben wenig Erfahrung, denn 30 Kliniken machen die Arbeit, die drei Kliniken machen könnten. Daher können die Ärzte nur wenig Erfahrung sammeln.

---

b Fassen Sie die Notizen möglichst knapp und übersichtlich auf der Karteikarte zusammen.

Mythos: Hightech-Medizin = Segen für Menschen

Bsp.: _____

_____

_____

Zahl der Unters. ↑: USA _____

　　　　　　　　　D _____

Kliniken nötig für 1,3 Mio EW: _____ ↔ _____

→ _____

_____

TIPP — Informationen notieren
- Verwenden Sie nur Abkürzungen, die Sie später auch noch verstehen.
- Nutzen Sie Zeichen wie „→" für „daraus folgt / daraus ergibt sich ..."
  „≠" für „ungleich / bedeutet nicht ..."
  „≈" für „ungefähr"
  „↔" für „im Gegensatz / im Widerspruch zu"
- Gliedern Sie die Notizen übersichtlich.
- Lassen Sie immer eine Randspalte frei – dort können Sie nachträglich Notizen ergänzen.

Modul 4

2a Lesen Sie die Tipps zum Thema „Referate halten" und ordnen Sie die passenden Überschriften zu.

> Halten Sie Wort!   Überfordern Sie Ihre Zuhörer nicht!   Zeig her deine Hände!
> Der erste Satz – der letzte Satz!   Sieh mir in die Augen!   Pflegen Sie die Freiheit!

Referat halten – praktische Tipps

Es ist so weit: heute „dürfen" Sie endlich Ihr bestens vorbereitetes Referat halten. Natürlich sind Sie nervös und haben schon weiche Knie und Lampenfieber. Die folgenden Tipps helfen, ein Referat für alle interessant zu halten.

1 _____
Wie anfangen – wie aufhören? Ein beliebter Trick für den Beginn ist es, die Zuhörer mit einer kleinen spannenden Geschichte, die zunächst einmal nichts mit dem Vortragsthema zu tun hat, zu überraschen. Wichtig ist hier, den Bogen zum Thema dann doch irgendwie zu spannen.
Laden Sie Ihre Zuhörer zum Schluss ein, Fragen zu stellen.

2 _____
Nichts ist schlimmer als monoton abgelesene Referate! Notieren Sie sich als Gedankenstütze also nur die wichtigsten Stichpunkte auf kleine Kärtchen. Sprechen Sie dann frei und lassen Sie sich Zeit – in der Aufregung spricht man meist zu schnell oder unverständlich.

3 _____
Wenn Sie Ihre Notizen auf Karteikarten schreiben, haben Sie auch gleich ein häufiges Problem gelöst: Wohin mit den Händen? Auf keinen Fall sollten Sie die Hände vor dem Körper verschränken oder in die Hosentasche stecken. Wenn Sie locker eine Karteikarte halten, sind Ihre Hände auch noch frei, um zu gestikulieren. Allerdings sollten Sie nicht anfangen, wild rumzufuchteln, Sie sind ja kein Clown.

4 _____
Damit sich die Zuhörer angesprochen fühlen – und nicht gelangweilt ein kleines Nickerchen machen –, ist es wichtig, Blickkontakt zu halten, und zwar mit allen Zuhörern. Da das natürlich nicht gleichzeitig geht, lassen Sie Ihre Augen durch das Publikum wandern und sehen Sie der Reihe nach Ihren Zuhörern in die Augen.

5 _____
Die Kunst eines guten Referates ist auch, komplexe und komplizierte Dinge einfach und verständlich vorzutragen. Gliedern Sie also Ihr Referat gut und stellen Sie die einzelnen Punkte anschaulich und wenn möglich mit Beispielen dar. Konzentrieren Sie sich auf das Wesentliche und „belästigen" Sie Ihre Zuhörer nicht mit komplizierten und unwesentlichen Details.

6 _____
Es ist gut, wenn Sie wichtige Stichworte an der Tafel notieren. Achten Sie darauf, nur das Wesentliche aufzuschreiben und nur Dinge, die Sie in Ihrem Referat auch erwähnen.

b Welche von den sechs Tipps waren für Sie am hilfreichsten? Geben Sie mindestens zwei mit eigenen Worten wieder und ergänzen Sie einen eigenen Tipp zum Thema „Referate halten".

Mythen der Medizin

Modul 4

3 Lesen Sie den folgenden Text. Welche der Sätze a–h gehören in die Lücken 1–6? Es gibt jeweils nur eine richtige Lösung. Zwei Sätze können Sie nicht zuordnen.

Beispiel: **x** Sogar fundierte Beweise können sie nicht aus der Welt schaffen.

a Beim Rasieren werde ja nur der abgestorbene Teil des Haares angetastet – die Haarwurzelzellen hingegen würden nicht beeinflusst.
b Je nach körperlicher Leistung müsse mal mehr, mal weniger getrunken werden.
c Das, so die Forscher, führe wiederum zu einem Müdigkeitsempfinden.
d Zum Essen sollte man nichts trinken.
e Nach dem Tod wachsen Fingernägel und Haare keinesfalls weiter.
f Die Haarwurzelzellen arbeiten in verschiedenen Lebensphasen unterschiedlich intensiv.
g Nur zehn Prozent unserer Hirnmasse werden überhaupt genutzt.
h Mindestens zweieinhalb Liter Wasser trinken am Tag.

Die fünf größten Irrtümer aus der Medizin
Von Pia Heinemann

Es gibt Legenden, die der Wahrheit einfach nicht weichen wollen: (0) ___X___ Weil diese Legenden auch unter Ärzten verbreitet sind und weitererzählt werden, haben US-Mediziner nun eine Liste von Irrtümern im „British Medical Journal" aufgestellt.

„Es stimmt nicht, dass Lesen bei schummrigem Licht schädlich für die Augen ist", schreiben Rachel C. Vreeman von der Indiana University School of Medicine und Professor Aaron E. Carroll, Kinderarzt am Regenstrief Institute aus Indianapolis. Es sei eher so, dass schummriges Licht die Augen mehr anstrenge als helles. Das Fokussieren sei anstrengender, und da wir im Dämmerlicht seltener blinzeln, wäre der Augapfel trockener. (1) _____

Eine weitere Legende: Wer sich häufig rasiert, dessen Haare wachsen immer schneller und immer stoppelig-dicker nach. „Stimmt gar nicht", so die Mediziner. „Bereits 1982 hat eine klinische Studie gezeigt, dass Rasieren keinen Einfluss auf das Haarwachstum hat." (2) _____ „Der Eindruck, dass die neuen Haare stoppeliger sind, kommt daher, dass sie kein feines, spitz zulaufendes Ende haben, da sie ja vom Rasiermesser abgeschnitten wurden", so die Mediziner. „Außerdem sehen die nachwachsenden Haare dunkler aus, weil sie noch nicht von der Sonne oder von chemischen Produkten gebleicht wurden."

Legende drei der Amerikaner: (3) _____ „Vermutlich beruht diese Empfehlung auf einer Aussage, die 1945 in Umlauf gebracht wurde. Darin heißt es unter anderem: Für jede Kalorie, die Sie zu sich nehmen, sollten Sie einen Milliliter Flüssigkeit trinken." Dass solche Angaben nicht stimmen, habe eine große Studie im „American Journal of Physiology" gezeigt. (4) _____ Normalerweise sei aber in Säften, Milch, Kaffee, Tee und Obst und Gemüse genügend Flüssigkeit enthalten.

(5) _____ „Auch das stimmt nicht", so Vreeman und Carroll. Vor ziemlich genau 100 Jahren sei dieses Gerücht in die Welt gesetzt worden – und es halte sich erstaunlich gut angesichts von modernen Hirnaktivitätsmessungen. Dabei sei so ziemlich das Gegenteil der Fall. „Manche bildgebenden Verfahren zeigen, dass kein Gebiet unseres Gehirns komplett inaktiv ist", schreiben die beiden Forscher.

Die Mediziner gehen in ihrem Text sogar so weit, eines der gruseligsten Geheimnisse der Horrorwelt kleinzuschreiben. (6) _____ Die Filmindustrie hat also keinerlei Grundlage dafür, Tote, die ins Diesseits zurückkehren, mit langen Krallen und zotteligen Haaren auszustatten. „Dass es manchmal so aussieht, als würden die Fingernägel von Toten weiter wachsen, liegt an einem einfachen physikalischen Phänomen", so die Forscher. „Die Zellen verlieren nach dem Tod einfach Flüssigkeit, die Hautzellen aus dem weichen Gewebe der Nagelhäute beispielsweise sehr viel." Dadurch, dass die Nagelhaut „austrocknet" und sich zurückzieht, könne es so aussehen, als würden die Nägel länger.

138

Selbsteinschätzung 6

So schätze ich mich nach Kapitel 6 ein: Ich kann …	+	0	–	Modul/ Aufgabe
… einen längeren Redebeitrag zum Thema „Placebo-Effekt" verstehen.				M1, A2
… ein Referat über Mythen der Medizin verstehen, in dem unterschiedliche Aspekte auch mit Fachbegriffen erläutert werden.				M4, A1
… einen komplexen Text über männliche und weibliche Gesundheits-Biografien detailliert verstehen und schnell Einzelinformationen finden.				M2, A2
… einen komplexen Text über Allergien verstehen.				M3, A1b
… Handouts für ein Referat bezüglich Inhalt und Umfang analysieren und bewerten.				M4, A3
… über die Wirkung von Placebos und Hausmitteln sprechen.				M1, A1, A3
… über Faktoren für ein längeres Leben diskutieren.				M2, A1
… Vorschläge formulieren und diskutieren, wie man mit Allergien leben kann.				M3, A1c
… ein Referat zu einem Gesundheitsthema vorbereiten und halten.				M4, A2, A4a, b
… bei Referaten Fragen, Anmerkungen und Einwände klar formulieren und darauf reagieren.				M4, A4c
… in einem eigenen Text erläutern, welche Rolle jeder Einzelne oder der Staat spielen, wenn es um die Gesundheit der Menschen geht.				M2, A4
… auf Karteikarten eine Mitschrift zu Teilthemen aus einem Referat über ein medizinisches Thema erstellen, mit der auch andere arbeiten können.				M4, A1c–d

Das habe ich zusätzlich zum Buch auf Deutsch gemacht: (Projekte, Internet, Filme, Texte, …)	
Datum:	Aktivität:

Recht so!

Wortschatz wiederholen und erarbeiten

1a Welche Begriffe passen zu welchem Bereich? Ordnen Sie zu. Einige Begriffe passen zu mehreren Bereichen.

> Angeklagter Besuchszeiten Eid Ausbruch Fahndung Durchsuchungsbeschluss Geldbuße Hochsicherheitstrakt Befragung Kläger Arrest Rückfallquote Anhörung Verbrecherkartei Rechtsanwalt Geständnis Verfahren Beobachtung Verdächtige Richter Verwarnung Urteil Haftstrafe Spurensicherung Wachtmeister Kommissar Justiz Verhandlung Verteidigung Staatsanwalt Zelle Wärter Notruf Freigang Ermittlung Vollzug Zeuge Aussage Revier Verhör Bericht

Polizei	Gericht	Gefängnis

b Ergänzen Sie die Tabelle mit Verben und Adjektiven.

2a Ergänzen Sie die passenden Substantive mit Artikel.

1. betrügen – _____
2. erpressen – _____
3. überfallen – _____
4. verletzen – _____
5. (be)rauben – _____

6. stehlen – _____
7. ermorden – _____
8. nötigen – _____
9. fälschen – _____
10. entführen – _____

b Setzen Sie das passende Substantiv oder Verb aus Übung 2a ein.

Jürgen M. – Täter und Opfer

Heute wurde der spektakuläre Prozess gegen Jürgen M. aus Nürnberg beendet. Das Porträt eines kriminellen Opfers.

Bereits Ende der 90er-Jahre war Jürgen M. ins Blickfeld polizeilicher Ermittlungen geraten. Er hatte mit Immobilien in Spanien gehandelt und potenziellen Kunden nicht existierende Ferienhäuser an der Costa Brava verkauft.

Der (1)_____ fiel erst auf, als er bereits 1,7 Millionen Euro von den Käufern erhalten hatte. Diese hatten nicht an der Echtheit der spanischen Urkunden zu Haus- und Grundbesitz gezweifelt, die jedoch (2) _____ waren. Erste Besuche vor Ort offenbarten die Täuschung. Jürgen M. war zu dieser Zeit bereits in Skandinavien untergetaucht. Nach Fehlspekulationen an der Börse wurde er 2003 wegen 12 (3)_____ auf schwedische Banken gesucht, wobei er nur wenig Bargeld erbeutete, jedoch zwei Personen schwer (4)_____. Die Videokameras hatten seine Identität schnell geklärt und Jürgen M. floh nach Kolumbien. In vermeintlicher Sicherheit vor der europäischen Polizei versuchte sich Jürgen M. als Detektiv.

Statt seinen Auftraggebern die Wahrheit zu berichten, (5)_____ er die beobachteten Personen mit seinem Wissen. Bis zu dem Abend des 21. Dezember 2003, an dem er selbst von einer Gruppe von Opfern (6)_____ wurde, die ihn an einen geheimen Ort (7)_____.

Dort verbrachte er vier Monate in Angst und Schrecken und befürchtete, dass man ihn (8)_____ oder im schlimmsten Falle sogar (9)_____ würde.

Im Frühjahr 2004 gelang ihm die Flucht und er suchte Schutz bei der kolumbianischen Polizei. Die erkannte in seinem Pass schnell eine (10)_____ und überstellte den Gesuchten an die deutschen Behörden. Diese verurteilten ihn heute zu zehn Jahren Haft ohne Bewährung wegen (11)_____, schwerem (12)_____ und schwerer Körper_____(13). In Kolumbien wird keine Anklage erhoben.

3 Was passt zusammen?

1. ___ sich für ein Delikt
2. ___ einen Mandanten
3. ___ einen Rechtsbeistand
4. ___ in der Verhandlung
5. ___ 12 Monate Haft
6. ___ wegen einer Straftat
7. ___ das Strafmaß für
8. ___ ein Geständnis

a auf Bewährung bekommen
b verurteilt werden
c verantworten müssen
d in Anspruch nehmen
e eine Straftat festlegen
f in vollem Umfang ablegen
g vor Gericht vertreten
h auf „nicht schuldig" plädieren

4 Fachsprache – Allgemeinsprache: Wie kann man es noch sagen?

1. der Delinquent = *der Täter, der Verbrecher,* _____
2. das Delikt = _____
3. die Observierung = _____
4. der Vollzug = _____

Dumm gelaufen

1 Ergänzen Sie die Präpositionen im Text. Manchmal gibt es mehrere Möglichkeiten.

| infolge | wegen | zum | mit | dank | mithilfe | gegenüber |
| während | vom | mittels | zu | aufgrund | bei | nach |

Aus Lust an der Lüge

Er behandelte und operierte – und flog nur (1) _____ eines anonymen Hinweises auf

Er war erst 29 Jahre alt, als er zwei Doktortitel und exakt 196-mal operiert hatte. Die Traumkarriere des Christian E. war aber schnell vorbei. Der Anfang vom Ende war ein anonymer Brief an die Polizei, der Ermittlungen auslöste. Ungeheuerliches kam zutage. Christian E. hatte ein Abiturzeugnis (2) _____ der Note 1,3, eine Promotionsurkunde, die ihn (3) _____ Doktor der Medizin der renommierten Universität in Oxford machte, eine Approbationsurkunde der Regierung in Mittelfranken und obendrein eine Doktorurkunde der wirtschaftswissenschaftlichen Fakultät der Uni Frankfurt. (4) _____ Angaben der Polizei hat Christian E. alle Dokumente gefälscht, angeblich nicht einmal besonders gut, dafür mit vielen Rechtschreibfehlern. Tatsächlich hat der Mann die Realschule (5) _____ der Note „ausreichend" in den Hauptfächern abgeschlossen und anschließend eine Lehre zum Bankkaufmann gemacht.

An der Uni Erlangen ergatterte er (6) _____ eines gefälschten Abiturzeugnisses einen Studienplatz und studierte ein paar Semester Medizin. Mit seinen beiden erfundenen Doktortiteln bewarb er sich an der Uniklinik Erlangen – erfolgreich. (7) _____ 16. Januar 2007 an arbeitete er dort als Assistenzarzt.

Über ein Jahr dauerte Christian E.s persönlicher Wahnsinn in Weiß an, bis ihn die Klinikleitung am 13. Februar 2008 suspendierte. Vom Landgericht Nürnberg-Fürth wurde er nun (8) _____ dreieinhalb Jahren Haft verurteilt – (9) _____ Urkundenfälschung, Betrug und Titelmissbrauch. (10) _____ der Berufungsverhandlung vor Gericht räumte Christian E. alle Vergehen ein. Er sagte aus, dass er nicht mehr wisse, wann er begonnen hat, sein Umfeld zu belügen. Seinen Eltern zum Beispiel erzählte er, er habe das Abitur „irgendwie nachgeholt".

Christian E. war dreist und überzeugend genug, um Familie, Freunde, Kollegen und Patienten zu täuschen. „(11) _____ Hochstapeleien spielen häufig psychopathische Persönlichkeitsstörungen eine Rolle", erklärt Gerhard Stemmler, Professor für differenzielle Psychologie und psychologische Diagnostik an der Philipps-Universität Marburg. „Menschen, die daran leiden, sind insensitiv (12) _____ Belangen anderer. Sie stellen ihren eigenen Vorteil in den Mittelpunkt. Gefahren und Risiken für andere, wie sie bei falschen Ärzten ja durchaus vorkommen, spielen für diese Menschen keine Rolle."

(13) _____ Körperverletzung muss sich Christian E. nicht verantworten. (14) _____ der Behandlung des falschen Arztes kam wie durch ein Wunder niemand zu Schaden.

Modul 1

2 Was gehört zusammen? Ordnen Sie zu.

1. Letzen Freitag trafen sich die Innenminister aller Bundesländer _g_.
2. Man sollte _____ endlich mehr über Ursachenbekämpfung und Prävention nachdenken.
3. Die Haltung der Regierungspartei _____ ist nicht ganz eindeutig.
4. Die Diskussionen der Politiker waren _____ langwierig und kontrovers.
5. Viele Menschen sehen bei dem Thema „Verbrechensbekämpfung" einen großen Handlungsbedarf und wollen _____ endlich Ergebnisse sehen.
6. Manchmal kann die Polizei _____ einen Fahndungserfolg vorweisen.
7. Viele Täter hinterlassen Spuren und können _____ schnell ermittelt werden.

a anstatt vieler Worte
b anhand eines DNA-Tests
c innerhalb kürzester Zeit
d angesichts der wachsenden Jugendkriminalität
e bezüglich eines neuen Jugendstrafrechts
f aufgrund dieses brisanten Themas
g zwecks einer verbesserten Zusammenarbeit bei der Verbrechensbekämpfung

3 Bilden Sie Sätze.

1. Entsprechend – die Sicherheitsstufe – alle Zufahrtsstraßen kontrolliert werden – heute
   _____

2. Hinsichtlich – die Verschärfung des Strafgesetzes – ich – einer Meinung sein – mit Annette
   _____

3. Aufgrund – die hinterlassenen Spuren – die Polizei – können – der Täter – festnehmen – gestern
   _____

4. Mangels – eindeutige Beweise – die Polizei – müssen – der Verdächtige – laufen lassen
   _____

5. Mithilfe – eine eindeutige Zeugenaussage – die Unschuld des Mannes – bewiesen werden
   _____

6. Entgegen – die Vermutungen – die Jugendkriminalität – nicht ansteigen – letztes Jahr
   _____

7. Gegenüber – die Presse – der Zeuge – sagen – heute Morgen – nichts – über den Vorfall
   _____

Dumm gelaufen

Modul 1

4a Schreiben Sie die Sätze um und verwenden Sie die Genitiv-Wendungen.

> etwas erfreut sich großer Beliebtheit
> etwas entbehrt jeglicher Logik
> etwas bedarf keiner Erklärung
> jeglicher Beschreibung spotten
> sich eines Besseren besinnen

1. Das Internet ist heutzutage sehr populär. Dass es aber auch Gefahren birgt, ist klar.
   Das Internet erfreut sich großer Beliebheit. Dass es ...

2. Nachdem der Mann schon die Tür des Hauses aufgebrochen hatte, entschied er sich anders und ging nach Hause.

3. Der Täter schlief am Tatort ein. So viel Dummheit ist wirklich schlecht.

4. Dass der Dieb seine Visitenkarte hinterließ, macht keinen Sinn.

b Lesen Sie die Zeitungsmeldungen und ergänzen Sie die Verben.

1. Heute hat der Prozess gegen Gerhard K. und seinen Komplizen Oliver U. begonnen. Die beiden Finanzberater werden des Betrugs _____. So sollen sie im letzten Jahr ihre Kunden bei Investmentgeschäften um mehr als 20 Millionen Euro betrogen haben.

2. Die Polizei konnte gestern einen Erfolg vorweisen: Eine 34-jährige Frau konnte im Fall „Rosie" anhand der am Tatort sichergestellten Fingerabdrücke des Diebstahls _____ werden. „Rosie", eine als sehr wertvoll geltende Skultpur, wurde letzten Montagabend aus dem Haus des Oberbürgermeisters entwendet.

3. Ein weiterer Prozesstag ist zu Ende gegangen. Die zwei Angeklagten _____ gegenseitig der Lüge. So behauptet Karl M., zur Tatzeit bereits geschlafen zu haben, während Piet T. behauptet, von Karl M. zur Tat angestachelt worden zu sein.

Strafe muss sein?!

Modul 2 — **7**

1 Schaubilder beschreiben. Geben Sie den Redemitteln eine Überschrift.

> Werte einer Grafik vergleichen   Entwicklungen beschreiben   Prozentverteilungen wiedergeben
> Wesentliche Inhalte nennen   Grafiken interpretieren

1.	2.	3.
Seit dem Jahr … hat … stark zugenommen/abgenommen Im Jahr … waren … Personen … Die Kurve zeigt, dass … Der Trend entwickelt sich in Richtung …	Ein besonders wichtiger Punkt ist … Hervorzuheben ist die Tatsache, dass … Als Kernaussagen der Grafik lassen sich … festhalten. … halte ich für eine der Hauptinformationen.	Vergleichbare Werte sind bei … und … zu finden. … hebt sich deutlich von … in den Bereichen …. ab. … ist bei … besonders stark vertreten, wogegen … Man kann Ähnlichkeiten/ Unterschiede feststellen, wenn man … und … vergleicht. Im Gegensatz zu / Ähnlich wie bei … weist … hohe/ niedrige Werte bei … auf.
4.	**5.**	
… liegt an der Spitze / am Ende. Mit … Prozent ist der Bereich … am stärksten/schwächsten vertreten. Ein Drittel/Viertel/… der untersuchten Personen … … wird mit … Prozent angegeben/aufgeführt.	Aus den Zahlen lässt sich der Schluss ziehen, dass … Die Werte können so interpretiert werden, dass … Wenn man die Zahlen vergleicht, liegt die Vermutung nahe, dass … Dass die Werte bei … ansteigen/abfallen, lässt sich dadurch erklären, dass …	

2 Hören Sie noch einmal das Ende der Diskussion im Lehrbuch, Aufgabe 3d, und ergänzen Sie die Aussagen.

LB 1.12

1. Keine Straftat hat es verdient, …
2. Viele Straftäter suchen …
3. Viele wünschen eine Berichterstattung, die …
4. Ein Happy End gibt es weder …
5. Fernsehserien zum Thema Erziehung suggerieren, dass …

> **TIPP** **Schriftliche Prüfung**
> In der folgenden Prüfung finden Sie eine private Mail und einen formellen Brief, die sich auf dasselbe Thema oder dieselbe Situation beziehen. Ihre Aufgabe ist es, Lücken in dem formellen Brief zu füllen. Lesen Sie zuerst den privaten Text und markieren Sie wichtige Informationen zur dargestellten Situation. Lesen Sie dann das formelle Schreiben, das sich an eine andere, offizielle Person oder Institution richtet. Sammeln Sie typische sprachliche Merkmale (Anrede, Gruß, Stil etc.). Sehen Sie sich dann die Lücken genauer an: Welche Wortarten (Substantive, Verben, Präpositionen etc.) fehlen? Manchmal werden Ausdrücke aus dem privaten Brief umgeformt.

Strafe muss sein?!

Modul 2

3 Herr Stefan Weinmann wurde einer Straftat, die er nicht begangen hat, angeklagt. Heute wurde er in einer Gerichtsverhandlung freigesprochen. Daher schreibt Stefan Weinmann heute zwei Briefe: einen an einen Freund und einen an seinen Rechtsanwalt. Für die Aufgaben 1–10 füllen Sie die Lücken. Verwenden Sie dazu eventuell die Informationen aus dem ersten Brief. In jede Lücke passen ein oder zwei Wörter.

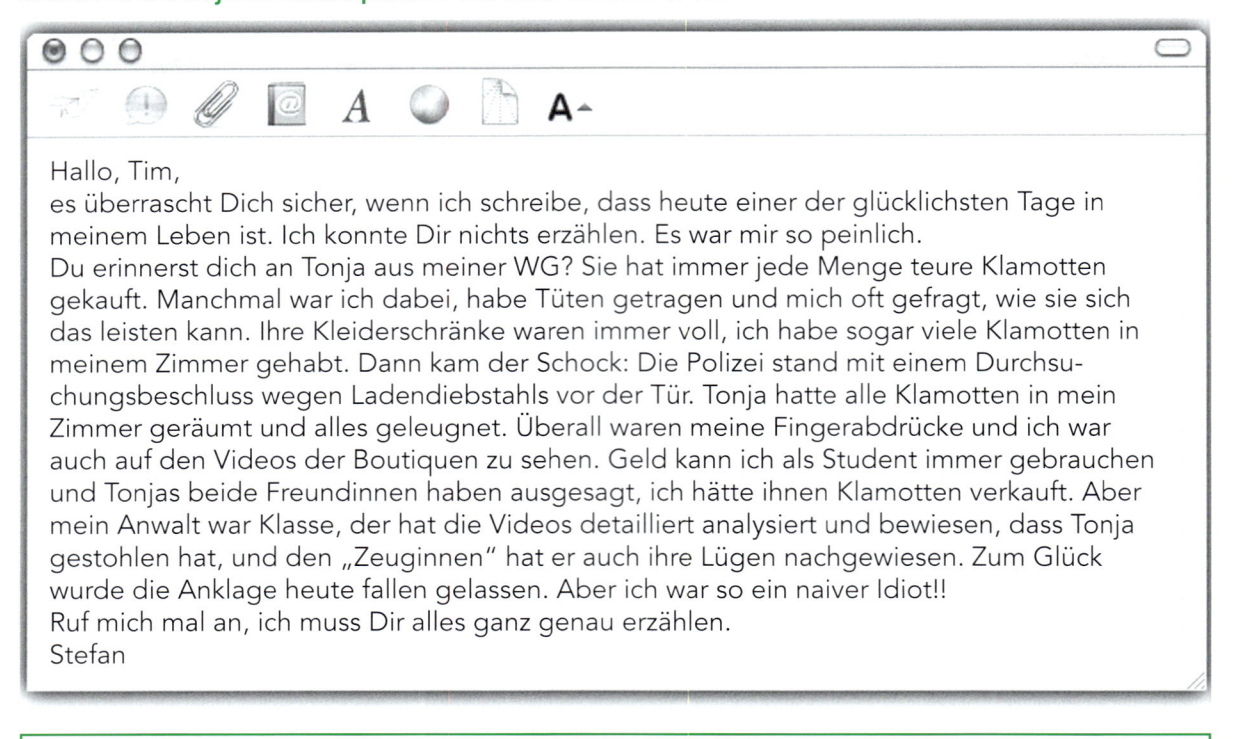

Hallo, Tim,

es überrascht Dich sicher, wenn ich schreibe, dass heute einer der glücklichsten Tage in meinem Leben ist. Ich konnte Dir nichts erzählen. Es war mir so peinlich.

Du erinnerst dich an Tonja aus meiner WG? Sie hat immer jede Menge teure Klamotten gekauft. Manchmal war ich dabei, habe Tüten getragen und mich oft gefragt, wie sie sich das leisten kann. Ihre Kleiderschränke waren immer voll, ich habe sogar viele Klamotten in meinem Zimmer gehabt. Dann kam der Schock: Die Polizei stand mit einem Durchsuchungsbeschluss wegen Ladendiebstahls vor der Tür. Tonja hatte alle Klamotten in mein Zimmer geräumt und alles geleugnet. Überall waren meine Fingerabdrücke und ich war auch auf den Videos der Boutiquen zu sehen. Geld kann ich als Student immer gebrauchen und Tonjas beide Freundinnen haben ausgesagt, ich hätte ihnen Klamotten verkauft. Aber mein Anwalt war Klasse, der hat die Videos detailliert analysiert und bewiesen, dass Tonja gestohlen hat, und den „Zeuginnen" hat er auch ihre Lügen nachgewiesen. Zum Glück wurde die Anklage heute fallen gelassen. Aber ich war so ein naiver Idiot!!

Ruf mich mal an, ich muss Dir alles ganz genau erzählen.

Stefan

Sehr geehrter Dr. Kramm,

mit meinem Schreiben möchte ich noch einmal meinen besonderen Dank für Ihre hervorragende Unterstützung zum (1) _____ bringen.

Ich bin immer noch beeindruckt, wie kompetent und sachlich Sie die Verhandlung (2) _____ meinen Gunsten gewendet haben. Ich hatte nicht unbedingt mit einem Freispruch (3) _____. Die Strategie, mit der Sie nachgewiesen haben, dass die Aussagen der Zeuginnen (4) _____ waren, hat mich verblüfft. Besonders (5) _____ ich mich aber dafür bedanken, dass Sie es (6) _____ haben, mir meine Ängste und Befürchtungen zu nehmen.

Auch wenn man (7) _____ nichts vorzuwerfen hat, ist eine Anklage doch ein Schock. Sicher haben Sie mit diesen Situationen in Ihrem (8) _____ täglich zu tun. Trotzdem hatte ich nie das (9) _____, nur ein Routinefall für Sie zu sein. Ich fühlte mich (10) _____ Ihnen an meiner Seite immer gut beraten und vertreten.

Dafür noch einmal mein persönlicher Dank an Sie.

Mit freundlichen Grüßen

Stefan Weinmann

Alltag im Knast

Modul 3 **7**

1 Bilden Sie Komposita zum Thema „Gefängnis".

> Anstalts-   Einzel-   Frei-   Haft-   Sicherheits-
> Sozial-   Straf-   Justizvollzugs-   Vollzugs-   Wiederholungs-

1. die _____ anstalt
2. der _____ gefangene
3. der _____ täter
4. die _____ vorkehrung
5. die _____ zelle
6. die _____ leitung
7. der _____ gang
8. die _____ strafe
9. der _____ beamte
10. der _____ arbeiter

2 Lesen Sie noch einmal den Text im Lehrbuch, Aufgabe 2a. Welche Aussagen sind richtig (r), welche sind falsch (f), welche kommen nicht im Text vor (0)?

	r	f	0
1. Alle Häftlinge in einer JVA haben einen geregelten Arbeitstag.	☐	☐	☐
2. Statistisch gesehen sind oder waren knapp 1 % aller Deutschen straffällig.	☐	☐	☐
3. Waffen sind nicht erlaubt, werden aber immer wieder gefunden.	☐	☐	☐
4. Im geschlossenen Vollzug gibt es Metalldetektoren.	☐	☐	☐
5. Einige Häftlinge mit guten Resozialisierungswerten werden Freigänger.	☐	☐	☐
6. Frauen sind in der Regel Ersttäter und nicht Wiederholungstäter.	☐	☐	☐
7. Psychologen und andere Mitarbeiter helfen auch in der Zeit nach der Entlassung.	☐	☐	☐
8. Die Häftlinge arbeiten unentgeltlich während ihrer Strafdauer.	☐	☐	☐
9. Gefangene können sich aussuchen, welche Ausbildung sie machen möchten.	☐	☐	☐
10. Arbeit und ein geordneter Alltag schützen vor erneuter Straffälligkeit.	☐	☐	☐

3a Formen Sie die modalen Partizipien in Relativsätze um.

1. **Die zu verurteilenden Straftäter** sitzen in Untersuchungshaft.
   Straftäter, die verurteilt werden sollen

2. Die Länge **der zu verbüßenden Haftstrafe** wird in einem Gerichtsurteil festgelegt.
   _____

3. Bei Antritt der Haftstrafe wird der Häftling über **die einzuhaltenden Regeln** in der Haftanstalt informiert.
   _____

4. **Die** wieder in die Gesellschaft **zu integrierenden Insassen** nehmen an unterschiedlichen Programmen teil.
   _____

147

Alltag im Knast

Modul 3

5. Inhaftierte und Psychologen arbeiten gemeinsam an den abzusehenden Schwierigkeiten bei der Rückkehr in die Gesellschaft.

6. Bevor ein zu entlassender Häftling das Gefängnis verlässt, werden ihm dessen persönliche Sachen ausgehändigt.

b Bilden Sie das modale Partizip aus den Relativsätzen.

1. das Urteil, das gesprochen werden muss
   das zu sprechende Urteil
2. das Strafmaß, das festgelegt werden soll
3. das Honorar des Anwalts, das zu bezahlen ist
4. die Konflikte, die im Strafvollzug vermieden werden sollen
5. die Arbeit, die während der Haft geleistet werden soll
6. das Resozialisierungsprogramm, das ernst zu nehmen ist
7. die Entwicklung, die bei jedem Häftling beobachtet werden muss

c Wie können die Sätze anders formuliert werden? Formen Sie sie in Relativsätze oder in Sätze mit modalem Partizip um.

1. Das durchzuführende Resozialisierungsprogramm der Gefängnisse stößt in der Öffentlichkeit nicht immer auf Verständnis.
2. Wenn über ein Gefängnis diskutiert wird, das neu zu errichten ist, dann regt sich schnell Widerstand in der Bevölkerung.
3. Die Gründe dafür sind meist Ängste vor einer nicht zu kalkulierenden Gefahr und einem zu befürchtenden Rückgang der Immobilienwerte.
4. Dennoch werden weiter Haftanstalten gebaut und gebraucht, denn die Gefängnisse sind voll und die Anzahl der Täter, die verurteilt werden sollen, wird nicht geringer.
5. Kriminalität und ihre Folgen bleiben also in jeder Konsequenz eine ernst zu nehmende gesellschaftliche Aufgabe.

1. *Das Resozialisierungsprogramm der Gefängnisse, das durchgeführt ...*
2.
3.
4.
5.

Kriminell

Modul 4

7

1 Erklären Sie die folgenden Wörter.

a der Tatort
b die Tatwaffe
c das Alibi
d das Motiv
e das Geständnis
f die Aufklärung
g die Festnahme
h der Komplize
i der Beweis

2a Lesen Sie einen Auszug aus dem Roman „Milchgeld" von Volker Klüpfel und Michael Kobr und beschreiben Sie die Situation und den Kommissar.

Kreuzkruzifix!

Kluftinger sprach den Fluch nicht laut aus, er dachte ihn nur. Seine Frau hasste es, wenn er fluchte, und alles, was er mit einem laut ausgesprochenen Fluch bewirkt hätte, wäre einer ihrer Vorträge gewesen. „Ein Kommissar sollte sich in seiner Ausdrucksweise wohl von denen abheben, hinter denen er beruflich her ist", würde sie dann wieder sagen.

Und darauf konnte er ganz gut verzichten, wo seine Laune sowieso schon nicht besonders war. Denn wenn es etwas gab, was er hasste, war es, beim Essen gestört zu werden. Das passierte natürlich vorzugsweise am Montag. Seinem Montag. Seinem Kässpatzen-Montag. Die Kässpatzen waren das Beste am Montag, eigentlich das Einzige, weswegen er ihn überhaupt ertragen konnte. Denn montags war Musikprobe und das lag ihm dann immer den ganzen Tag über im Magen.

„Gehst du mal hin?", rief seine Frau aus der Küche zu ihm herüber, nachdem das Telefon bereits zum dritten Mal geklingelt hatte. Sie aß heute nicht mit. Diättag, wie sie sagte. In Wirklichkeit wusste er, dass sie jedes Mal, wenn sie für ihn kochte, selbst auch immer ein „bissle was" aus dem Kühlschrank stibitzte. Aber sollte sie ruhig. Er schlug ja auch jedes Mal kräftig zu, obwohl ihm bewusst war, dass ihm so fette Speisen eigentlich nicht bekamen. Er wusste, dass ihn heute Nacht sein Sodbrennen wieder heimsuchen würde, die vielen in Butter gebräunten Zwiebeln würden schon dafür sorgen. Und doch liebte er diese deftige Kost. Besonders die Zwiebeln. Wenn es nach ihm ginge, könnte man das Verhältnis von Spatzen und Zwiebeln ruhig umkehren, sodass man eher Zwiebelspatzen hätte. Denn irgendwie hatte man immer zu wenig Zwiebeln. Dass seine Frau ihm jeden Montag seine Spatzen kochte, trotz der „Sauerei", die, wie sie immer sagte, danach die ganze Küche verklebte, war das Ergebnis eines Handels, den sie vor vielen Jahren abgeschlossen hatten. Und bis auf den Tag der Beerdigung ihrer Mutter und der Abiturfeier ihres Sohnes hatte sie die letzten – wie viele Jahre waren es eigentlich gewesen? – bestimmt gut 15 Jahre ihren Teil der Vereinbarung immer eingehalten.

Er hatte deswegen aber kein schlechtes Gewissen, schließlich ging er dafür jeden Montag zur Musikprobe. Lange war er standhaft geblieben, immer wieder hatten sie ihn bekniet, doch mitzumachen, weil sonst niemand so ein Taktgefühl für die große Trommel besaß wie er, weil sonst niemand stattlich genug war, dieses mächtige Instrument zu tragen – weil sonst niemand diese saudumme Großtrommel spielen wollte, hätten sie ruhig ehrlich sagen können, dachte er manchmal.

Auch seine Frau hatte ihn immer wieder darum gebeten. Ihm war völlig klar, weshalb: Sie wollte, dass er – und damit auch sie – am Dorfleben teilnahm. „Nun mach halt einfach mal mit, wenn du erst dabei bist, macht es dir bestimmt Spaß, und wenn sie dich doch so dringend brauchen ..." Irgendwann hatte er dann leichtfertig ja gesagt. Irgendwann sagte er immer ja. Das wusste sie.

Es klingelte zum vierten Mal. Mit einem Ächzen erhob er sich und ging in den Hausgang. Seine Bundhose zwickte im Schritt. Lederhosen! Wer hat nur diese saudummen Lederhosen erfunden, dachte er sich bei jeder Bewegung. Aber es half nichts. Heute war große Auftrittsprobe und das hieß: in voller Montur. In seinem Fall war das die Kniebundhose mit den kratzigen Wollstrümpfen, das weiße Stehkragen-Hemd, das ihm immer die Kehle abschnürte und sein Gesicht noch röter aussehen ließ, und die rote Weste. Wenigstens die Jacken mussten sie heute nicht anziehen, die waren alle in der Reinigung. Es klingelte zum fünften Mal. „Ja, Kluftinger?", fragte er in den Hörer.

Kriminell

Modul 4

Er dachte, es wäre eine Freundin seiner Frau, seine Schwägerin, wer auch immer, dass es aber ein dienstliches Gespräch sein sollte, wunderte ihn. Die Einsatzleitung rief an. Kluftinger schwante Böses. Früher, als junger Polizist hatte er öfter mal nachts raus gemusst, etwas Spektakuläres war aber nur selten dabei. Jetzt ließ er sich immer Wochentage zuteilen, an denen erfahrungsgemäß die Kriminalrate gegen null tendierte: Montags beispielsweise schienen nicht nur Pfarrer und Friseure ihren freien Tag zu haben, sondern auch Gesetzesbrecher.

Die Stimme der jungen Beamtin am anderen Ende war erfüllt von professioneller Ernsthaftigkeit und Betriebsamkeit. „... Tötungsdelikt ... kriminaltechnische Untersuchung ... vor Ort ... Staatsanwaltschaft."

Als es Kluftinger gelungen war, seine Aufmerksamkeit vom Topfklappern aus der Küche weg und auf das Gespräch zu lenken, hatte er das Wichtigste bereits verpasst. Die Dame am anderen Ende redete viel zu schnell. Sie war aus Norddeutschland.

Er bat sie, sie möge alles noch einmal wiederholen, diesmal verstand er wenigstens die Adresse, zu der er kommen sollte. Er konnte es kaum glauben: Die Stimme am anderen Ende nannte seinen eigenen Wohnort: Altusried. „Kreuz ...", verbiss er sich einen weiteren Fluch. Nicht einen Bissen hatte er angerührt und jetzt das. Ein Toter, so viel hatte er mitbekommen. Das konnte ja heiter werden. Viel Zeit blieb ihm nicht mehr. Er konnte sich entweder noch schnell umziehen oder sich ein paar Kässpatzen einverleiben. Kluftinger setzte sich hin und begann zu essen.

b Wie gefällt Ihnen dieser Textauszug? Hätten Sie jetzt Lust, das komplette Buch zu lesen?

c Lesen Sie die Buchkritik und ergänzen Sie passende Redemittel aus dem Lehrbuch, Aufgabe 5.

Das Buch „Milchgeld" von Volker Klüpfel und Michael Kobr (1) _____ Regionalkrimis. (2) _____ der Allgäuer Kommissar Kluftiger mit seiner Vorliebe für Kässpatzen mit Zwiebeln und seiner Abneigung gegenüber Lederhosen. Unter der scheinbar hausbackenen und dörflerischen Oberfläche blitzt dabei aber ein hellwacher Verstand. (3) _____ immer das Allgäu. (4) _____: Der Kommissar soll den Mord am Lebensmittel-Chemiker des örtlichen Milchwerkes aufklären, das im kleinen Ort Altusried einer Sensation gleichkommt. Nach einigen unglücklichen Zwischenfällen auf der Beerdigung des Mordopfers ist Kommissar Kluftinger bald in aller Munde. (5) _____ _____ muss sich Kluftinger neben den Ermittlungen auch noch um den geplanten Urlaub mit seiner Frau und einen aufdringlichen Nachbarn kümmern. Kommissar Kluftingers sympathische Vorliebe für lokale Leckerbissen wie würzigen Käse und deftige Wurstplatten sorgt dafür, dass die Ermittlungen mangels Kondition hin und wieder ein fröhlich-unperfektes Ambiente erhalten. (6) _____ _____, denn das hervorragend recherchierte Lokalkolorit, die bodenständigen Charaktere, die Mischung von Tradition und Moderne und die spannende Geschichte machen diesen Krimi zu einem Volltreffer.

150

Selbsteinschätzung   7

So schätze ich mich nach Kapitel 7 ein: Ich kann …	+	0	−	Modul/ Aufgabe
… eine kontroverse Radiodiskussion zum Thema „Kriminalität von Jugendlichen" verstehen.				M2, A3
… ein Krimi-Hörspiel verstehen.				M4, A3
… Zeitungsmeldungen über absurde Kriminalfälle verstehen und einem Partner / einer Partnerin darüber berichten.				M1, A1
… einen Text zum Thema „Gefängnis" verstehen und die Abschnitte zusammenfassen.				M3, A2
… in einem Text zur Geschichte des Krimis Schlüsselwörter und wichtige Informationen verstehen und den Text in thematische Teilbereiche aufteilen.				M4, A2a–b
… Aussagen zu Grafiken über „Jugendkriminalität" formulieren und über die Situation im eigenen Land berichten.				M2, A2
… in einer Diskussion zum Thema „Kriminalität von Jugendlichen" meinen Standpunkt vertreten und anderen Meinungen widersprechen.				M2, A4
… die Informationen aus einem Text über die Geschichte des Krimis an meinen Partner / meine Partnerin weitergeben.				M4, A2c
… eine Zeitungsmeldung über einen absurden Kriminalfall schreiben.				M1, A3
… ein Krimi-Hörspiel schreiben.				M4, A4
… eine Buch- oder Filmbesprechung schreiben.				M4, A5

Das habe ich zusätzlich zum Buch auf Deutsch gemacht: (Projekte, Internet, Filme, Texte, …)	
Datum:	Aktivität:

Du bist, was du bist

Wortschatz wiederholen und erarbeiten

1 Notieren Sie zu den Substantiven den bestimmten Artikel und ein Adjektiv.

1. die Seele – seelig (alma)
2. der Körper – körperlich
3. der Geist – geistig
4. der Glaube – gläubig
5. der Aberglaube – abergläubig (superticioso)
6. die Überzeugung – überzeugend / überzeugt
7. der Charakter – charakteristisch
8. das Geheimnis – geheimnisvoll
9. das Talent – talentiert
10. die Vernunft – vernünftig
11. der Traum – träumerisch / verträumt
12. die Psyche – psychisch
13. das Herz – herzlich
14. das Gemüt – gemütlich / gemütvoll
15. das Gefühl – gefühlvoll / -los
16. der Verstand – verständlich / verständnisvoll
17. die Religion – religiös
18. die Empfindung – empfindlich
19. die Ängstlichkeit – ängstlich
20. die Panik – panisch

2 Ordnen Sie die Adjektive in die Tabelle ein.

deprimiert, mutlos, lebenslustig, vergnügt, entmutigt, zufrieden, sorgenfrei, froh, niedergeschlagen, dynamisch, verzweifelt, geknickt ?

positiv	negativ
lebenslustig (vividor)	deprimiert
vergnügt = alegre	mutlos (debatido, abatido)
sorgenfrei	entmutigt = desanimado
froh / zufrieden	verzweifelt
dynamisch	niedergeschlagen (decadente)

3 Welches Wort passt nicht in die Reihe? Streichen Sie es durch.

1. begreifen – erfassen – verstehen – sich auskennen (comprender)
2. der Verstand – das Verständnis – der Intellekt – die Vernunft (razón)
3. fühlen – reagieren – empfinden – spüren (sentir)
4. vernünftig – geistesabwesend (despistado) – unkonzentrert – zerstreut (despistado)
5. sich entwickeln – heranwachsen (crecer) – sich verändern – heranreifen (madurar)
6. ängstlich – schüchtern (miedoso) – furchtsam (asustadizo) – schreckhaft
7. überblicken – überlegen – nachdenken – grübeln
8. die Definition – die Theorie – die These – die Behauptung (meditar, reflexionar, afirmación)
9. deprimiert – krank – niedergeschlagen – bedrückt (tener un bajón)

4 Lösen Sie das Rätsel.

1	G	E	I	S	T	E	S		S				
2	G	E	I	S	T	E	S	G					
3	G	E	I	S	T	E	S						E
4	G	E	I	S	T	E	S			N			
5	G	E	I	S	T	E	S		T				
6	G	E	I	S	T	E	S	A					

Die Wörter bedeuten: 1. die gesundheitliche Verfassung, in der der Verstand und die Psyche einer Person ist   2. die Fähigkeit, in einer gefährlichen oder unangenehmen Situation schnell und richtig zu handeln   3. die Historie der wissenschaftlichen, philosophischen und politischen Ideen einer Zeit   4. das Gegenteil der Naturwissenschaft   5. eine plötzliche Idee
6. Unkonzentriertheit, Zerstreutheit

5 Welche Bedeutung passt? Formulieren Sie die Sätze wie im Beispiel.

> etwas funktioniert nicht mehr   viele kluge Gedanken interessant und witzig formulieren
> etwas macht jemandem Sorgen   jemandem auf die Nerven gehen
> ~~leidenschaftlich gern~~
> sehr laut und lange schreien   ein Mensch, der immer gut zu anderen ist   sehr/intensiv

1. Sie ist mit ganzer Seele Lehrerin.
   Sie ist leidenschaftlich gern Lehrerin.

2. Das kleine Kind schreit sich vor Wut die Seele aus dem Leib.
   _____

3. Der Baulärm vor unserem Haus geht mir auf den Geist.
   _____

4. In der Präsentation war mein Kollege richtig gut. Er hat seinen Geist richtig sprühen lassen.
   _____

5. Sie liebt ihn aus tiefster Seele.
   _____

6. Mein Kollege kann das nicht gewesen sein!
   Er ist eine Seele von einem Menschen.
   _____

7. Heute morgen hat meine Kaffeemaschine ihren Geist aufgegeben.
   _____

8. Mein Chef will morgen mit mir sprechen. Das liegt mir auf der Seele.
   _____

153

Interessantes aus der Psychologie

1a Ordnen Sie den Ausdrücken 1–12 Begriffe mit ähnlicher Bedeutung zu. Lesen Sie dazu die Sätze mit den Ausdrücken im Text A aus Aufgabe 1 im Lehrbuch.

> Frustration, im Gegensatz zu, annehmen, unverkennbar, überraschend, gegenüberstellen, Rest, belegen, verstecken, untersuchen, zeigen, wirklich

1. den Beweis erbringen (Z. 2) – belegen
2. vermuten (Z. 4) – annehmen
3. tatsächlich (Z. 9) – wirklich
4. vergleichen (Z. 12) – gegenüberstellen
5. analysieren (Z. 17) – untersuchen
6. eindeutig (Z. 18) – unverkennbar
7. Enttäuschung (Z. 21) – Frustration
8. verblüffend (Z. 24f.) – überraschend
9. verbergen (Z. 27) – verstecken
10. zur Schau tragen (Z. 33ff.) – zeigen
11. anders (Z. 39) – im Gegensatz zu
12. ein Überbleibsel (Z. 5) – Rest

b Notieren Sie für den Text B aus Aufgabe 1 im Lehrbuch eigene Wortpaare mit ähnlicher Bedeutung.

2 Was drücken die Sätze aus? Notieren Sie Aussage (A) oder Behauptung (B).

(A) eine Aussage, die der Schreiber/Sprecher als Tatsache bzw. Fakt darstellt
(B) eine Behauptung, die der Schreiber/Sprecher nicht überprüfen kann oder evtl. bezweifelt

1. **B** Weltweit zum ersten Mal sollen Heidelberger Herzchirurgen ein Miniatur-Kunstherz implantiert haben.
2. **A** Menschen, die oft mehr als ein Medium gleichzeitig nutzen, laufen Gefahr, sich zu verzetteln, und können ihre Aufmerksamkeit schlechter von einer Aufgabe auf eine andere übertragen.
3. **B** Im Rheinland wollen Archäologen die bisher älteste Wassermühle nördlich der Alpen gefunden haben. Sie soll aus der Zeit um Christi Geburt stammen.
4. **B** Sonnenstürme sollen in der Lage sein, auf der Erde Stromausfälle zu verursachen.
5. **A** Ständiger Stress führt zu Fehlentscheidungen. Forscher haben bei Ratten gezeigt, dass sie durch Stress zu Gewohnheitstieren werden, die eine bekannte Lösung statt der in der jeweiligen Situation besten Lösung wählen.

Modul 1   8

3 Formen Sie die Sätze um. Achten Sie auf die Zeit und auf Aktiv/Passiv.

Aussage	Behauptung mit *sollen/wollen*
1. Laut Aussage der Ärzte beginnen sie heute mit der Untersuchung.	Die Ärzte wollen heute mit der Untersuchung beginnen.
2. Laut Aussage der Ärzte haben sie gestern mit der Untersuchung begonnen.	Die Ärzte sollen/wollen gestern mit der Untersuchung begonnen haben.
3. Das Experiment wird durchgeführt.	Das Experiment soll durchgeführt werden.
4. Das Experiment wurde durchgeführt.	Das Experiment soll durchgeführt worden sein.
5. Nach eigener Aussage arbeitet Prof. Müller an einer weiteren Studie.	Prof. Müller will nach eigener Aussage an einer weiteren Studie arbeiten.
6. Nach eigener Aussage arbeitete Prof. Müller an einer weiteren Studie.	Prof. Müller will an einer weiteren Studie gearbeitet haben.
7. Ein neuer Impfstoff wird entwickelt.	Ein neuer Impfstoff soll entwickelt werden.
8. Ein neuer Impfstoff wurde entwickelt.	Ein neuer Impfstoff soll entwickelt worden sein.

4 Schreiben Sie Dialoge nach folgendem Beispiel.

Frau Müller / müde / in den letzten Tagen / viel arbeiten

A: Sagen Sie mal, was ist denn mit Frau Müller los? Sie ist so müde.
B: Ich weiß es nicht genau, sie soll in den letzten Tagen viel gearbeitet haben.

1. Herr Schmidt / glücklich / gestern / Vater werden — *Er soll gestern Vater geworden sein.*
2. Frau Hensel / traurig / vorige Woche / ihre Arbeit verlieren — *Sie soll die vorige Woche ihre Arbeit verloren haben.*
3. Herr Buchholz / schlank / in den letzten Wochen / Diät machen — *Er soll in den letzten Wochen Diät gemacht haben.*
4. Frau Heinze / fit / seit Januar / ins Sportstudio gehen — *gegangen sein*
5. Herr Manke / gestresst / seit Montag / viel Besuch bekommen — *Er soll seit Montag viel Besuch bekommen haben.*
6. Frau Wrobel / erholt / seit Anfang des Monats / Urlaub haben — *Sie soll seit Anfang Urlaub gemacht haben.*

5 Formen Sie die Sätze in eine Behauptung um. Benutzen Sie die Modalverben *sollen* und *wollen*. Achten Sie auf die Zeit.

0. Der Wissenschaftler behauptet, dass er mehrere Studien durchgeführt hat.
1. Die Klinik gab bekannt, dass ein neuer Operationssaal gebaut wird.
2. Die Presse meldet, dass es eine umfangreiche Untersuchung gibt.
3. In der Zeitung stand, dass ein neues Medikament gegen Malaria entwickelt wurde.
4. Der Forscher behauptet in dem Artikel, dass er mehrere Beweise für seine Entdeckung hat.
5. Die Nachrichten meldeten, dass ein neues Virus gefunden wurde.

1. Der Wissenschaftler will mehrere Studien durchgeführt haben.

155

Von Anfang an anders?

1a Lösen Sie die folgenden Denksportaufgaben. Notieren Sie, wie lange Sie für die Lösungen gebraucht haben.

> **TEST: Wie denken Sie?**
>
> Bearbeiten Sie zuerst die Aufgaben.
>
> Kreuzen Sie an: Ich bin männlich ☐ weiblich ☐
>
> A Gehen Sie durch das Labyrinth von oben links nach unten rechts.
>
> 🕐 _____
>
> B Finden Sie in den Reihen 16 Substantive und sortieren Sie sie in vier Gruppen.
>
> ```
> MONITORNBPULLOVERJSCHRANKLKCDRUCKERHZSTUHLKLQÄ
> INTERNETLKJACKEPFERDDSWZTFBIENEBLUSEZLMTISCHGFDKLEID
> ÄGFRSOFARHBFISCHPLKEGKAMERAZTGAKAMELOLKMNHGFUI
> ```
>
> 1. _____ 3. _____
> 2. _____ 4. _____
>
> 🕐 _____

b Vergleichen Sie Ihre Ergebnisse im Kurs.

2a (TELC) Lesen Sie die folgende Zusammenfassung zum Vortrag im Lehrbuch, Aufgabe 2. Der Text enthält einige Fehler in Grammatik, Wortschatz, Rechtschreibung oder Zeichensetzung. Pro Zeile gibt es nur einen Fehler. Manche Zeilen sind korrekt. Wenn Sie einen Fehler gefunden haben, schreiben Sie Ihre Korrektur rechts neben die Zeile. Wenn die Zeile korrekt ist, machen Sie ein Häkchen (✔).

0	Vortag: Von Anfang an anders	Vortrag
1	In ihrem Vortrag behandelte Frau Professor Schetz die Frage, welchen	welche
2	Faktoren für die unterscheidlichen Denkmuster bei Männern und Frauen	unterschiedlich Männer
3	verantwortlich sind. Sie stellte aus, dass die Unterschiede vor allem durch	fest
4	das Vorhandensein oder Fehlen des Y-Chromosoms zu erklären sind.	✔
5	Dieses Chromosom erzeugt Androgene, die mit den Mädchen nicht	beide bei
6	vorhanden sind. Aber auch das Hormon Testosteron, der bei Jungen stärker	dass
7	vorhanden ist, hat eine entschlossene Wirkung. Für diese biologischen	Entscheidende
8	Faktoren wurde nachgewiesen, dass sie nicht nur die körperliche sondern	körperliche

156

Modul 2   8

9 auch die geistige Entwicklung beeindrucken. Laut der Referentin weisen   ~~beeindrucken~~ "aufweisen"
10 Mädchen danach eine starke soziale Veranlagung, haben intensive   auf
11 Bildungen und setzen auf Kooperation. Jungen bevorzugen dagegen
12 größer Gruppen, haben weniger enge Bindungen und setzen sich
13 aggressiver fort. Weitere Unterschiede zeigen sich bei der Gehirnfunktion: bei dem
14 Mädchen haben eine starke Verknüpfung beider Hirnhälften. ihre Stärke ist   Ihre
15 die Kommunikation. Jungen setzen ihre linke oder rechte Hirnhälfte gezielt
16 ein, konzentrieren leichter auf abstrakter Rechenaufgaben und haben ein   abstrakten
17 gutes visuelles Vorstellungsvermögen. Die Grundpositionen spiegeln sich   spiegeln
18 auch in der Berufswahl. Frauen sind stärker in sozialen, Männer eher in den
19 naturwissenschaftlich-technischen Berufen finden. Professor Schetz schloss
20 mit der Feststellung, dass es natürlich auch Ausgaben gäbe.
21 Das soziale Umfeld könne durch offene Lern und Spielangebote unab-   könnte
22 hängig beim Geschlecht die eigentliche Begabung ermitteln und fördern.

b Im Text gibt es nur wenige Redemittel aus dem Lehrbuch (Aufgabe 3b). Wählen Sie drei Stellen, an denen weitere Redemittel stehen könnten, und formulieren Sie sie um.

3 Erstellen Sie einen eigenen Redemittelkasten zu „Nachfragen stellen" und „Einwände äußern" mit den Redemitteln im Kasten.

Kann man aus Ihren Aussagen den Schluss ziehen, dass …?
Ist es richtig, dass …?
Ein Problem sehe ich in …
Mir ist noch unklar, ob …
Habe ich Sie richtig verstanden, dass …?
Unklar bleibt, ob …
Ihrer Aussage, dass …, kann ich nicht zustimmen, weil …
Ihre Aussage, dass …, könnte man aber auch so interpretieren, dass …
Ist mit der Annahme, dass …, gemeint, dass …?
Was halten Sie von der Gegenthese, dass …?
Man könnte Ihnen entgegnen, dass …
Den Schluss zu ziehen, dass …, finde ich unlogisch.
Mich interessiert noch, ob …
Es wäre nett, wenn Sie den Punkt … noch näher erläutern könnten.
… halte ich für problematisch.
Ich bin mir nicht sicher, ob man wirklich sagen kann, dass …

TIPP **Auf Rückmeldungen bei Vorträgen reagieren**
Bei Vorträgen, Präsentationen und Prüfungen müssen Sie immer mit Fragen rechnen. Betrachten Sie die Reaktionen nicht als Kritik oder Provokation, sondern als weiteren Anlass, Ihr Gegenüber zu informieren. Notieren Sie deshalb bereits im Vorfeld mögliche Reaktionen auf die Inhalte. Sprechen Sie Ihr Publikum auch bei der anschließenden Fragerunde positiv an, z.B. mit Wendungen wie „Ich verstehe, was Sie meinen." oder „Das ist eine interessante Frage." Passende Redemittel finden Sie im Lehrbuch im Redemittelanhang.

Voll auf Zack!

1 Hören Sie den ersten Teil der Radiosendung aus dem Lehrbuch noch einmal. Ergänzen Sie die Sätze.

1. Anfangs glaubten die Eltern, dass ihr Sohn Jonas _____
2. Dass er schon mit sieben Monaten erste Worte spricht, begründen sie damit, dass _____
3. Richtig schwierig wird es, als Jonas _____
4. Die Eltern entscheiden sich für eine Montessori-Schule. Dort werden _____
5. Die Gründe für Jonas Bauchschmerzen liegen in _____
6. Die Klassenlehrerin begründet Jonas' schlechte Leistungen damit, dass _____

2a Ordnen Sie die Modalwörter in die Tabelle ein.

vielleicht   vermutlich   zweifellos   möglicherweise   wahrscheinlich
bestimmt   sicher   eventuell   angeblich   gewiss

Grad der Sicherheit:
NIEDRIG ⟶ HOCH

b Bilden Sie zu jedem Modalwort einen Satz.

3 Subjektive Modalverben. Füllen Sie die Tabelle aus.

Aktiv		Passiv	
Gegenwart	Vergangenheit	Gegenwart	Vergangenheit
Man könnte die Klasse verkleinern.	Man könnte die Klasse verkleinert haben.	Die Klasse könnte verkleinert werden.	Die Klasse könnte verkleinert worden sein.
		Er muss unterstützt werden.	
	Man dürfte die Entscheidung korrigiert haben.		
Man muss ihn fördern.			

Modul 3

8

4 Schreiben Sie die Sätze neu, ohne dabei Modalverben zu benutzen. Schreiben Sie zwei Varianten.

1. Da könnte der Psychologe recht haben.
2. Er dürfte die Prüfung geschafft haben.
3. Die Lehrerin muss das falsch verstanden haben.
4. Das Problem dürfte bald gelöst werden.
5. Der Vorfall muss der Schulleitung längst gemeldet worden sein.
6. Der Brief an die Eltern dürfte längst angekommen sein.
7. Der Termin für die Schuluntersuchung könnte verlegt worden sein.
8. Dem Lehrer muss das Problem längst bekannt sein.

1. Es ist möglich, dass der Psychologe recht hat. / Vielleicht hat der Psychologe recht.

5 Schreiben Sie die Sätze neu. Benutzen Sie ein Modalverb.

1. Vermutlich hat Jonas gestern eine schlechte Arbeit geschrieben.
   Jonas dürfte gestern eine schlechte Arbeit geschrieben haben.

2. Es ist nicht ausgeschlossen, dass er hochbegabt ist.

3. Alles deutet darauf hin, dass er die Aufnahmeprüfung bestanden hat.

4. Ich nehme an, dass er sich in der neuen Klasse wohl fühlen wird.

5. Jonas hat gewiss große Probleme.

6. Es sieht so aus, als ob Jonas Noten besser werden.

7. Ich bin überzeugt, dass er die Schule erfolgreich absolvieren wird.

8. Möglicherweise wird er ein Studium beginnen.

9. Alle Anzeichen sprechen doch dafür, dass er die Stelle bekommen hat.

Alles nicht so einfach

1a Sehen Sie den Cartoon an und ergänzen Sie, was das rebellische Kind sagt. Was will der Vater erreichen?

> SOLANGE DU DEINE BEINE NOCH UNTER UNSEREN TISCH STECKST…

b „Solange du deine Beine noch unter meinen Tisch steckst …" Welche anderen typischen Sprüche kennen Sie zum Thema Erziehung, wenn Eltern ihren Willen durchsetzen wollen? Sammeln und vergleichen Sie im Kurs.

2a Eine Mindmap zum Thema „Erziehung". Ergänzen Sie die folgende Mindmap mit weiteren Begriffen und fügen Sie zwei weitere Themenbereiche hinzu.

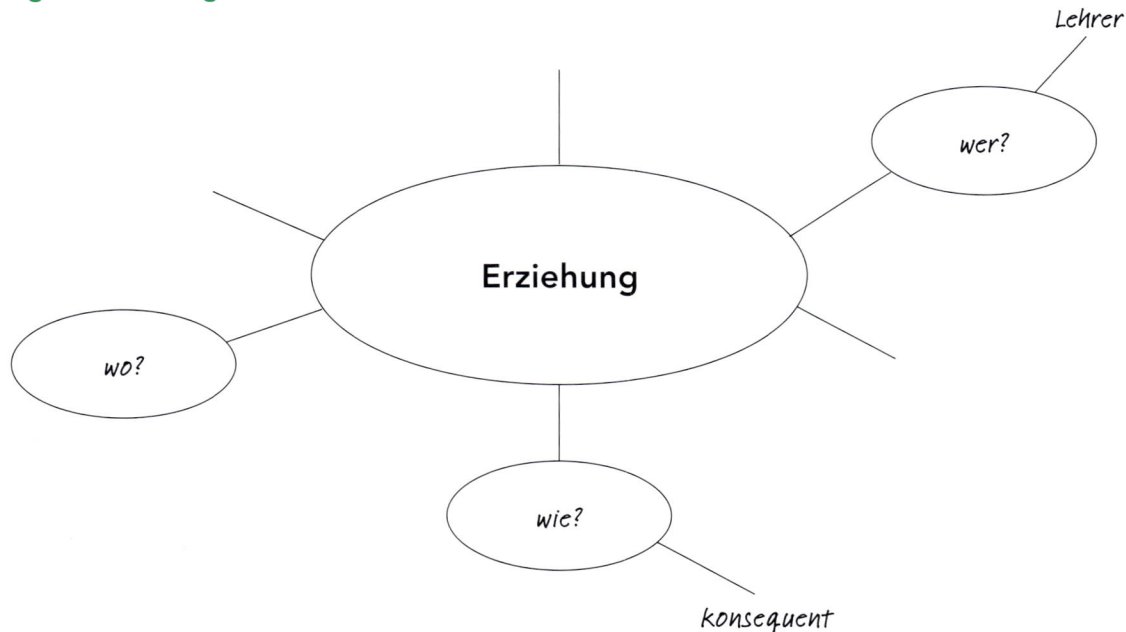

Erziehung
- wer? — Lehrer
- wo?
- wie? — konsequent

b Beschreiben Sie in einem kurzen Text, was Sie unter Erziehung verstehen. Gehen Sie dabei auch auf folgende Punkte ein:
- Rolle der Eltern,
- Erziehung in Ihrem Land,
- ein positives und ein negatives Erziehungsbeispiel, an das Sie sich erinnern.

3 Welche Begriffe bilden Komposita mit „Erziehung"? Notieren Sie die Komposita mit Artikel.

berechtigte	familie	amt	pflichtige	maßnahme	behörde	mannschaft
werk	musik	angestellter	stil	-erziehung(s)-	verhalten	macht	gut	methode
problem	kinder	fehler	verkehr	ratgeber	wissenschaft	ziel

_____
_____
_____
_____

4a Lesen Sie die Beschreibungen unterschiedlicher Erziehungsstile. Notieren Sie dabei Informationen zu folgenden Punkten.

	autoritär	antiautoritär
Verhalten der Erziehenden	bestimmen Aktivitäten	
Umgang mit unerwünschtem Verhalten		
Negative Aspekte des Erziehungsstils		

Der autoritäre Erziehungsstil

Merkmale des autoritären Erziehungsstils sind, dass ein Großteil der Aktivitäten vom Erzieher oder den Eltern bestimmt werden. Das Kind wird in seinem Verhalten und Denken gelenkt, entsprechend den Vorstellungen des Erwachsenen. Dabei werden häufig Anordnungen und Befehle an die zu Erziehenden ausgesprochen. Die Eltern respektieren nur geringfügig die Bedürfnisse und Wünsche der Kinder, da sie ihnen meistens vorgeben, was sie tun sollen. Oft werden Kinder, wenn sie autoritär erzogen werden, zurechtgewiesen und getadelt. Autoritäre Eltern stellen eine hohe Anforderung an ihre Kinder und geben ihnen aber wenig emotionale Unterstützung. Eine Auswirkung des autoritären Stils auf das Kind könnte eine Einschränkung der Kreativität und Spontanität sein, da die Eltern einen Großteil der Aktivitäten vorgeben und wenig auf Anreize der Kinder eingehen. Kinder, die autoritär erzogen werden, können aggressive Verhaltensweisen, z.B. Schwächeren gegenüber, zeigen. Wenn die Bedürfnisse und Wünsche der Kinder nicht wahrgenommen werden, so kann Aggression eine Art „Hilferuf" nach Aufmerksamkeit sein. Ein egozentrisches Sprachverhalten (ich, mein, mich, mir) kann bei den zu Erziehenden ebenfalls oft beobachtet werden, da sie diese Sprechweisen der Eltern nachahmen. Autoritäre Eltern fördern durch diesen Erziehungsstil nicht die Selbstständigkeit der Kinder. Außerdem zeigt sich bei den Kindern häufiger ein geringes Selbstwertgefühl.

Alles nicht so einfach

Modul 4

Der antiautoritäre Erziehungsstil

Unter dem Begriff „antiautoritär", der heutzutage anderen Begriffen, wie demokratisch, liberal oder emanzipatorisch, gewichen ist, versteht man die Erziehungsmethode, die zwangfrei abläuft und fördernd für die Selbstentfaltung jedes Einzelnen ist. Grob gesagt, wird Kindern so ziemlich freie Hand gelassen, damit diese ihre Persönlichkeit und ihr Selbstbewusstsein sowie Kreativität frei entfalten und Gemeinschaftsfähigkeit lernen können. Leider wird dieser Begriff von einigen Eltern immer wieder falsch verstanden, die meinen, sie müssten ihre Kinder ganz ohne Grenzen erziehen, was der antiautoritären Erziehung ihren schlechten Ruf beschert. Bei der antiautoritären Kindererziehung geht es darum, nicht auf einen strikten, organisierten Alltag zu setzen, sondern zu versuchen, Kindern Spielräume und Entscheidungsfreiheiten zu lassen. Für über 80 Prozent der Eltern ist es heute selbstverständlich, dass Kinder mit möglichst vielen Freiheiten erzogen werden. Sie denken nicht, dass nur Disziplin die richtige Methode ist, um ans Ziel zu gelangen. In den 60er-Jahren sprachen sich verschiedene Politiker und Theoretiker für eine antiautoritäre Kindererziehung aus, da sie befürchteten, dass die Unterdrückung der Selbstentfaltung der Kinder ihrer Entwicklung erheblich schaden könnte. Schulen, Kindereinrichtungen, Sportvereine und Jugendprojekte – alle setzen heute auf eine demokratische Kindererziehung.

b Arbeiten Sie zu zweit. Fassen Sie für Ihren Partner / Ihre Partnerin die wichtigsten Unterschiede zwischen den Erziehungsstilen schriftlich zusammen. Tauschen Sie dann Ihre Texte und sammeln Sie aus beiden Texten gelungene Formulierungen zu „Unterschiede darstellen" und „Vergleiche anstellen".

5 Hören Sie noch einmal den ersten Abschnitt der Radiodiskussion im Lehrbuch, Aufgabe 3c, LB 2.12 und entscheiden Sie, ob die Aussagen richtig oder falsch sind.

	r	f
1. Die „68er-Bewegung" lehnte konventionelle Lebensstile ab.	☐	☐
2. Heute wird viel über Kinder diskutiert, die unterdrückt werden.	☐	☐
3. Konventionelle Erziehung und Schule schaffen tyrannische Kinder.	☐	☐
4. Wenn Eltern ein Ordnungssystem einführen, revoltieren die Kinder.	☐	☐
5. Kinder, die nicht auffällig sein dürfen, leiden darunter.	☐	☐
6. Kinder sind nur selten in der Lage, selbstständig Entscheidungen zu treffen.	☐	☐
7. Kinder wie Erwachsene zu behandeln, kann problematisch sein.	☐	☐
8. Eltern stellen ihre Kinder oft mit dem Fernseher ruhig.	☐	☐

Selbsteinschätzung — 8

So schätze ich mich nach Kapitel 8 ein: Ich kann …	+	0	−	Modul/Aufgabe
… eine Ratgebersendung über Hochbegabte aus dem Radio verstehen.				M3, A2
… eine kontroverse Diskussion zu verschiedenen Erziehungsstilen verstehen.				M4, A3
… komplexe Sachberichte über Neuigkeiten aus der Psychologie verstehen und die wesentlichen Informationen klar zusammenfassen.				M1, A1, A2
… einen Kommentar zu einer Fernsehsendung über das Thema Erziehung verstehen, der eine leichte Ironie zu Standpunkten und Zusammenhängen enthält.				M4, A2
… Aussagen und Fragen zu einem Vortrag zum Thema „Hirnforschung und Geschlechter-Verhalten" formulieren und auf Fragen reagieren.				M2, A5a
… eine Diskussion zu einer konkreten Erziehungsfrage führen und dabei eine eigene Position vertreten, andere Standpunkte anzweifeln oder ihnen widersprechen.				M4, A4b–d
… präzise Notizen während eines längeren Vortrages erstellen.				M2, A2, A3a
… einen längeren anspruchsvollen Vortrag zum Thema „Hirnforschung und Geschlechterverhalten" schriftlich für eine andere Person zusammenfassen.				M2, A3b
… einen detaillierten Blogbeitrag als Antwort auf eine spezifische Erziehungsfrage schreiben.				M4, A5

Das habe ich zusätzlich zum Buch auf Deutsch gemacht: (Projekte, Internet, Filme, Texte, …)

Datum:	Aktivität:

Die schöne Welt der Künste

Wortschatz wiederholen und erarbeiten

1 Rund um die Kunst. Lösen Sie das Rätsel.
(Ä, Ö, Ü = AE, OE, UE)

1. alles, was von einem Künstler geschaffen wurde
2. ein Abschnitt / eine Phase in der (kunst)geschichtlichen Entwicklung
3. Arbeitsraum eines Künstlers
4. etwas, das ein Maler, Fotograf, Bildhauer usw. künstlerisch darstellt
5. ein Stück, das im Theater gespielt wird
6. Gebäude, in dem man Ausstellungen besuchen kann
7. jemand, der den Schauspielern im Theater oder beim Film sagt, wie sie ihre Rolle spielen sollen
8. eine Figur aus Bronze, Gips, Stein usw., die ein Künstler gemacht hat
9. Fläche im Theater, auf der die Schauspieler agieren
10. ein Bild, das ein Künstler gemalt hat
11. die Fläche, auf die ein Maler malt
12. eine einfache, schnell gemachte Zeichnung, die das Wichtigste zeigt
13. ein Bild oder ein Foto, das eine einzelne Person zeigt
14. jemand, der z.B. Romane schreibt

2 Welches Wort passt nicht in die Reihe? Streichen Sie durch.

1. malen – zeichnen – vorspielen – skizzieren – porträtieren
2. anschauen – betrachten – sehen – bewundern – besichtigen
3. beeinflussen – fotografieren – entwerfen – komponieren – gestalten
4. Talent – Begabung – Können – Fähigkeit – Ausbildung

3 **Ergänzen Sie die Texte.**

Ihr (1) _____ als Kinoregisseurin gibt Caroline Link 1996 mit „Jenseits der Stille". Der hochgelobte Film über eine junge Frau, deren Eltern gehörlos sind, entwickelt sich zu einem (2) _____ an den Kinokassen und wird mit mehreren Filmpreisen ausgezeichnet. Mit dem Film „Nirgendwo in Afrika" (2001) landet sie ihren bis dato größten (3) _____. Neben zahlreichen anderen Preisen erhält sie für diesen Film einen Oskar. Link lebt mit ihrer Familie in München.

Darstellung
Konzert
Wunderkind
Genre
Ewigkeit   Opern
Gattungen
Debüt
Erfolg
Thema   Werk
Überraschungserfolg

Friedrich Dürrenmatt hat mit 23 Dramen, zahlreichen Romanen, Erzählungen, Hörspielen und Reden ein gewaltiges (4) _____ geschaffen. International erfolgreich war die 1956 in Zürich uraufgeführte Tragikomödie „Der Besuch der alten Dame". Für ihn war das (5) _____ der Komödie mit ihrer notwendigen Distanz die angemessenste Form zur (6) _____ des Weltgeschehens. Dürrenmatt verfasste auch Kriminalromane, die bis heute zur Standardlektüre in den Schulen gehören. Ein zentrales (7) _____ seines Schaffens ist die Spannung zwischen Recht und Macht.

Wolfgang Amadeus Mozart wurde am 27. Januar 1756 in Salzburg geboren. Mozart war ein (8) _____. Bereits mit drei Jahren fing er an, Klavier zu spielen, mit vier Geige, mit fünfeinhalb gab er sein erstes öffentliches (9) _____. Mit zwölf Jahren hatte Mozart drei (10) _____ komponiert, sechs Sinfonien und Hunderte anderer Werke. Mozart hat in fast allen musikalischen (11) _____ Hervorragendes geleistet. Als Großmeister der Wiener Klassik hat er Meisterwerke für die (12) _____ geschaffen.

Kreativ

1 *Kreativ* – finden Sie sechs andere Wörter, die eine ähnliche Bedeutung haben.

| find | schöpf | er | ein | reich | erisch | fan | falls | voll | reich |
| tasie | duk | | isch | | ideen | tiv | | er | pro |

2 Übungen zur Kreativiät. Wie kreativ sind Sie?

a Versuchen Sie, zu einer Buchstabenfolge von vier Buchstaben so viele sinnvolle Sätze wie möglich zu finden, indem Sie jeden Buchstaben als Anfangsbuchstaben eines Wortes nehmen.

Beispiel: K A R G → **K**einer **a**rbeitet **r**ichtig **g**ern.
  Kann **A**nna **r**eiten **g**ehen? usw.

  P A F T   M S H G   R K M L   L I S T

b Bilden Sie Wortketten.

Beispiel: Tür**schloss** → **Schloss**garten → **Garten**arbeit → **Arbeits**stelle ...

Beginnen Sie mit folgenden Wörtern:

Spielzeugauto   Glashaus   Ferienhotel   Familienfest

c Schreiben Sie einen kurzen Satz, in dem jedes Wort mit demselben Anfangsbuchstaben beginnt.

d Wählen Sie einen Kasten und schreiben Sie mit den Wörtern eine kurze Geschichte oder ein Gedicht.

| Jahr | Wasser | Duft | Mond | Bild |
| Herbst | Schlaf | | Geld | Hund |

| Strand | Holz | Bleistift | Stuhl | Zeit |
| Traum | Monat | | Treppe | Brot |

e Versuchen Sie, Wörter grafisch darzustellen.

f Welche anderen Übungen, die die Kreativität fördern, kennen Sie noch?

Modul 1

9

3 Trennbare und untrennbare Verben. Ergänzen Sie die Verben im Perfekt.

| mitnehmen | besuchen | beibringen | anfangen | verstehen |
| gefallen | erklären | gegenüberstellen | beantworten | aufschreiben |

Der Workshop „Kreativität üben" (1) _____ pünktlich um neun Uhr _____.

Ich persönlich (2) _____ zum ersten Mal einen Workshop dieser Art _____. Die Seminarleiterin Paula Müller (3) _____ die Vor- und Nachteile der verschiedenen Kreativitätstechniken _____.

Sie (4) _____ uns _____, wie man Kreativität üben kann.

Die Teilnehmer (5) _____ alle wichtigen Informationen _____.

Alle Fragen (6) _____ Frau Müller mit viel Geduld _____.

Den Sinn mancher Übungen (7) _____ ich allerdings nicht _____.

Frau Müller (8) _____ mir in der Pause noch einmal eine Technik genauer _____.

Den meisten Teilnehmern (9) _____ der Workshop ausgesprochen gut _____. Auch ich (10) _____ viele neue Anregungen _____.

4 Trennbar oder nicht? Bilden Sie Sätze im Präteritum.

1. wegen der Baustelle – wir – die Kreuzung – umfahren
2. das Auto – mich – fast – umfahren
3. der Lehrer – mit seinen Schülern – sehr streng – umgehen
4. mit dieser Taktik – er – das Problem – umgehen
5. die Studenten – den Text – in ihre Muttersprache – übersetzen
6. die Fähre – vom Festland – auf die Insel – übersetzen
7. während des Auslandspraktikums – sie – ihre Möbel – bei Freunden – unterstellen
8. sie – ihrer Kollegin – Faulheit – unterstellen
9. der Schreck – sie – bei dem Gedanken – durchfahren
10. die S-Bahn – bis zum Flughafen – durchfahren

1. Wegen der Baustelle umfuhren wir die Kreuzung.

5 Infinitiv mit „zu". Wo steht „zu"? Schreiben Sie die Sätze.

1. Paul schafft es immer wieder, mich von seinen Ideen (überzeugen).
2. Ich habe ziemlich große Angst, bei der Aufnahmeprüfung (durchfallen).
3. Hat der Verlag vergessen, dem Schriftsteller das Geld (überweisen)?
4. Die Stadt hat vor, das gesamte Theater (umbauen).
5. Ich hatte keine Zeit, das Manuskript gründlich (durchsehen).
6. Meine Eltern versuchen immer, mich bei meinen Vorhaben (unterstützen).
7. Bei dem Casting waren sehr viele Leute und Sina hatte Angst, in der Masse (untergehen).
8. Der Schauspieler versucht, die Gefühle der Hauptfigur (widerspiegeln).

1. Paul schafft es immer wieder, mich von seinen Ideen zu überzeugen.

167

Film ab!

1a Wer macht was beim Film? Ordnen Sie die Berufsbezeichnungen den Beschreibungen oder Bildern zu.

> A Regisseur/-in   C Produzent/-in   I Fachmann/-frau für Ausstattung   G Baubühnenarbeiter/-in
> B Maskenbildner/-in   J Kostümbildner/-in
> D Tonmeister/-in   H Schnittmeister/-in   E Kameramann/-frau   F Continuity

1 ☐ Seine/Ihre Aufgabe ist es, alle gefilmten Teile zu einem harmonischen Ganzen zusammenzuführen. Er/Sie gestaltet, meist zusammen mit dem Regisseur, den Rhythmus der Bildwechsel, die Art und Weise der Übergänge, was wichtig ist für den Charakter jedes Films. Außerdem sorgt er/sie dafür, dass Versprecher oder schlecht gespielte Szenen verschwinden.

2 ☐

3 ☐ Er/Sie kümmert sich während des Drehs um die optimale Aufnahme der Sprache und Geräusche (Atmosphäre, Originaltöne). Oft gibt es Störgeräusche, die den Originalton der Aufnahme unbrauchbar machen. Dann müssen die Schauspieler ihren Text im Studio nachsprechen, und zwar synchron zum Bild.

4 ☐

5 ☐ Er/Sie ist der „Motor" des Filmprojektes und hat die Aufgabe, neue Stoffe zu finden und weiterzuentwickeln, die Rechte zu sichern, das Budget zu kalkulieren sowie Drehbuchautor, Regisseur und Hauptdarsteller zu engagieren. Außerdem muss er/sie die Finanzierung des Projektes sichern und ist für die Vermarktung des Filmes zuständig.

6 ☐

7 ☐ Er/Sie besorgt alle Gegenstände (vom Telefon bis zum Auto oder der Tischdecke), die im Film vorkommen, und sorgt dafür, dass sie zu Ort und Zeit des Films passen und nicht unglaubwürdig sind.

8 ☐

9 ☐ Die Mitarbeiter dieses Bereichs haben die Aufgabe, sich alle Details einer Aufnahme zu merken. Angefangen bei Einstellungsgrößen und Lichtstimmungen bis hin zu solchen „Kleinigkeiten" wie der Füllhöhe eines Glases, der Position einer Tasse auf dem Tisch oder dem Sitz einer Frisur usw. All diese Informationen sind sehr wichtig, denn die im Film aufeinanderfolgenden Szenen werden ja oft an unterschiedlichen Tagen gedreht.

10 ☐ Er/Sie ist hauptverantwortlich für die Umsetzung des Drehbuchs und koordiniert das Zusammenwirken aller künstlerischen Mitarbeiter vom Kameramann bis zum Schnittmeister. Wie beim Theater erarbeitet er/sie auch die Szenen und Dialoge mit den Schauspielern.

b Erklären Sie die auf den Fotos dargestellten Berufe mit eigenen Worten.

Modul 2

2 In der Zusammenfassung des Hörtextes von Aufgabe 2a im Lehrbuch sind inhaltliche Fehler versteckt. Lesen Sie die Zusammenfassung und hören Sie dann noch einmal den Text. Markieren und korrigieren Sie die Fehler.

In dem Text geht es um Probleme bei Filmarbeiten. Die Dreharbeiten zu einem Film sind eine <u>fantastische und glamouröse Arbeit, nur manchmal gibt es Probleme</u>. Bei Außendrehs ist oft das Wetter ein Problem, mit dem auch erfahrene Filmemacher oft nicht rechnen. Aber auch Krankheiten von Hauptdarstellern oder Unfälle bei riskanten Szenen können ein Chaos beim Dreh auslösen und die Arbeiten um Tage oder gar Wochen verzögern. Dreharbeiten im Studio sind deutlich weniger störanfällig und im Studio ist auch meist das Arbeitsklima besser, denn die Schauspieler haben weniger Stress. Ein häufiges Problem beim Dreh ist die Langeweile, denn die Schauspieler müssen oft sehr lange warten, bis sie an der Reihe sind. Ein riesengroßes Problem entsteht, wenn ein Schauspieler während des Drehs verstirbt. In diesem Fall wird das Filmprojekt meistens abgebrochen. Bei fast jedem Dreh gibt es ein Second Unit Team. Dieses Team filmt parallel zum eigentlichen Team ungefähr die Hälfte der Filmszenen. Dank der Möglichkeiten am Computer gibt es heutzutage in den Filmen Special Effects. Früher war es nicht möglich, die Zuschauer mit speziellen Effekten in eine Traumwelt zu entführen.

Dreharbeiten zu einem Film sind oft ein Chaos und meist gibt es an jedem Drehtag Pannen.

3a Bringen Sie die Notizen zu einem Exposé für einen Film in die richtige Reihenfolge.

	A	abends Anreise, Ziel: Abenteuerurlaub auf einsamer Hütte in den Bergen
	B	erblickt Bauernhof, holt dort Hilfe für Reifenwechsel
	C	verfährt sich, fährt auf dunklem Forstweg, Navi kennt die Straßen nicht mehr, es wird Nacht
	D	gerade eingenickt, hört Schnaufen, bekommt Angst
1	**E**	junger Mann, schicker erfolgreicher Business-Stadt-Typ, trägt edle Kleidung
	F	Auto beginnt zu wackeln, versteckt sich auf dem Boden des Autos, wagt keinen Blick mehr raus, friert, stirbt fast vor Angst
	G	macht Urlaub auf dem Bauernhof (mistet Stall aus, geht ins Heu, …), ist glücklich
	H	schläft irgendwann ein
	I	wacht am Morgen auf, alles tut weh, schaut ratlos aus dem Auto, um ihn herum: Kühe auf einer Weide!
	J	plötzlich: Reifen geplatzt, draußen ist es dunkel, kein Werkzeug, richtet sich auf Nacht im Auto ein

b Schreiben Sie nun das Exposé mithilfe der geordneten Notizen.

Ein Leben für die Kunst

1 Lesen Sie die Texte im Lehrbuch, Aufgabe 2b, noch einmal. Sind die Aussagen richtig oder falsch?

	r	f
1. Viele Künstler erwartet ein harter Alltag. Deshalb bewerben sich immer weniger junge Leute an den Schauspielschulen und Kunstakademien.	☐	☐
2. Wer erfolgreich sein will, muss Talent besitzen und das Handwerk beherrschen. Gleichzeitig sind gute Kontakte wichtig.	☐	☐
3. Man muss an das eigene Können glauben. Sonst sollte man lieber etwas anderes studieren.	☐	☐
4. Fred Könneck hat vor Kurzem ein ziemlich teures Bild verkauft. Daraufhin startete seine Karriere richtig durch.	☐	☐
5. Astrid Wellman hat die Kunst aufgegeben. Stattdessen arbeitet sie jetzt im Museum.	☐	☐

2 Ergänzen Sie die Konnektoren in den Texten. Zwei passen jeweils nicht.

A dennoch   wohingegen   daraufhin   stattdessen   andernfalls   somit

„Wenn ich so zurückdenke, wollte ich eigentlich schon immer Sängerin werden. Ich habe meine Eltern schon früh bekniet, mich in einen Chor zu schicken. Der Chorleiter war nach einer Weile der Meinung, man müsse mich mehr fördern. (1) _____ bekam ich den lang ersehnten Gesangsunterricht. Und der Ehrgeiz hatte mich so richtig gepackt. Um richtig gut zu werden, muss man natürlich relativ viel üben, (2) _____ bleibt man nur Mittelmaß. (3) _____ blieb nicht viel Zeit für andere Hobbys. Nach dem Abitur wollte ich ans Konservatorium. Mir war immer klar, dass der Beruf der Sängerin viele Hochs und Tiefs beinhaltet. (4) _____ habe ich mich dafür entschieden. Heute bin ich so mittelmäßig erfolgreich, aber immer noch glücklich mit dem Weg, den ich eingeschlagen habe."

B andernfalls   stattdessen   vielmehr   dennoch   demgegenüber   währenddessen

Viele Freiberufler opfern sich ohne großen Erfolg für ihren Traumberuf auf. Das Buch „Wovon lebst du eigentlich?" zeigt Tricks und Überlebensstrategien von 22 Kunst- und Kulturschaffenden, die unterhalb der Armutsgrenze leben.
„Mein letzter richtiger Urlaub war vor 15 Jahren, zwei Wochen Frankreich", gesteht der Schriftsteller Wolfgang Herrndorf. (5) _____ steht das vermeintlich exotische Berufsbild des welterfahrenen Künstlers, das viele im Kopf haben.
Die mit Preisen ausgezeichnete Fotografin Sybille Fendt räumt beispielsweise ein, Geld von ihren Eltern geliehen zu haben. Die Aufträge wurden auch nicht zahlreicher, nachdem sie von einer Zeitschrift zu einer der „100 wichtigsten Deutschen" gewählt worden war. (6) _____ war die Auftragslage zu diesem Zeitpunkt besonders hoffnungslos. Der Daily-Soap-Schauspieler

170

Alexander Sternberg erklärt, zur Bestreitung seines Unterhalts zwischenzeitlich auch an der Käsetheke eines Supermarkts gestanden zu haben.

Viele selbstständige Erwerbstätige im Bereich Kultur krebsen am Existenzminimum herum, um das tun zu können, was sie möchten. (7) _____ kommt für viele Kreative eine Festanstellung nicht infrage. „Wovon lebst du eigentlich?" ist eine nüchterne Bestandsaufnahme. Gejammert wird kaum. (8) _____ ist Pragmatismus eingekehrt. So geht die Musikerin und Schriftstellerin Almut Klotz davon aus, dass sie auch noch mit 70 „nebenbei" arbeiten wird.

C | währenddessen | dagegen | daraufhin | gleichzeitig | folglich |

„Bei der Schauspielschule in Essen werden jährlich nur acht von 900 Kandidaten genommen. (9) _____ ist die Aufnahmeprüfung natürlich sehr aufreibend. Träume platzen im Akkord. Manche haben schon zehn, fünfzehn Versuche an verschiedensten Schulen hinter sich. (10) _____ sind meine vier Versuche nichts. Vor so einer Prüfung ist das Lampenfieber enorm. (11) _____ bin ich dann aber eigentlich ruhig und völlig auf die Rolle konzentriert. Ob ich bestanden habe oder nicht, weiß ich noch nicht. Sicher ist aber: Ich gebe nicht auf."

3 Ergänzen Sie die Sätze.
1. Diesmal muss es mit der Aufnahmeprüfung klappen. Andernfalls ...
2. Viele renommierte Künstler verdienen mit ihren Bildern viel Geld. Wohingegen ...
3. Als freier Künstler braucht man neben Durchhaltevermögen auch viel Disziplin. Sonst ...
4. Pauls Eltern wollten, dass er Medizin studiert. Stattdessen ...
5. Stefanie hat letztes Jahr den Gesangswettbewerb gewonnen. Daraufhin ...
6. Nicht nur die Ausbildung an einer guten Schule ist wichtig. Vielmehr ...

4 Recherchieren Sie Informationen über einen Künstler / eine Künstlerin aus einem Bereich, der Sie besonders interessiert. Schreiben Sie einen Text über den Werdegang der Person und verwenden Sie dabei die Konnektoren.

5 Lesen Sie die kurzen Dialoge. Welche Bedeutung haben die Redewendungen in den Antworten?
1. „Vanessa will übrigens Philosophie studieren." – „Wirklich? Das ist doch auch so **eine brotlose Kunst**."
2. „Mike hat sein Studium schon nach acht Semestern abgeschlossen." – „Na, das ist ja auch **keine Kunst**, wenn man nicht nebenher arbeiten muss."
3. „Die Vernissage war ja super." – „Ja, die war wirklich **nach allen Regeln der Kunst** vorbereitet."

Leseratten

1a Lesen Sie die Informationen zum Leben von Stefan Zweig und schreiben Sie eine Kurzbiografie.

Stefan Zweig – österreichischer Schriftsteller, Erzähler, Lyriker und Essayist, meistübersetzter deutschsprachiger Autor seiner Zeit

1881	geb. 28. Nov., Wien, zweiter Sohn eines Textilfabrikanten
1887–1900	Volksschule und Gymnasium in Wien
ab 1897	erste Veröffentlichungen von Gedichten in Zeitschriften
1900–1904	Studium der Philosophie, Germanistik und Romanistik, Universität Wien
1901	erste Buchveröffentlichung: „Silberne Saiten"
1904	längerer Aufenthalt in Paris, Begegnung mit Rilke und Rodin
1908–1910	Reisen: Indien, Sri Lanka, USA, Kanada, Kuba und Puerto Rico; Erzählband „Erstes Erlebnis. Vier Novellen aus Kinderland" (1911)
1914	meldet sich freiwillig zum Militär, Überstellung ins Kriegsarchiv, Mitarbeit an Propagandaschriften des Kriegsarchivs
1917	eineinhalbjähriger Aufenthalt in der Schweiz, Kontakte zu pazifistischen Schriftstellern, Begegnungen mit James Joyce, Hermann Hesse u. a.
1919	Ende März Rückkehr nach Österreich, lebt in Salzburg
1920	Eheschließung mit Friderike von Winternitz, Wien
1924	„Die gesammelten Gedichte", in Paris Begegnung mit Salvador Dalí
1927	„Sternstunden der Menschheit"
1933	Bücherverbrennungen der Nationalsozialisten, auch Stefan Zweigs Bücher werden verbrannt, Anmietung einer Wohnung in London
1936	erste Reise nach Brasilien, zahlreiche Lesungen und Vorträge, nach Buenos Aires zum PEN-Kongress
1938	Antrag auf britische Staatsbürgerschaft, Scheidung von Friderike, Vortragsreise durch 30 amerikanische Städte
1939	Heirat mit Lotte Altmann, Roman „Ungeduld des Herzens"
1941	Reise nach Brasilien, kleines Haus in Petropolis bei Rio de Janeiro, Arbeit an „Schachnovelle"
1942	22. Februar, Freitod von Lotte und Stefan Zweig, vermutlich wegen Schwermut über Zerstörung der „geistigen Heimat Europa", Folge von Perspektivlosigkeit im Exil und Verzweiflung über NS-Regime

> **TIPP Texte schreiben**
> Denken Sie daran, Ihre Sätze mit Konnektoren zu verknüpfen und Nomen in Verben umzuwandeln. Texte im Verbalstil lesen sich angenehmer als Texte im Nominalstil. Achten Sie auch darauf, die Satzanfänge zu variieren.

b Wählen Sie ein Buch von Stefan Zweig, lesen Sie es und/oder sammeln Sie Informationen darüber im Internet. Stellen Sie den Titel im Kurs vor.
Alternativ können Sie auch ein Buch eines bekannten Autors / einer bekannten Autorin aus Ihrem Heimatland vorstellen.

Modul 4 — 9

2 Lesen Sie den folgenden Text. In welchem Textabschnitt a–f finden Sie die gesuchte Information 1–10? Es gibt jeweils nur eine richtige Lösung. Jeder Abschnitt kann mehrere Informationen enthalten.

Beispiel: In welchem Abschnitt …

0 geht die Autorin auf die Buchpreisgestaltung in zwei deutschsprachigen Ländern ein?   *c*

In welchem Abschnitt …

1 warnt die Autorin davor, die technischen Möglichkeiten und Neuheiten zu ignorieren?   ___

2 beschreibt die Autorin ein wesentliches Problem bei der Vermarktung von E-Books?   ___

3 führt die Autorin Bereiche auf, in denen das E-Book von klarem Vorteil gegenüber dem Buch ist?   ___

4 beschreibt die Autorin verschiedene Sinneseindrücke beim Lesen eines „echten" Buchs?   ___

5 gibt die Autorin eine Prognose über die Nutzungsentwicklung der E-Books in naher Zukunft?   ___

6 wirft die Autorin die Frage auf, ob das E-Book alle Gewohnheiten beim Lesen ändern wird?   ___

7 nennt die Autorin Gründe für den hohen Preis von E-Books?   ___

8 verweist die Autorin auf eine Untersuchung zum Nutzungsverhalten mit E-Books?   ___

9 nennt die Autorin einen Bereich, für den das E-Book sehr nützlich ist?   ___

10 zeigt sich die Autorin zuversichtlich, dass das Buch als Medium auch weiterhin Bestand haben wird?   ___

Die Zukunft lesen

Werden sich unsere Lesegewohnheiten mit dem Aufkommen der E-Books ändern? Der mündige Leser entscheidet nicht nur, was er liest, sondern auch wie er liest.
von Michaela Ortis

a
Verfolgt man die Berichte, die anlässlich der Frankfurter Buchmesse im Oktober und der Messe BuchWien im November in den Medien erschienen sind, so entsteht der Eindruck, dass wir vor einem radikalen Wechsel unserer Lesegewohnheiten stehen. […] Wie viel Hype und wie viel Wahrheit stecken dahinter? Grund genug, sich mit dem Thema E-Books, also elektronischen Büchern, im Detail auseinanderzusetzen. […]

b
Die großen Verlage sehen bei der Vermarktung von E-Books vor allem das Risiko, dass ähnlich wie bei den Musiktiteln der Markt durch Raubkopien zerstört wird. Hier müssen Mittel gegen illegale Kopien oder Downloads geschaffen werden, um das Urheberrecht zu sichern. Eine Möglichkeit wäre, den aus der Musikbranche bekannten Kopierschutz DRM (Digital Rights Management) auch bei E-Books zu verwenden. […] Eine einheitliche Lösung ist aber noch nicht beschlossen. […]

c
In Österreich sind digitale Bücher im Buchpreisbindungsgesetz inkludiert, denn die Buchpreisbindung gilt auch für solche elektronische Medien, die Bücher nur reproduzieren und damit ersetzen. Auch der Börsenverein des deutschen Buchhandels hat im September die *Stellungnahme zur Preisbindung von E-Books* erarbeitet. Eine reine Kostenkalkulation geht somit klar zugunsten des Buches aus: E-Books werden mit einem Abschlag von 20 bis 30 Pro-

Leseratten

Modul 4

zent auf den Buchpreis angeboten, bei einem Preis von 250 bis 600 Euro für ein Lesegerät muss man schon viel lesen, um sich etwas zu ersparen.

d

Neben all den technischen und vermarktungsrechtlichen Aspekten schwingt in der Diskussion E-Book versus Buch viel Emotion mit. Schließlich sind wir das Buch als Medium über Jahrhunderte hinweg gewohnt – und nicht nur gewohnt: Jeder liebt das Gefühl, ein neues Buch erstmals zu öffnen, die Seiten durchzublättern, der druckfrische Geruch steigt in die Nase oder auch der schon etwas vergilbte Geruch eines alten wertvollen Nachschlagewerks. Ein Buch in der Hand zu halten ist etwas anderes als ein kleines Lesegerät. Hier kommt die haptische Wahrnehmung zum Tragen, also das Erfühlen mit unseren Sinnen von Größe, Oberfläche, Kontur oder Gewicht eines Buches. In einer Diskussion sollte also in erster Linie die Positionierung im Vordergrund stehen: Wofür steht das Buch und wofür steht das E-Book? [...]

e

E-Books werden vor allem in Forschungsstätten und akademischen Büchereien immer mehr nachgefragt. Der Springer Verlag hat dazu eine aktuelle Studie veröffentlicht, bei der die Sicht des Endverbrauchers untersucht wurde. Durchgeführt wurde die Studie an fünf Universitäten in Holland, Deutschland, Finnland, Illinois/USA und Bangalore/Indien. Die befragten Leser nutzen E-Books vor allem für Forschung (78 Prozent) und Studium (56 Prozent), dabei werden die Bücher nicht – wie ein klassischer Roman – von vorne bis hinten gelesen, sondern nur einzelne Abschnitte oder Kapitel zielgerecht durchsucht, um Antworten zu finden. Nur zehn Prozent geben an, ein E-Book auch als Freizeitbeschäftigung zu lesen. Als Vorteile von E-Books beim wissenschaftlichen Arbeiten werden genannt: leichter und schnellerer Zugriff auf relevante Informationen. Sie sind immer verfügbar, man muss nicht warten, dass ein entliehener Band zurückgegeben wird; man kann sie einfach auf eine Dienstreise mitnehmen oder im Zug lesen, weil sie vom Gewicht und Umfang her viel leichter zu transportieren sind. [...] Die Studie kommt zu dem Schluss, dass E-Books nie Bücher ersetzen werden, aber als ergänzendes Medium vor allem im Forschungsbereich einen immer größeren Stellenwert bekommen werden. Dort bringen sie dem Leser auch einen realen Nutzen.

f

Einen Hype für E-Books zu beschwören macht genauso wenig Sinn, wie die Augen vor dieser technischen Entwicklung zu verschließen. Für Teilbereiche wie Wissenschaft, Studium und Forschung werden E-Books in absehbarer Zeit stärker werden, weil dort die Vorteile überwiegen. Sie bieten auch die Möglichkeit, auf digitalem Weg neue Leser anzusprechen, die sonst vielleicht nie erreicht werden würden, wie die junge Generation, die mit dem Internet und elektronischen Medien aufwächst. [...]

Jeder Leser entscheidet also selbst, welches jeweils das geeignete Lesemedium ist. Gewohnheiten, auch wenn sie unbewusst sind, spielen dabei eine Rolle: So weiß der Leser eines Buches immer, ob er sich in der Mitte oder am Ende seines Romans befindet. E-Books bilden diese Information mit einem wandernden Balken nach, das haptische vertraute Gefühl der dicken Seiten, die ich noch lesen kann, fehlt hier aber. Und dass auch jugendliche Leser weiterhin zu Büchern greifen, beweisen die hohen Auflagezahlen von Harry Potter und Eragon, wahrhaft dicke Wälzer, die mit Begeisterung verschlungen werden.

[...]

Selbsteinschätzung

So schätze ich mich nach Kapitel 9 ein: Ich kann …	+	0	−	Modul/Aufgabe
… einen ausführlichen Radiobeitrag über Filmproduktionen im Detail verstehen.				M2, A2a
… eine Radiosendung über eine Messeneuheit zusammenfassen.				M4, A4
… in kurzen Sachtexten über Kreativität wichtige Einzelinformationen finden.				M1, A2
… Texte über den Künstleralltag verstehen und diesen charakterisieren.				M3, A2
… ohne große Anstrengung einen autobiografischen Text verstehen.				M4, A2a
… Gedanken und Einstellungen zu Thesen über Kreativität klar ausdrücken und argumentativ unterstützen.				M1, A2a
… Informationen aus einem Radiobeitrag vorstellen.				M2, A2b
… Gedanken und Meinungen über Literaturverfilmungen ausdrücken.				M4, A2b
… komplexe Sachverhalte aus Grafiken zum Thema „Lesegewohnheiten" klar und detailliert darstellen.				M4, A3d
… ein klar strukturiertes Exposé für einen Film in einem der Textsorte angemessenen Stil verfassen.				M2, A4
… in einem persönlichen Brief Bezug auf die Briefinhalte des Korrespondenzpartners nehmen und Ratschläge geben.				M3, A5
… Informationen aus einer Grafik in einem klar und gut strukturierten Text wiedergeben und auch eigene Gedanken und Meinungen dazu ausdrücken.				M4, A5

Das habe ich zusätzlich zum Buch auf Deutsch gemacht: (Projekte, Internet, Filme, Texte, …)	
Datum:	Aktivität:

Erinnerungen

Wortschatz wiederholen und erarbeiten

1a Sortieren Sie die Wörter und Wendungen in die Tabelle ein.

~~sich entsinnen~~ entschwinden etwas dämmert jemandem gedenken ein schlechtes Gedächtnis haben etwas auffrischen etwas verbummeln jemandem ist etwas entfallen etwas fällt jemandem ein an etwas zurückdenken etwas aus dem Gedächtnis verlieren etwas nicht behalten sich etwas ins Gedächtnis zurückrufen ein Gedächtnis wie ein Sieb haben etwas kommt jemandem in den Sinn	**„erinnern"** sich entsinnen, … **„vergessen"**

b Ergänzen Sie die Sätze mit den Wörtern und Wendungen aus dem Kasten.

1. Mein Sohn hat die Schlüssel _____, wir können sie nirgends finden.
2. Wenn ich _____ unseren Urlaub _____, dann habe ich gleich wieder Fernweh.
3. Ich habe gestern den Wortschatz vom letzten Kurs _____.
4. Am 01. September wird der Opfer des Zweiten Weltkriegs _____.
5. Kannst du mir helfen? Mir ist seine Telefonnummer _____.
6. Meinen Job aufgeben? Das _____ mir gar nicht _____.
7. Ich kann die Geheimzahl für meine EC-Karte einfach _____ _____.
8. Also du _____ wirklich ein Gedächtnis _____ _____ _____. Nichts kannst du dir merken.

2 Was bedeuten diese Wendungen? Ordnen Sie zu.

1. ___ Aus den Augen, aus dem Sinn.
2. ___ Über eine Sache ist Gras gewachsen.
3. ___ einen Filmriss haben
4. ___ sich das Hirn zermartern
5. ___ ein Ereignis macht Geschichte
6. ___ den Faden verlieren

a sich absolut nicht mehr erinnern können
b etwas ist unvergesslich
c Wenn man Menschen nicht mehr sieht, vergisst man sie.
d nicht mehr wissen, was man sagen wollte
e Etwas ist vergessen, keiner redet mehr darüber.
f angestrengt nachdenken

10

3 Alles, was man vergessen kann – lösen Sie das Rätsel.
(Ä, Ö, Ü = AE, OE, UE)

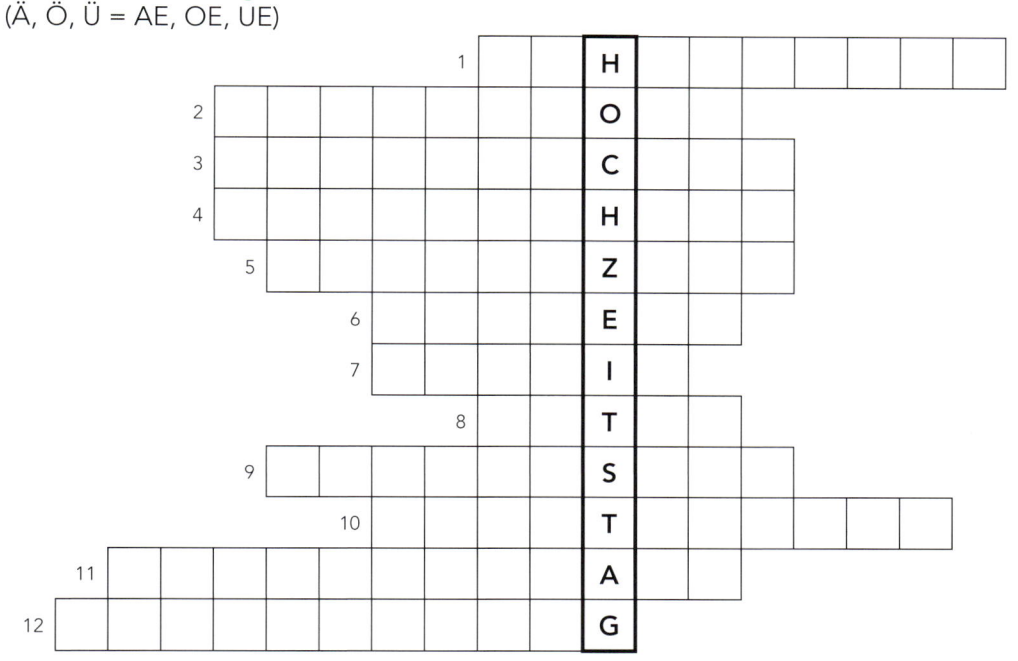

Senkrecht: HOCHZEITSTAG

Waagerecht: 1. ein Gegenstand aus Metall, mit dem man eine Tür aufmacht 2. ein Treffen zwischen zwei Personen, die Interesse füreinander haben 3. jemandem sagen, dass man ganz sicher etwas tun wird 4. braucht man, wenn das Wetter schlecht und nasskalt ist 5. ist für die Benutzung der EC-Karte notwendig 6. ein offizielles Dokument, das den Namen und andere persönliche Informationen über den Besitzer enthält 7. Zeitpunkt, bis zu dem etwas fertig sein soll 8. Angabe eines Tages, Monats und Jahres dem Kalender nach 9. das Datum, an dem jemand geboren wurde 10. das Ticket, das in den öffentlichen Verkehrsmitteln einen Monat gültig ist 11. eine kleine Tasche für das Geld 12. mit jemandem beschließen, sich zu treffen, um etwas gemeinsam zu tun

4 Sehen Sie sich die Zeichnungen an und schreiben Sie zu jeder eine kurze, lustige Geschichte.

① „Ich hatte ihn doch gerade noch."

② „Sie steckt bestimmt in der anderen Handtasche".

③ „Das gibt es doch nicht …".

1. Herr Schmidtke hatte einen stressigen Tag im Büro und ist froh, dass er endlich nach Hause fahren kann.
…

177

Erinnern und Vergessen

1 In welchem Text im Lehrbuch, Aufgabe 2d, stehen die Aussagen? Markieren Sie.

	Text 1	Text 2	Text 3
1. Vor Jahren vermuteten Wissenschaftler, dass unser Gehirn alles aufnehmen kann.	☐	☐	☐
2. Die vielen Nervenzellen unseres Gehirns bilden ein Netz.	☐	☐	☐
3. Beim Vorgang des Einprägens sind Gefühle sehr wichtig.	☐	☐	☐
4. Im Kurzzeitgedächtnis bleiben die Informationen nur wenige Sekunden erhalten.	☐	☐	☐
5. Objektive Tatsachen werden im Gehirn an anderer Stelle gespeichert als persönliche Erinnerungen.	☐	☐	☐
6. Nervenzellen können elektrische Impulse aussenden.	☐	☐	☐
7. Es gibt keine einheitliche Theorie über den Prozess des Vergessens.	☐	☐	☐
8. Wenn wir uns bewegen, greifen wir auf das prozedurale Gedächtnis zurück.	☐	☐	☐

2a Wörter mit ähnlicher Bedeutung. Ordnen Sie Wörter aus dem Kasten den Wörtern 1–8 zu. Lesen Sie dazu die Sätze mit den Wörtern im ersten Text im Lehrbuch, Aufgabe 2d, nach.

> behalten Empfindung Bereich schießen Moment Spürsinn
> sehr groß auflösen Gebiet mächtig aufbewahren Zeitpunkt
> abweichend entziffern bombardieren unterschiedlich

1. Gefühl (Z. 1): _____
2. Augenblick (Z. 4/5): _____
3. entschlüsseln (Z. 8): _____
4. riesig (Z. 11): _____
5. feuern (Z. 15): _____
6. speichern (Z. 18): _____
7. Region (Z. 25): _____
8. verschieden (Z. 29): _____

b Lesen Sie den zweiten Text im Lehrbuch, Aufgabe 2d, noch einmal. Welche Wörter aus dem Text entsprechen den Wörtern 1–6?

1. erreichen
2. verstehen
3. sich merken
4. differenzieren
5. in Gang bringen
6. bezeichnen

c Formulieren Sie für die Wörter aus dem dritten Text im Lehrbuch, Aufgabe 2d, eine Umschreibung bzw. Erklärung.

1. getreulich (Z. 4): *man kann sich darauf verlassen*
2. verblassen (Z. 21): _____
3. bislang (Z. 25): _____
4. plausibler (Z. 26): _____
5. überlagern (Z. 28): _____

Modul 1   10

3a Bilden Sie die Partizipialgruppe.

Konditionalsatz	Partizipialgruppe
1. Wenn man es anders formuliert, …	
2. Wenn man es bei Licht betrachtet, …	
3. Wenn man annimmt, dass …	
4. Wenn man davon ausgeht, dass …	
5. Wenn man grob schätzt, …	
6. Wenn man davon absieht, dass …	

b Wählen Sie drei Partizipialgruppen aus Übung 3a aus und schreiben Sie je einen Satz.

4 Unterstreichen Sie in den Sätzen alle Partizipialgruppen und formen Sie sie in Konditionalsätze um.

1. <u>Genau genommen</u>, ist das Gehirn die oberste Steuerzentrale unseres Körpers.
2. Verglichen mit dem Gehirn eines Elefanten (5.400 g), ist das menschliche Gehirn um Vieles leichter (1.300 g).
3. Näher betrachtet, verbreiten sich Impulse in unserem Nervensystem mit 400 km/h.
4. Es gibt viele Krankheiten des Gehirns. Alzheimer ist, allgemein formuliert, eine Erkrankung des Nervensystems, die mit zunehmender Verschlechterung der kognitiven Leistungsfähigkeit verbunden ist.
5. Abgesehen von nur 2,2 Prozent der Bevölkerung, die einen IQ von über 130 haben, besitzt die Masse der Bevölkerung (68 Prozent) einen IQ zwischen 85 und 115.
6. Es gibt viele Studien darüber, wie man am effektivsten lernt. Kurz zusammengefasst, lernt man am besten, indem man selber ausprobiert.

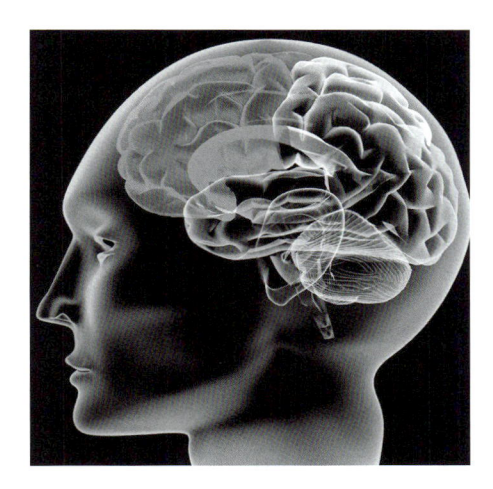

Wenn man es genau nimmt, ist das Gehirn die oberste Steuerzentrale unseres Körpers.

5 Welche Partizipialgruppe passt in die Sätze?

| rund gerechnet | bezogen auf | im Grunde genommen |
| verglichen mit | abgesehen von | ehrlich gesagt |

1. _____ habe ich heute keine Lust, mit ins Kino zu gehen.
2. _____ hast du ja recht. Ich kann das trotzdem nicht machen.
3. _____ diesem Fehler, ist das eine gute Arbeit.
4. _____ macht das 20 €.
5. _____ Ihre Frage, möchte ich Ihnen Folgendes mitteilen.
6. _____ deiner stressigen Arbeit, habe ich einen ruhigen Job.

Falsche Erinnerungen Modul 2

1 Hören Sie das Interview zum Thema „Falsche Erinnerungen" noch einmal in Abschnitten. Machen Sie zu jedem Abschnitt Notizen.

LB 2.17

Abschnitt 1:

1. Definition des Begriffs: „falsche Erinnerungen":
   _____
   _____

2. Experiment – Erinnerung an Fahrt mit Heißluftballon:
   _____
   _____

3. Entstehen von falschen Erinnerungen:
   _____
   _____

Abschnitt 2:

1. Faktoren, die den Speicherprozess beeinflussen:
   a _____
   b _____

2. Manipulation von Erinnerungen:
   _____
   _____
   _____

3. Wichtig für Psychotherapien:
   a positive Eindrücke: _____
   b negative Eindrücke: _____

Abschnitt 3:

Folgen falscher Erinnerungen:

a Zeitzeugen: _____
_____

b Zeugenaussagen: _____
_____

180

Kennen wir uns …?

Modul 3 — **10**

1 Hören Sie noch einmal das Gespräch von Aufgabe 1 im Lehrbuch. Wie, denken Sie, ist die Unterhaltung zwischen Ute und ihrem Arbeitskollegen gewesen? Arbeiten Sie zu zweit und schreiben Sie einen möglichen Dialog.

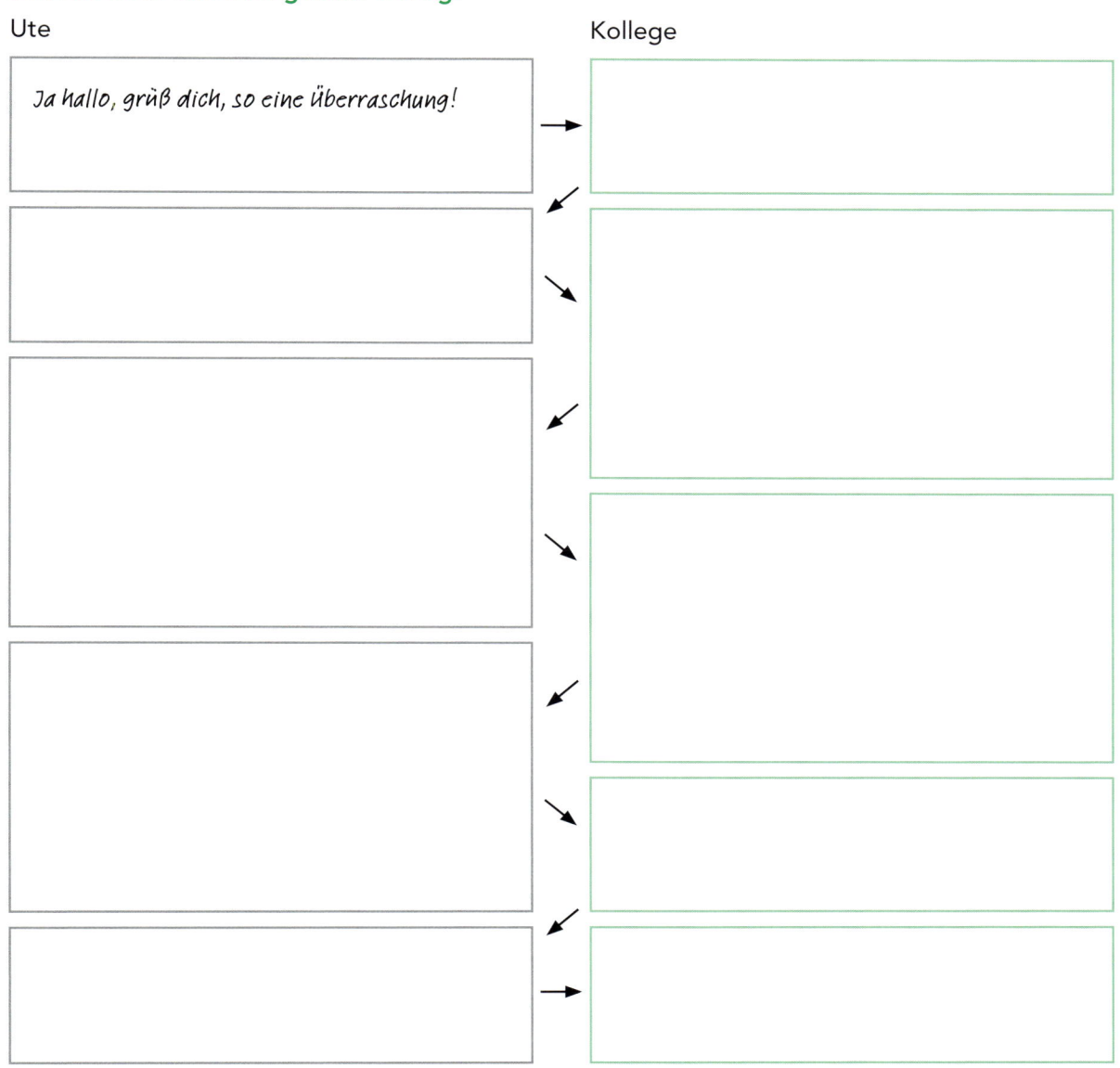

Ute: *Ja hallo, grüß dich, so eine Überraschung!*

Kollege:

2 Ergänzen Sie die Sätze im Futur I oder Futur II.

Gestern habe ich einen Kollegen getroffen, aber ich denke, er (1) _____ sich nicht daran _____ (erinnern). Das war komisch, ich habe mit ihm geredet, aber er hat mich nicht erkannt. Er (2) _____ wohl einen ganz schlechten Tag _____ (haben), dachte ich zuerst. Aber dann habe ich das einer Freundin erzählt und die hat nur gesagt: „Das glaube ich nicht, der (3) _____ an Gesichtsblindheit _____ (leiden)!" Sie hatte erst am Tag davor einen Artikel über diese Krankheit gelesen. Sie hat mir dann genau erklärt, was das ist, aber ich weiß nicht recht. Wie (4) _____ mein Kollege _____ (reagieren),

181

Kennen wir uns …?   Modul 3

wenn ich ihn morgen sehe? Was (5) _____ er _____ (sagen)? (6) _____ er mich vielleicht inzwischen _____ (erkennen) oder (7) _____ er mich _____ (fragen), was ich am Wochenende gemacht habe?

3 Lesen Sie die Textabschnitte und notieren Sie Vermutungen zu den Fragen. Verwenden Sie verschiedene Mittel, um Ihre Vermutungen auszudrücken.

> Ich habe immer geahnt, dass etwas nicht stimmt mit mir. Es gab einfach zu viele Momente in meinem Leben, die nach einer Erklärung verlangten. Aber es dauerte 44 Jahre, bis ich im 7. Stock des William-James-Gebäudes an der Harvard University Gewissheit erhielt. In einem fensterlosen Konferenzraum sass ich Ken Nakayama gegenüber.

1. Welche Momente könnte der Autor meinen?
   Er wird Momente meinen, in denen er …

2. Wie wird er Gewissheit erhalten?
   _____

> „Erzählen Sie", sagt Nakayama.
> Ich beginne mit dem peinlichsten Erlebnis von allen: Wo ich aufgewachsen bin, gibt es eine grosse Fasnacht, zu der auch der Ball im besten Hotel der Stadt gehört. Ich muss knapp über zwanzig gewesen sein, als ich ihn das erste und – aus Gründen, die bald klar werden – einzige Mal besuchte.

3. Aus welchem Grund könnte er den Ball nur ein Mal besucht haben?
   _____

> Es ist Brauch, dass die Frauen maskiert erscheinen, die Männer in Anzug und Krawatte. Die Frauen fordern die Männer zum Tanzen auf und beginnen mit verstellter Stimme ein Gespräch, das den Männern Gelegenheit gibt, zu erraten, wer unter der Maske steckt. Um Mitternacht ziehen die Frauen die Masken aus, und das Rätselraten hat ein Ende. So jedenfalls die Theorie.

4. Wie könnte der Maskenball für den Autor ausgegangen sein?
   _____

> Im Verlauf des Abends tanzte ich immer wieder mit einer Prinzessin, die über mein Leben detailliert Bescheid wusste. Als es von der Kirche gegenüber zwölf schlug, spielte die Band einen Tusch. Meine Prinzessin zog die Maske aus und lachte mich an. Ich blickte ihr ins Gesicht und hatte keine Ahnung, wer sie war. Das überraschte mich selber so sehr, dass mir die Geistesgegenwart fehlte, mich aus der Situation zu schauspielern.

5. Wie wird „die Prinzessin" wohl reagiert haben?
   _____

> Nachdem wir uns eine Weile angestarrt hatten, wandte sich die Prinzessin ab und ging wortlos davon. Meine Recherchen ergaben später, dass sie eine gute Freundin von mir gewesen war – bis zu dem Maskenball jedenfalls.

Textanfang aus "Hurra, ich ticke nicht richtig!" von Reto U. Schneider, NZZ Folio 04/2008. Ganzer Text unter www.nzzfolio.ch.

Weißt du noch …?

Modul 4 — 10

> **TIPP — Zusammenfassungen beurteilen**
> Lesen Sie den Text global, um sich zu orientieren. Unterstreichen Sie im Text alle Hauptthemen, die Sie dann in den Zusammenfassungen identifizieren sollen. Eine Zusammenfassung ist die beste, aber die drei anderen sind nicht völlig falsch, d. h., sie enthalten auch viele Informationen aus dem Text. Die beste Zusammenfassung erkennen Sie daran, dass mit ihr alle wesentlichen Informationen wiedergegeben werden.

1 Lesen Sie den folgenden Text. Im Anschluss an den Text finden Sie vier Zusammenfassungen (a–d). Welche Zusammenfassung ist die beste? Es gibt nur eine richtige Lösung.

Die 50er-Jahre

1 Die fünfziger Jahre genießen in der Öffentlichkeit eine sehr unterschiedliche Wertschätzung. Nicht selten dienten sie (seit den siebziger Jahren) in aktuellen politischen Debatten als negativ oder positiv besetztes Symbol. Die besondere Hervorhebung gerade dieser Zeit ist kein Zufall: Die fünfziger Jahre sind die Gründerjahre der Bundesrepublik, in der ein Großteil unserer heutigen politischen und gesellschaftlichen Institutionen und Strukturen wurzelt. Den einen erscheinen sie als einfache und „gute" Zeit, in der die Menschen ein gemeinsames Ziel kannten und mit Optimismus und Tatkraft verfolgten: den Wiederaufbau. Für die anderen sind es „bleierne Zeiten" voll spießigen Muffs, in denen sich eine weitgehend unpolitische Bevölkerung für nichts anderes interessierte als für die Mehrung ihres privaten Wohlstands. (…)

2 Die fünfziger Jahre waren ein Zeitraum, in dem die Menschen, denen der Krieg noch „in den Knochen steckte", vor allem Ruhe und Sicherheit erstrebten. Es war zudem der Abschluss einer Epoche, die etwa um die Wende zum 20. Jahrhundert begonnen hatte. Die Erwerbsstruktur mit einem hohen Anteil landwirtschaftlicher und sonstiger manueller Arbeit, ein geringer Anteil an höherer Bildung, autoritäre Wertmuster in Ehe, Familie und Schule lassen uns diese Zeit als weit entfernte Geschichte erscheinen. Andererseits zeigen sich die fünfziger Jahre in vielem als der Beginn der heutigen modernen Gesellschaft: Aufstieg des Fernsehens, Anfänge des Automobilbooms, des Massentourismus und der Teenagerkultur mögen als Stichworte ausreichen. Zwischen der Abschaffung der Lebensmittelkarten 1950 und dem ersten Auftritt der „Beatles" (in Hamburg) 1960 scheint jedenfalls weit mehr als ein Jahrzehnt zu liegen.

3 Das mit den fünfziger Jahren häufig verbundene Bild vom schlemmenden Michel, dem Wohlstandsbürger, der von der „Fresswelle" zu immer feineren sonstigen Genüssen und Vergnügungen überging, ist unzutreffend. In den meisten westdeutschen Haushalten ging es noch lange sehr bescheiden zu. Die Löhne und Einkommen von 1950 entsprachen von der Kaufkraft her etwa denen der besten Jahre der Zwischenkriegszeit (1928 und 1938). Allerdings hatten Krieg und Nachkriegswirren sehr häufig zum Verlust von Hausrat und Einrichtungsgegenständen geführt, sodass es einen großen Nachholbedarf gab. (…)

4 Da auch die Ausgaben für die Wohnung mit neun bis zehn Prozent während des gesamten Jahrzehnts stabil blieben – Ergebnis gesetzlicher Mietpreisbindungen und staatlicher Wohnungsbaupolitik –, überwog nach Berechnungen des Statistischen Bundesamtes Ende der fünfziger Jahre erstmals der sogenannte „elastische" den sogenannten „starren Bedarf" (Nahrungsmittel, Wohnung, Heizung und Beleuchtung). Die Summe der – in engen Grenzen – wahlweise für verschiedene Zwecke einzusetzenden Ausgaben wuchs an, in vielen Haushalten eine völlig neue Erfahrung.

183

Weißt du noch …?

5 Aber noch auffälliger war in den fünfziger Jahren der steile Anstieg der Sparquote (Anteil des gesparten an der Summe des verfügbaren Einkommens), die sich im Laufe des Jahrzehnts in etwa verdreifachte und 1960 bei 8,7 Prozent lag; das Bausparen verzwölffachte sich sogar. Man könnte die fünfziger Jahre pointiert als Jahrzehnt des Sparens bezeichnen. Bewusst wurde in vielen Haushalten auf vieles verzichtet, was man sich mit dem gesteigerten Einkommen hätte leisten können. Es handelte sich aber nicht um Konsumverzicht, sondern um die Konzentration auf die wichtigsten Wünsche wie die Erlangung der Wohnung oder des eigenen Heims und die Anschaffung langlebiger Konsumgüter.

6 Der Ausstattungsgrad mit solchen Gütern war in der ersten Hälfte der fünfziger Jahre noch sehr niedrig. Nach einer Umfrage des Allensbacher Instituts für Demoskopie verfügten 1953 neun Prozent aller Haushalte über einen Kühlschrank und 26 Prozent über einen Staubsauger, 1962/63 waren es – laut Einkommens- und Verbrauchsstichproben des Statistischen Bundesamtes – 52 Prozent bzw. 65 Prozent. Und ähnlich verhielt es sich mit den Steigerungsraten vieler anderer Geräte, die zum größten Teil aber erst seit dem Ende der fünfziger Jahre angeschafft werden konnten.

7 Vor allem der Kauf eines Personenkraftwagens, für viele Berufspendler unabdingbare Notwendigkeit oder attraktive Alternative zur Fahrt in überfüllten Vorortzügen, rückte nun erst für breitere Schichten in den Bereich des Möglichen. Während 1959 jeder vierte Angestellten- und Beamten- und sogar erst jeder achte Arbeiterhaushalt über ein eigenes Auto verfügte, besaß bereits drei Jahre später ein Drittel aller Arbeitnehmerhaushalte einen „fahrbaren Untersatz" – überwiegend einen erschwinglichen Kleinwagen. Obwohl sich die Zahl der zugelassenen Personenkraftwagen schon während der fünfziger Jahre verachtfacht hatte, stand Westdeutschland mit vier Millionen zugelassenen Fahrzeugen 1960 erst am Beginn eines Automobil-Booms. (…)

8 In allen Untersuchungen zur Freizeit in den fünfziger Jahren wurde als auffälligster Grundzug die ausgeprägte Häuslichkeit und das Beisammensein innerhalb der Familie betont. Der private Rückzug prägte nicht nur den werktäglichen Feierabend, sondern auch das lange Wochenende. Arbeit in Haus und Garten, die Lektüre der Tageszeitung und das Radio bildeten das Zentrum der Freizeit. Die Verstärkung nachbarlicher Bindungen, welche die Soziologen und Städteplaner sich von den Siedlungen des sozialen Wohnungsbaus erhofft hatten, wollte sich nicht einstellen, und auch in den neuen Eigenheimvierteln der Vor- und Satellitenstädte lebten die meisten Familien eher für sich.

9 Für den besonders ausgeprägten Hang zum Familiären und Privaten gab es verschiedene Gründe. Vor allem ist der sehr lange Arbeitstag (Arbeitszeit plus Arbeitswegzeit) anzuführen. Wer zwischen sechs und sieben Uhr morgens aufstand und zwischen 18 und 19 Uhr abends nach Hause zurückkehrte – dies sind die Mitte der fünfziger Jahre ermittelten Durchschnittswerte für die erwerbstätige Bevölkerung –, der suchte zunächst einmal Ruhe. Außerdem lag die Trennung vieler Familien durch die Abwesenheit des Vaters als Soldat und in der Gefangenschaft, der Söhne und Töchter durch die Evakuierung im Krieg, durch Ausbombung und Wohnungsnot noch nicht lange zurück. Das Anwachsen des Wohlstands und der zur Verfügung stehenden Freizeit änderte zunächst wenig an der vorherrschenden Häuslichkeit, die durch steigenden Komfort immer attraktiver wurde, nicht zuletzt durch die Ausstattung mit elektronischen Massenmedien.

10 Die wichtigste außerhäusliche Unternehmung bildete für einen kleineren Teil der Bevölkerung der Sport. Etwa ein Viertel betätigte sich regelmäßig oder gelegentlich sportlich. Die Mitgliederzahl der Sportvereine erhöhte sich von vier Millionen (1954) auf 4,8 Millionen (1959). Etwa 40 Prozent davon waren Kinder und Jugendliche unter 18 Jahren. Der Vereinssport stellte in den fünfziger Jahren eine männliche Domäne dar. Nur etwa ein Siebtel der erwachsenen Mitglieder waren Frauen.

11 Die fünziger Jahre gelten als das deutsche Kinojahrzehnt. Allerdings hatte die Zahl der Kinobesuche mit 490 Millionen (das heißt etwa zehn je Einwohner) 1950 noch längst nicht den im Zweiten Weltkrieg bereits erreichten Höchststand eingeholt. In der ersten Hälfte der fünziger Jahre erfolgte allerdings eine rasche Zunahme auf etwa 820 Millionen (= 15,6 Kinobesuche je Einwohner) 1956. Danach ging die Zahl der Kinobesuche allmählich wieder unter den Stand von 1950 zurück. (…)

Zusammenfassungen

a Der Text „Die 50er-Jahre" beschreibt die wirtschaftlichen und sozialen Veränderungen in Deutschland im besagten Zeitraum. Die Jahre zwischen 1951 und 1960 gelten als Gründerjahre der Bundesrepublik Deutschland, auf die zahlreiche politische und gesellschaftliche Institutionen zurückgehen. Zugleich gelangte die Gesellschaft in dieser Zeit zu bis dahin unbekanntem Wohlstand, der Wiederaufbau ging schnell voran und die Wirtschaft boomte. Mit dem wachsenden Wohlstand blieben die meisten Menschen zunächst bescheiden und erwarben Dinge, die im Krieg zerstört wurden, später sparten sie und machten größere und langfristigere Anschaffungen (Wohnung, Auto, Staubsauger usw.), was sich besonders an der enorm steigenden Zahl der gekauften Autos zeigt. In ihrer Freizeit waren die Menschen eher häuslich, weshalb diese Epoche heute für viele Menschen als langweilige Zeit gilt. Wenn die Menschen damals in ihrer Freizeit nicht zu Hause waren, machten die meisten Sport oder sie gingen ins Kino.

b Der Sachtext „Die 50er-Jahre" stellt die wirtschaftlichen und sozialen Entwicklungen in jenen Jahren in Deutschland dar. Diese Gründerjahre der Bundesrepublik Deutschland sind zum einen geprägt vom Geist des Wiederaufbaus und der boomenden Wirtschaft, zum anderen von spießiger Häuslichkeit. Kurz nach dem Krieg war den Menschen damals Ruhe und Sicherheit wichtig und mit dem wachsenden Wohlstand war es vielen Familien möglich, sich ein modernes Zuhause mit technischen Geräten wie Staubsauger, Kühlschrank und Fernsehgerät einzurichten. Zu Beginn dieser Zeitspanne lebten die Menschen überwiegend bescheiden und kauften Hausrat und Einrichtungsgegenstände, die im Krieg verloren gegangen waren. Danach sparten sie für die Anschaffung von langlebigen Konsumgütern und Personenkraftwagen. Die Spareinlagen waren so hoch, dass diese Zeit auch als „Jahrzehnt des Sparens" bezeichnet wird. Die Zahl der Autos, die in Deutschland zugelassen wurden, verachtfachte sich in diesen Jahren. Die heutige moderne Gesellschaft formte sich und die von landwirtschaftlicher und manueller Arbeit sowie geringem Bildungsstand und autoritärem Wertesystem geprägte Zeit fand ein Ende. Außerhäuslich betrieb ca. ein Viertel der Bevölkerung Sport und die Menschen gingen gerne ins Kino.

c Der Artikel „Die 50er-Jahre" hat den besagten Zeitraum zum Thema. Er befasst sich mit den wirtschaftlichen und sozialen Bereichen des Lebens in Deutschland. Die 50er-Jahre gelten als Gründerjahre für die heutige Gesellschaft und die Bundesrepublik, gleichzeitig haftet diesen Jahren auch etwas Spießiges und Langweiliges an, denn die Menschen wünschten sich vor allem Ruhe und Sicherheit. Sie verbrachten viel Zeit zu Hause mit der Familie, lebten bescheiden, sparten ihr Geld und machten selten außerhäusliche Unternehmungen, abgesehen von Sport und Kinobesuchen. Ihr Geld sparten sie vor allem für einen Personenkraftwagen oder für Dinge, die es zu Beginn der 50er-Jahre noch in fast keinem Haushalt gab. Die Arbeitszeiten waren damals sehr lang, die meisten verließen zwischen sechs und sieben Uhr morgens das Haus und kamen zwischen 18 und 19 Uhr zurück.

Weißt du noch …?

Modul 4

d „Die 50er-Jahre" ist ein Text, der die Jahre von 1951 bis 1960 in Deutschland beschreibt. Heute werden diese Jahre in der Öffentlichkeit sehr unterschiedlich eingeschätzt, für die einen ist diese Zeit der Beginn der Bundesrepublik und eine Zeit, in der die Menschen den Wiederaufbau als gemeinsames Ziel verfolgten und die Wirtschaft einen Boom erlebte. Für die anderen gilt diese Zeit als schwer und langweilig. Sie sehen in dieser Zeit eine Phase, in der die Menschen sich nicht für Politik interessierten und nur darauf bedacht waren, ihren privaten Wohlstand wachsen zu sehen. Dass der Wohlstand wuchs, zeigt sich deutlich an den rapide steigenden Verkaufszahlen von Staubsaugern, Kühlschränken oder auch Autos. Auch das Wohnen war damals ein wichtiges Thema, denn die Menschen lebten sehr häuslich und verbrachten viel Zeit mit der Familie in den eigenen vier Wänden, ab der Mitte der 50er-Jahre dann auch zunehmend vor dem eigenen Fernsehgerät. Vermutlich auch wegen des vorausgehenden Krieges, in dem viele Familien getrennt waren, genossen die Menschen damals das gemeinsame Familienleben und gingen wenig aus.

2 Hören Sie noch einmal das Lied zu Aufgabe 4a im Lehrbuch und ergänzen Sie den Text.

Tage wie dieser

Tage wie dieser
kommen nie wieder.
Tage wie dieser

sollten nie _____ geh'n.

Du _____ dich um
und siehst sie wieder.
Du drehst dich um und siehst in deinem

Kopf die _____.
Spürst du noch immer nichts?

Du siehst _____ irgendwo am Ende.
Der Augenblick ist jetzt und fließt wie

_____ durch deine Hände.
Doch du hältst dich,
doch du hältst dich an ihm fest.

Tage wie dieser …

Du _____ nicht mehr
und siehst sie wieder.
Zerstückelt und zerstochen singen sie leise

ihre _____.
Sprichst du noch immer nicht?

Sie haben gesagt, es würde _____,

doch wir sitzen hier _____,
trinken Wein
und sind einfach nur am Leben.

Bis unsre Welt _____, es dunkel ist.

Tage wie dieser …

Und alles was uns bleibt

ist ein _____.
Du weißt,

was _____.

Und alles was uns bleibt …

Tage wie dieser …

Selbsteinschätzung 10

So schätze ich mich nach Kapitel 10 ein: Ich kann …	+	0	–	Modul/Aufgabe
… eine Radiosendung über „Falsche Erinnerungen" im Detail verstehen.				M2, A2
… ein privates Gespräch hören und Vermutungen anstellen.				M3, A1
… das Lied „Tage wie dieser" verstehen und über Eindrücke des Liedes sprechen.				M4, A4
… Texte über die Funktion des Gedächtnisses verstehen und Überschriften formulieren.				M1, A2a
… Fragen zu einem Text über Gesichtsblindheit stellen und beantworten.				M3, A3b
… einen literarischen Text über Erinnerungen an das Jahr 1952 lesen und Informationen zum sozialen Hintergrund verstehen.				M4, A2a
… über Erinnerungen aus der eigenen Kindheit sprechen.				M1, A1
… Aufgaben zum Thema „Gedächtnistraining" im Kurs vorstellen.				M1, A4
… sich im Kurs über das Leben in Deutschland in den 1950er-Jahren austauschen.				M4, A2c
… ein Lied vorstellen, das man mit bestimmten Erinnerungen verbindet.				M4, A5
… einen Blogbeitrag zum Thema „Falsche Erinnerungen" schreiben.				M2, A4b
… einen Text darüber schreiben, woran man sich in fünf Jahren erinnern wird.				M4, A3

Das habe ich zusätzlich zum Buch auf Deutsch gemacht:
(Projekte, Internet, Filme, Texte, …)

Datum:	Aktivität:

187

Lösungen

Kapitel 6: Gesund und munter …

Wortschatz

Ü1a: 2. Schienbein, 3. Ellenbogen, 4. Daumen, 5. Wimpern, 6. Nieren, 7. Bauchnabel, 8. Bandscheibe

Ü2: 1. g, 2. h, 3. a, 4. i, 5. b, 6. c, 7. d, 8. e, 9. f

Ü3: 1. behandeln/diagnostizieren/therapieren, 2. einnehmen/schlucken/brauchen, 3. ausmachen/absagen/einhalten, 4. kleben, 5. achten, 6. reiben/schmieren/auftragen, 7. auflösen, 8. freimachen

Ü4a: Zuerst muss die Person auf den Rücken gedreht werden. Die Arme und Beine liegen gerade herunter. Dann wird das rechte Bein aufgestellt. Der linke Arm wird auf Schulterhöhe angehoben, der Unterarm wird nach oben angewinkelt. Danach wird der rechte Arm angewinkelt und auf den Bauch gelegt. Dann fasst man die Person an der rechten Seite und dreht sie mit etwas Schwung auf die linke Seite. Die Person liegt auf dem linken Bein und der linken Schulter. Das rechte Bein wird weiter bis auf den Boden gezogen. Die rechte Hand kommt unter die linke Wange. So liegt der Kopf etwas höher. Die Person liegt nun stabil. Am linken Handgelenk kann man den Puls messen.

Modul 1 Zu Risiken und Nebenwirkungen …

Ü1a: falsch: 3, 4

Ü2a: 1. dass sie sich bereits besser fühlen. 2. dass sie mit einfachen Mitteln hergestellt werden können. 3. dass sie nicht genug Zeit für ihre Patienten haben. 4. dass sie gut therapiert worden sind. 5. dass sie zu schnell zu Medikamenten greifen. 6. dass sie völlig wirkungslos sind.

Ü2b: 1. sie mit neuen Methoden zu bekämpfen. 2. die Therapierisiken nicht einschätzen zu können. 3. von einer Kräuterfrau geheilt worden zu sein. 4. mit Hausmitteln behandelt werden zu können. 5. von Ärzten als gleichberechtigte Partner behandelt worden zu sein? 6. dank Placebos gute Therapiemöglichkeiten gefunden zu haben.

Ü2c: Er selbst war der Ansicht, wegen seiner Migräne Tabletten nehmen zu müssen. Mein Bruder sagt heute, von seinen Medikamenten beinahe abhängig geworden zu sein. Er hatte sich schon damit abgefunden, sein Leben lang mit den Schmerzen leben zu müssen. Es war sein Glück, diesen Tipp bekommen zu haben. Für ihn war es ideal, von ihr das Rezept zu bekommen.

Modul 2 Gesünder leben

Ü1: 2. geschaffen/bevorzugt sein, 3. weiter in der geistigen Entwicklung, 4. etwas nicht beachten/wahrnehmen / etwas ignorieren, 5. Oft / Meist / In der Regel, 6. Es ist auch möglich wie in/bei, 7. ein sehr individuelles Konzept, 8. Programm, das eine Krankheit früh feststellt

Ü2a: Unterschiede bei: Ich esse zu wenig Obst und Gemüse. Es kommt häufig vor, dass ich spätabends Heißhunger bekomme. Ich esse zu unregelmäßig. Ich nehme mir zu wenig Zeit beim Essen. Ich esse zu viel zwischendurch, ohne Hunger zu haben. Ich esse zu viele Fertiggerichte.

Ü3a: 1. Augen zu! 2. Kleine Kopfmassage, 3. Kopf hängen lassen, 4. Abrollen

Modul 3 Wenn es juckt und kribbelt

Ü1: Haut: Ekzeme, Juckreiz, Kribbeln und Anschwellen der Mundschleimhaut, Quaddeln, Rötungen, Ausschlag, Bläschen, taube Zunge (Mundschleimhaut), rote Augen (Netzhaut)

Atemwege: Asthma, Schnupfen, Atembeschwerden

Herz-Kreislauf-System: allergischer Schock, niedriger Blutdruck, verlangsamter Herzschlag, Herzrasen

Ü2: 1. Immer mehr Stoffe, die Allergien auslösen, werden bekannt. 2. Dass die Zunahme der Allergien auch viel mit Stress und Umwelteinflüssen zu tun hat, wird dennoch vermutet. 3. Heute werden deutlich mehr Allergien verzeichnet, als noch vor zwanzig Jahren. 4. Immer häufiger wird behauptet, dass Allergien „Modekrankheiten" seien.

Ü3a: 2. Mit den Patienten müssen verschiedene Tests durchgeführt werden. 3. Dafür müssen (von den Patienten) einige Nadelstiche ertragen werden. 4. Wirksame Medikamente können manchmal nicht verschrieben werden. 5. Allergien können meistens nicht geheilt werden. 6. Die Symptome von Allergien können (von der modernen Medizin) verringert werden.

Ü3b: 2. verschiedene Tests durchgeführt werden müssen. 3. einige Nadelstiche ertragen werden (müssen). 4. wirksame Medikamente manchmal nicht verschrieben werden können. 5. Allergien meist nicht geheilt werden können. 6. die Symptome von Allergien verringert werden können.

Ü4: 2. dass ein ausführlicher Gesundheitscheck durchgeführt werden muss / hätte durchgeführt werden müssen. 3. dass die Ergebnisse gründlicher analysiert werden müssen / hätten analysiert werden müssen. 4. dass wirksame Medikamente früher hätten verschrieben werden können. 5. dass seine Symptome schon vor langem hätten geheilt werden können.

Ü5: 1. Die Ursachen von Allergien sollen (von den Medizinern) noch besser erforscht werden. 2. Noch mehr Geld soll (von der Pharmaindustrie) für die Erforschung von neuen Medikamenten zur Verfügung gestellt werden. 3. Allergieauslösende Stoffe in Kleidung sollen (von der Textilindustrie) vermieden werden. 4. Auch Inhaltsstoffe von Aufdrucken auf T-Shirts sollen (von Textilherstellern) angegeben werden. 5. Die Verträglichkeit von Kleidungsstücken soll (von unabhängigen Prüfstellen) noch besser überprüft werden.

Modul 4 Mythen der Medizin

Ü1b: Bsp.: München u. Herzerkrankungen: ca. 30 Großpraxen, Kliniken usw. f. Herzbeschw.

Kardiologen: Kontrastmittel in Blutgef.
→ erkennen Engstellen = evtl. Infarkt

… USA 1 Mio/Jahr
   D 200.000

… 1,3 Mio EW: 3–5 Labore ↔ Geschäft für alle

→ zu viele unnötige Unters. mit Herzkatheter + Ärzte wenig Erfahrung

Ü2a: 1. Der erste Satz – der letzte Satz! 2. Pflegen Sie die Freiheit! 3. Zeig her deine Hände! 4. Sieh mir in die Augen! 5. Überfordern Sie Ihre Zuhörer nicht! 6. Halten Sie Wort!

Ü3: 1. c, 2. a, 3. h, 4. b, 5. g, 6. e

Kapitel 7: Recht so!

Wortschatz

Ü1a: <u>Polizei</u>: Arrest, Aussage, Befragung, Beobachtung, Bericht, Durchsuchungsbeschluss, Ermittlung, Fahndung, Geständnis, Kommissar, Notruf, Revier, Spurensicherung, Verbrecherkartei, Verdächtige, Verhör, Verwarnung, Wachtmeister, Zelle, Zeuge;

<u>Gericht</u>: Angeklagter, Anhörung, Aussage, Bericht, Eid, Geldbuße, Geständnis, Haftstrafe, Justiz, Kläger, Rechtsanwalt, Richter, Staatsanwalt, Urteil, Verfahren, Verhandlung, Verteidigung, Zeuge; Durchsuchungsbeschluss, Verwarnung

<u>Gefängnis</u>: Arrest, Ausbruch, Bericht, Besuchszeiten, Freigang, Haftstrafe, Hochsicherheitstrakt, Rückfallquote, Vollzug, Wärter, Zelle

Ü2a: 1. der Betrug, 2. die Erpressung, 3. der Überfall, 4. die Verletzung, 5. der Raub, 6. der Diebstahl, 7. der Mord, 8. die Nötigung, 9. die Fälschung, 10. die Entführung

Ü2b: 1. Betrug, 2. gefälscht, 3. Überfällen, 4. verletzte, 5. erpresste, 6. überfallen, 7. entführten, 8. verletzen, 9. ermorden, 10. Fälschung, 11. Betrug, 12. Raub, 13. (Körper)Verletzung

Ü3: 1. c, 2. g, 3. d, 4. h, 5. a, 6. b, 7. e, 8. f

Ü4: 1. der Straftäter, der Betrüger, der Fälscher, …; 2. die Tat, die Straftat, das Vergehen, die strafbare Handlung, …; 3. die Beobachtung, die Verfolgung, die Überwachung, die Kontrolle, …; 4. das Gefängnis, die Haftanstalt, der Knast, der Bau, die Justizvollzugsanstalt, …

Modul 1 Dumm gelaufen

Ü1: 1. dank/infolge/aufgrund/mithilfe/wegen, 2. mit, 3. zum , 4. Nach, 5. mit, 6. mithilfe/mittels/aufgrund, 7. Vom, 8. zu, 9. wegen, 10. bei/während, 11. Bei, 12. gegenüber, 13. Wegen, 14. Bei,

Ü2: 2. d, 3. e, 4. f, 5. a, 6. c, 7. b

Ü3: 1. Entsprechend der Sicherheitsstufe werden heute alle Zufahrtsstraßen kontrolliert. 2. Hinsichtlich der Verschärfung des Strafgesetzes bin ich mit Annette einer Meinung. 3. Aufgrund der hinterlassenen Spuren konnte die Polizei den Täter gestern festnehmen. 4. Mangels eindeutiger Beweise muss die Polizei den Verdächtigen laufen lassen. 5. Mithilfe einer eindeutigen Zeugenaussage wurde die Unschuld des Mannes bewiesen. 6. Entgegen den Vermutungen ist die Jugendkriminalität letztes Jahr nicht angestiegen. 7. Gegenüber der Presse sagte der Zeuge heute Morgen nichts über den Vorfall.

Ü4a: 1. Dass es aber auch Gefahren birgt, bedarf keiner Erklärung. 2. Nachdem der Täter schon die Tür des Hauses aufgebrochen hatte, besann er sich eines Besseren und ging nach Hause. 3. Der Täter schlief am Tatort ein. So viel Dummheit spottet jeglicher Beschreibung. 4. Dass der Dieb seine Visitenkarte hinterließ, entbehrt jeglicher Logik.

Ü4b: 1. angeklagt, 2. überführt, 3. bezichtigen sich

Lösungen

Modul 2 Strafe muss sein?!

Ü1: 1. Entwicklungen beschreiben, 2. Wesentliche Inhalte nennen, 3. Werte einer Grafik vergleichen, 4. Prozentverteilungen wiedergeben, 5. Grafiken interpretieren

Ü2: 1. so viel Aufmerksamkeit zu bekommen. 2. Anerkennung durch Aufmerksamkeit. 3. realistisch ist. 4. im Leben noch im Gesetz. 5. mit den richtigen Regeln die gewünschte Wirkung erzielt wird.

Ü3: 1. Ausdruck, 2. zu, 3. gerechnet, 4. falsch/gelogen, 5. möchte, 6. verstanden, 7. sich, 8. Beruf/Alltag, 9. Gefühl, 10. mit

Modul 3 Alltag im Knast

Ü1: 1. die Justizvollzugsanstalt, 2. der Strafgefangene, 3. der Wiederholungstäter/Einzeltäter, 4. die Sicherheitsvorkehrung, 5. die Einzelzelle, 6. die Anstaltsleitung, 7. der Freigang, 8. die Haftstrafe, 9. der Vollzugsbeamte, 10. der Sozialarbeiter

Ü2: 1. r, 2. f, 3. 0, 4. r, 5. r, 6. 0, 7. f, 8. f, 9. f, 10. r

Ü3a: 2. die Haftstrafe, die verbüßt werden muss / die zu verbüßen ist, 3. die Regeln, die eingehalten werden müssen / die einzuhalten sind, 4. die Insassen, die integriert werden sollen / die zu integrieren sind, 5. die Schwierigkeiten, die abgesehen werden können / die abzusehen sind, 6. ein Häftling, der entlassen werden soll / der zu entlassen ist

Ü3b: 2. das festzulegende Strafmaß, 3. das zu bezahlende Honorar, 4. die zu vermeidenden Konflikte, 5. die zu leistende Arbeit, 6. das ernst zu nehmende Resozialisierungsprogramm, 7. die zu beobachtende Entwicklung

Ü3c: 1. Das Resozialisierungsprogramm der Gefängnisse, das durchgeführt werden soll / das durchzuführen ist, stößt in der Öffentlichkeit …, 2. Wenn über ein neu zu errichtendes Gefängnis diskutiert wird, dann regt sich schnell … / Wenn über ein Gefängnis diskutiert wird, das neu errichtet werden soll, dann regt sich schnell …, 3. Die Gründe dafür sind meist Ängste vor einer Gefahr, die nicht kalkuliert werden kann / die nicht zu kalkulieren ist und einem Rückgang der Immobilienwerte, der befürchtet werden muss / der zu befürchten ist. 4. … denn die Gefängnisse sind voll und die Anzahl der zu verurteilenden Täter / der Täter, die verurteilt werden sollen, wird nicht geringer. 5. Kriminalität und ihre Folgen bleiben also in jeder Konsequenz eine gesellschaftliche Aufgabe, die ernst genommen werden muss / die ernst zu nehmen ist.

Modul 4 Kriminell

Ü2c: 1. gehört zur Sparte der, 2. Im Mittelpunkt des Geschehens steht, 3. Schauplatz ist, 4. Es geht in dem Buch um Folgendes, 5. Es gibt verschiedene Handlungsstränge und zwar, 6. Es ist ein lesenswertes Buch

Kapitel 8: Du bist, was du bist

Wortschatz

Ü1: 1. die Seele – seelisch, 2. der Körper – körperlich, 3. der Geist – geistig, 4. der Glaube – gläubig, glaubhaft, 5. der Aberglaube – abergläubisch, 6. die Überzeugung – überzeugt, 7. der Charakter – charakterlich, charakterstark, 8. Das Geheimnis – geheimnisvoll, 9. das Talent – talentiert, 10. die Vernunft – vernünftig, 11. der Traum – träumerisch, 12. die Psyche – psychisch, 13. das Herz – herzlich, 14. das Gemüt – gemütlich, gemütvoll, 15. das Gefühl – gefühlvoll, 16. der Verstand – verständlich, verständig, verständnisvoll, 17. die Religion – religiös, 18. die Empfindung – empfindlich, empfindsam, 19. die Ängstlichkeit – ängstlich, 20. die Panik – panisch

Ü2: positiv: sorgenfrei, froh, lebenslustig, dynamisch, vergnügt, zufrieden

negativ: deprimiert, niedergeschlagen, mutlos, verzweifelt, entmutigt, geknickt

Ü3: 1. sich auskennen, 2. das Verständnis, 3. reagieren, 4. vernünftig, 5. sich verändern, 6. schüchtern, 7. überblicken, 8. die Behauptung, 9. krank

Ü4: 1. Geisteszustand, 2. Geistesgegenwart, 3. Geistesgeschichte, 4. Geisteswissenschaft, 5. Geistesblitz, 6. Geistesabwesenheit

Ü5: 2. Das kleine Kind schreit sehr lange und laut. 3. Der Baulärm vor unserem Haus geht mir auf die Nerven. 4. Er hat viele kluge Gedanken interessant und witzig formuliert. 5. Sie liebt ihn sehr. 6. Er ist ein Mensch, der immer gut zu anderen ist. 7. Heute Morgen hat meine Kaffeemaschine nicht mehr funktioniert. 8. Das macht mir Sorgen.

Modul 1 Interessantes aus der Psychologie

Ü1a: 2. annehmen, 3. wirklich, 4. gegenüberstellen, 5. untersuchen, 6. unverkennbar, 7. Frustration, 8. überraschend, 9. verstecken, 10. zeigen, 11. im Gegensatz zu, 12. Rest

Ü2: 1. B, 2. A, 3. B, 4. B, 5. A

Ü3: 2. Die Ärzte wollen gestern mit der Untersuchung begonnen haben. 3. Das Experiment soll durchgeführt werden. 4. Das Experiment soll durchgeführt worden sein. 5. Prof. Müller will an einer weiteren Studie arbeiten. 6. Prof. Müller will an einer weiteren Studie gearbeitet haben. 7. Ein neuer Impfstoff soll entwickelt werden. 8. Ein neuer Impfstoff soll entwickelt worden sein.

Ü4: 1. Ich weiß es nicht genau, er soll gestern Vater geworden sein. 2. Ich weiß es nicht genau, sie soll vorige Woche ihre Arbeit verloren haben. 3. Ich weiß es nicht genau, er soll in den letzten Wochen Diät gemacht haben. 4. Ich weiß es nicht genau, sie soll seit Januar ins Sportstudio gehen. 5. Ich weiß es nicht genau, er soll seit Montag viel Besuch bekommen haben. 6. Ich weiß es nicht genau, sie soll seit Anfang des Monats Urlaub haben.

Ü5: 2. Ein neuer Operationssaal soll gebaut werden. 3. Es soll eine umfangreiche Untersuchung geben. 4. Es soll ein neues Medikament gegen Malaria entwickelt worden sein. 4. Der Forscher will mehrere Beweise für seine Entdeckung haben. 5. Ein neues Virus soll gefunden worden sein.

Modul 2 Von Anfang an anders?

Ü1a: Vergleichen Sie mit den Aussagen aus dem Vortrag im Lehrbuch. Wenn Sie ein Mann sind, müssten Sie die Aufgabe A schneller und lieber gelöst haben. Gleiches gilt bei Aufgabe B, wenn Sie eine Frau sind. Im Vortrag wird darauf hingewiesen, dass Männer ein besseres räumliches Vorstellungsvermögen haben, wogegen Frauen Aufgaben gut lösen können, die sie sprachlich umsetzen können. Da es sich aber im Vortrag immer um durchschnittliche Werte handelt, können Sie aber auch eine Ausnahme sein und auch als Frau besser Aufgabe A oder als Mann schneller Aufgabe B gelöst haben. Vergleichen Sie nun im Kurs.

B: <u>Möbel:</u> Schrank, Stuhl, Tisch, Sofa
<u>Kleidung:</u> Pullover, Bluse, Jacke, Kleid
<u>Tiere:</u> Pferd, Biene, Fisch, Kamel
<u>Medien:</u> Monitor, Drucker, Internet, Kamera

Ü2a: 1. welche, 2. unterschiedlichen, 3. fest, 4. ✔, 5. bei, 6. das, 7. entscheidende, 8. körperliche, 9. beeinflussen, 10. auf, 11. Bindungen, 12. größere, 13. durch, 14. Ihre, 15. ✔, 16. sich, 17. spiegeln, 18. ✔, 19. zu, 20. Ausnahmen, 21. Lern-, 22. vom

Ü3: <u>Nachfragen stellen:</u> Kann man aus Ihren Aussagen den Schluss ziehen, dass …?; Mir ist noch unklar, ob …; Habe ich Sie richtig verstanden, dass …?; Ist es richtig, dass …?; Ist mit der Annahme, dass … , gemeint, dass …?; Mich interessiert noch, ob …; Es wäre nett, wenn Sie den Punkt … noch näher erläutern könnten.;

<u>Einwände äußern:</u> Ein Problem sehe ich in …; Ihrer Aussage, dass …; kann ich nicht zustimmen, weil …; … halte ich für problematisch.; Ihre Aussage, dass …, könnte man aber auch so interpretieren, dass …; Was halten Sie von der Gegenthese, dass …?; Den Schluss zu ziehen, dass …, finde ich unlogisch.; Man könnte Ihnen entgegnen, dass …; Ich bin mir nicht sicher, ob man wirklich sagen kann, dass …; Unklar bleibt, ob …

Modul 3 Voll auf Zack!

Ü1: 1. ein ganz normales Kind sei. 2. er einfach nur etwas schneller ist. 3. eingeschult werden soll. 4. die Jahrgangsstufen im gemeinsamen Klassenverband unterrichtet. 5. den Problemen mit der Schule. 6. Jonas unkonzentriert und nicht bei der Sache sei.

Ü2a: <u>niedrig:</u> möglicherweise, angeblich, eventuell, vielleicht

<u>mittel:</u> wahrscheinlich, vermutlich

<u>hoch:</u> sicher, zweifellos, bestimmt, gewiss

191

Lösungen

Ü3: Man muss ihn unterstützen. Man muss ihn unterstützt haben. Er muss unterstützt worden sein.

Man dürfte die Entscheidung korrigieren. Die Entscheidung dürfte korrigiert werden. Die Entscheidung dürfte korrigiert worden sein.

Man muss ihn gefördert haben. Er muss gefördert werden. Er muss gefördert worden sein.

Ü4: 2. Vermutlich hat er die Prüfung geschafft. 3. Bestimmt hat die Lehrerin das falsch verstanden. 4. Es sieht so aus, als ob das Problem bald gelöst wird. 5. Zweifellos wurde der Vorfall der Schulleitung gemeldet. 6. Der Brief an die Eltern ist wahrscheinlich längst angekommen. 7. Es besteht die Möglichkeit, dass der Termin für die Schuluntersuchung verlegt worden ist. 8. Ich bin überzeugt, dass dem Lehrer das Problem längst bekannt ist.

Ü5: 2. Er könnte hochbegabt sein. 3. Er muss die Aufnahmeprüfung bestanden haben. 4. Er kann/dürfte sich in der neuen Klasse wohlfühlen. 5. Jonas muss große Probleme haben. 6. Jonas Noten können/dürften besser werden. 7. Er muss die Schule erfolgreich absolvieren. 8. Er könnte ein Studium beginnen. 9. Er muss die Stelle bekommen haben.

Modul 4 Alles nicht so einfach

Ü1a: Das Kind sagt: „Mach ich doch gar nicht!", denn es hat die Beine auf und nicht unter dem Tisch. Der Vater will, dass sich das Kind ordentlich an den Tisch setzt und die Füße vom Tisch nimmt. Mit dem Spruch „Solange du deine Füße noch unter meinen Tisch steckst (oder stellst) ..." werden Regeln eingeleitet, die Eltern durchsetzen wollen. Es heißt „übersetzt": Solange wir dich ernähren, finanzieren, dir eine Wohnung bieten, gelten unsere Regeln.

Ü1b: Es wird gegessen, was auf den Tisch kommt. Wenn du das Essen nicht isst, scheint morgen nicht die Sonne. Mit dem Essen wird nicht gespielt. Lehrjahre sind keine Herrenjahre.

Ü3: der/die Erziehungsberechtigte, der Erziehungsstil, die Erziehungsmaßnahme, die Erziehungsmethode, das Erziehungsproblem, der Erziehungsfehler, der Erziehungsratgeber, das Erziehungsverhalten, die Erziehungswissenschaft, das Erziehungsziel, die Musikerziehung, die Kindererziehung, die Verkehrserziehung

Ü4a: autoritär

<u>Verhalten der Erziehenden:</u> Kind wird in Verhalten/Denken gelenkt, viele Anordnungen und Befehle, Wünsche/Bedürfnisse der Kinder werden selten respektiert, Eltern stellen hohe Anforderungen;

<u>Umgang mit unerwünschtem Verhalten:</u> Kinder werden getadelt/zurechtgewiesen;

<u>Negative Aspekte:</u> wenig emotionale Unterstützung, Einschränkung der Kreativität und Spontanität, aggressives Verhalten kann auftreten (gegenüber Schwächeren, Ruf nach Aufmerksamkeit), egozentrisches Sprachverhalten (Nachahmung Eltern), Selbstständigkeit wenig gefördert, Selbstwertgefühl gering

antiautoritär

<u>Verhalten der Erziehenden:</u> ohne Zwang, Kindern wird freie Hand gelassen, Entfaltung von Kreativität, Persönlichkeit, Selbstbewusstsein, Gemeinschaftsfähigkeit, kein strikt organisierter Alltag, Raum für Spiel und Entscheidungen der Kinder lassen, Selbstentfaltung nicht unterdrücken;

<u>Umgang mit unerwünschtem Verhalten:</u> Grenzen klar machen;

<u>Negative Aspekte:</u> Erziehungsstil hat schlechten Ruf, weil manche Menschen Kinder ganz ohne Grenzen aufwachsen lassen

Ü5: 1. r, 2. f, 3. f, 4. f, 5. f, 6. r, 7. r, 8. r

Kapitel 9: Die schöne Welt der Künste

Wortschatz

Ü1: 1. Werk, 2. Epoche, 3. Atelier, 4. Motiv, 5. Drama, 6. Museum, 7. Regisseur, 8. Skulptur, 9. Bühne, 10. Gemälde, 11. Leinwand, 12. Skizze, 13. Porträt, 14. Schriftsteller

Ü2: 1. vorspielen, 2. bewundern, 3. beeinflussen, 4. Ausbildung

Ü3: 1. Debüt, 2. Überraschungserfolg, 3. Erfolg, 4. Werk, 5. Genre, 6. Darstellung, 7. Thema, 8. Wunderkind, 9. Konzert, 10. Opern, 11. Gattungen, 12. Ewigkeit

Modul 1 Kreativ

Ü1: einfallsreich, erfinderisch, ideenreich, fantasievoll, produktiv, schöpferisch

Ü3: 1. hat angefangen, 2. habe besucht, 3. hat gegenübergestellt, 4. hat beigebracht, 5. haben aufgeschrieben, 6. hat beantwortet, 7. habe verstanden, 8. hat erklärt, 9. hat gefallen, 10. habe mitgenommen

Ü4: 2. Das Auto fuhr mich fast um. 3. Der Lehrer ging mit seinen Schülern sehr streng um. 4. Mit dieser Taktik umging er das Problem. 5. Die Studenten übersetzten den Text in ihre Muttersprache. 6. Die Fähre setzte vom Festland auf die Insel über. 7. Während des Auslandspraktikum stellte sie ihre Möbel bei Freunden unter. 8. Sie unterstellte ihrer Kollegin Faulheit. 9. Der Schreck durchfuhr sie bei dem Gedanken. 10. Die S-Bahn fuhr bis zum Flughafen durch.

Ü5: 2. Ich habe ziemlich große Angst, bei der Aufnahmeprüfung durchzufallen. 3. Hat der Verlag vergessen, dem Schriftsteller das Geld zu überweisen? 4. Die Stadt hat vor, das gesamte Theater umzubauen. 5. Ich hatte keine Zeit, das Manuskript gründlich durchzusehen. 6. Meine Eltern versuchen immer, mich bei meinen Vorhaben zu unterstützen. 7. Bei dem Casting waren sehr viele Leute und Sina hatte Angst, in der Masse unterzugehen. 8. Der Schauspieler versucht, die Gefühle der Hauptfigur widerzuspiegeln.

Modul 2 Film ab!

Ü1a: 1H, 2E, 3D, 4B, 5C, 6J, 7I, 8G, 9F, 10A

Ü2: Fehler in der Zusammenfassung:
… das Wetter … auch erfahrene Filmemacher oft nicht rechnen.

… im Studio ist auch meist das Arbeitsklima besser, denn die Schauspieler haben weniger Stress.

… Second Unit Team … filmt parallel zum eigentlichen Team ungefähr die Hälfte der Filmszenen.

Früher war es nicht möglich, die Zuschauer mit speziellen Effekten in eine Traumwelt zu entführen.

Korrektur der Fehler:
Erfahrene Filmemacher rechnen mit wettertechnischen Schwierigkeiten. Im Studio wird man nicht von Touristen belästigt oder von Polizisten verhaftet. Das Second Unit Team filmt Explosionen, Massenszenen und Stunts. Seit jeher arbeitet man mit Spezialeffekten.

Ü3a: 2A, 3C, 4J, 5D, 6F, 7H, 8I, 9B, 10G

Modul 3 Ein Leben für die Kunst

Ü1: 1. f, 2. r, 3. r, 4. f, 5. f

Ü2: 1. Daraufhin, 2. andernfalls, 3. Somit, 4. Dennoch, 5. Demgegenüber, 6. Vielmehr, 7. Dennoch, 8. Stattdessen, 9. Folglich, 10. Dagegen, 11. Währenddessen

Ü5: 1. Damit lässt sich kein Einkommen erzielen. 2. Das ist ja ganz einfach. 3. Sie war perfekt vorbereitet.

Modul 4 Leseratten

Ü2: 1. f, 2. b, 3. e, 4. d, 5. f, 6. a, 7. c, 8. e, 9. e, 10. f

Kapitel 10: Erinnerungen

Wortschatz

Ü1a: erinnern: etwas dämmert jemandem, gedenken, etwas auffrischen, etwas fällt jemandem ein, an etwas zurückdenken, etwas kommt jemandem in den Sinn, sich etwas ins Gedächtnis zurückrufen

vergessen: entschwinden, ein schlechtes Gedächtnis haben, jemandem ist etwas entfallen, etwas verbummeln, ein Gedächtnis wie ein Sieb haben, etwas nicht behalten, etwas aus dem Gedächtnis verlieren

Ü1b: 1. verbummelt, 2. an … zurückdenke, 3. aufgefrischt, 4. gedacht, 5. entfallen, 6. kommt … in den Sinn 7. nicht behalten, 8. hast … wie ein Sieb

Ü2: 1. c, 2. e, 3. a, 4. f, 5. b, 6. d

Ü3: 1. Schlüssel, 2. Rendezvous, 3. Versprechen, 4. Regenschirm, 5. Geheimzahl, 6. Ausweis, 7. Termin, 8. Datum, 9. Geburtstag, 10. Monatskarte, 11. Portemonnaie, 12. Verabredung

Modul 1 Erinnern und Vergessen

Ü1: Text 1: 2., 6. Text 2: 4., 5., 8. Text 3: 1., 3., 7.

Ü2a: 1. Empfindung, Spürsinn, 2. Moment, Zeitpunkt, 3. entziffern, auflösen, 4. sehr groß, mächtig, 5. bombardieren, schießen, 6. behalten, aufbewahren, 7. Bereich, Gebiet, 8. abweichend, unterschiedlich

Ü2b: 1. gelangen (Z. 4), 2. begreifen (Z. 7), 3. behalten (Z. 10), 4. unterteilen (Z. 12), 5. aktivieren (Z. 26), 6. nennen (Z. 27)

Ü2c: 2. schwächer werden, 3. bisher, bis jetzt, bis zu diesem Zeitpunkt, 4. klarer und verständlicher, 5. überdeckt

Ü3a: 1. anders formuliert, 2. bei Licht betrachtet, 3. angenommen, dass 4. davon ausgehend, dass 5. grob geschätzt, 6. davon abgesehen, dass

Lösungen

Ü4: 2. Wenn man das menschliche Gehirn mit dem eines Elefanten vergleicht, ist das menschliche Gehirn um Vieles leichter. 3. Wenn man es näher betrachtet, verbreiten sich Impulse in unserem Nervensystem mit 400 km/h. 4. Alzheimer ist, wenn man es allgemein formuliert, eine Erkrankung des Nervensystems. 5. Wenn man von nur 2,2 Prozent der Bevölkerung absieht, die einen IQ von 130 haben, besitzt die Masse der Bevölkerung einen IQ zwischen 85 und 115. 6. Wenn man es kurz zusammenfasst, lernt man am besten, indem man selber ausprobiert.

Ü5: 1. Ehrlich gesagt, 2. Im Grunde genommen, 3. Abgesehen von, 4. Rund gerechnet, 5. Bezogen auf, 6. Verglichen mit

Modul 2 Falsche Erinnerungen

Ü1: Abschnitt 1: 1. Gedächtnisinhalte, die nicht einem vergangenen tatsächlich erlebten Geschehen entsprechen, aber trotzdem als so erlebt empfunden werden. 2. Probanden wurden Fotomontagen vorgelegt, auf denen sie als Kind im Heißluftballon zu sehen sind. Alle konnten sich erinnern, aber die Fahrt mit dem Heißluftballon fand nie statt. 3. Falsche Erinnerungen entstehen nicht absichtlich. Das Gehirn merkt sich nur einen Bruchteil. Es entstehen Wissenslücken, die mit neuen Informationen gefüllt werden.

Abschnitt 2: 1a. Gefühle, 1b. jeweilige Situation, 2. mit einfachen Mitteln wie Filmen, Fotos, glaubhaften Erzählungen möglich, aber nur begrenzt möglich, neue Information muss in den bereits vorhandenen Kontext passen, 3a. werden eher behalten, 3b. verblassen schneller

Abschnitt 3: 1a. Können oft nur schwer unterscheiden, ob der Betreffende etwas wirklich erlebt hat oder mit Schilderungen aus den Medien durcheinanderbringt. Manchmal wollen Befragte auch absichtlich vertuschen. 1b. Unschuldige werden als Täter identifiziert, aber die Betroffenen sehen dem Täter nur ähnlich. Alte Informationen werden mit neuen vermischt und wie Puzzleteile zu einem neuen Bild zusammengefügt.

Modul 3 Kennen wir uns …?

Ü2: 1. wird … erinnern, 2. wird … gehabt haben, 3. wird … leiden, 4. wird … reagieren, 5. wird … sagen, 6. wird … erkannt haben, 7. wird … fragen

Ü3: 1. Er wird Momente meinen, in denen er sich an wichtige Ereignisse oder Begegnungen nicht erinnert hat. 2. Er wird vielleicht dank eines Tests Gewissheit erhalten. 3. Er wird möglicherweise Probleme mit verkleideten Menschen haben. 4. Er könnte die Frau nicht erkannt haben. 5. Sie wird wütend gewesen sein.

Modul 4 Weißt du noch …?

Ü1: Beste Zusammenfassung: Text b, zweitbeste: Text a, drittbeste: Text d, schlechteste: Text c

Ü2: gesamter Text des Liedes: siehe Transkript auf Seite 170.

Kapitel 6
Modul 1 Aufgabe 2

○ In der medizinischen Forschung sind sie immer dabei, wenn es um das Thema Wirksamkeit von Medikamenten geht. Eine Gruppe in der Experimentreihe bekam sie stets, die Placebos: die Pillen ohne Wirkstoff, ohne Power, meist nur harmlose Zuckerdragees, die eigentlich nichts ausrichten können.
Doch heute wissen wir, dass diese Pillen ohne pharmazeutischen Wirkstoff sehr wohl etwas bewirken können, zum Teil so viel wie das entsprechende Medikament mit einem chemischen Cocktail. Nebenwirkungen – so gut wie keine. Und neuere Experimente weisen diese Wirkung sogar nach, ganz zum Ärger der pharmazeutischen Industrie und vieler traditioneller Schulmediziner.
Ich begrüße Sie, meine Damen und Herren, zu unserem heutigen Thema, den Placebos.
Bevor wir uns mit den neueren Forschungsergebnissen beschäftigen, zunächst die Übersetzung: Placebo kommt aus dem Lateinischen und heißt „Ich werde gefallen."
Wie groß dieses Gefallen oder auch Missfallen ist, können wir daran sehen, dass inzwischen internationale Symposien stattfinden, wie kürzlich in Süddeutschland, die zeigen, dass sich die Placebo-Forschung und der Placebo-Effekt zu ernst zu nehmenden Themen in der Wissenschaftsdiskussion gemausert haben.
Trotz aller Forschung steht immer noch die Frage im Raum, ob die Placebos tatsächlich eine Wirkung beim Patienten erzeugen oder ob es sich um reine Einbildung bei den Patienten handelt.
Mit dieser Frage beschäftigt sich die Psychoimmunologie, genauer damit, welchen Einfluss eine Vorstellung in unserem Denken auf unser Immunsystem besitzt.
Tauchen wir also ein in die wissenschaftliche Betrachtung und Analyse der Placebos.
Dazu gleich vorweg eine Definition, was wir unter Placebos verstehen:
Die klassische Definition, die Placebos als „Medikament ohne pharmazeutischen Wirkstoff" beschreibt, wird aus heutiger Sicht um einiges erweitert. Sie ist umfassender geworden, bezieht den Patienten als wichtigen Bestandteil der möglichen Wirkung mit ein.
Wir betrachten Placebos als eine komplexe Interaktion, eine Wechselwirkung, bei der Kommunikationsprozesse und Stoffe ohne Wirkung zum Einsatz kommen und bei der eine messbare Wirkung auftritt.
Wie diese Aspekte im Einzelnen zusammenhängen, wollen wir in unserer Sendung aus unterschiedlichen Blickwinkeln näher beleuchten. Zunächst möchten wir Sie mit den neuesten Fakten aus der Placebo-Forschung vertraut machen und im Anschluss klären, welche Rolle das Arzt-Patienten-Verhältnis dabei spielt.
Bevor hier im Studio eine Expertenrunde diskutiert, ob wir mit unserer Definition zu den Placebos richtig liegen, zunächst ein Beitrag zu den neuesten wissenschaftlichen Erkenntnissen aus der Placebo-Forschung:

● Der Turiner Hirnforscher Fabrizio Benedetti wies mit einem einfachen Experiment Erstaunliches nach: Unsere Vorstellungskraft kann unser Schmerzempfinden beeinflussen.
Im Experiment erhält eine Versuchsperson schmerzhafte Stromstöße. Der Proband erhält die Information, dass ihm bei grünem Licht ein schmerzlinderndes Mittel verabreicht wird, bei rotem Licht nicht. Tatsächlich werden ihm in keinem Fall Schmerzmittel gegeben. Damit sich die Versuchsperson an das Schema gewöhnen kann, wird der Strom am Anfang in unterschiedlichen Stärken aktiviert. Später wird immer der gleiche Stromstoß gegeben, auch bei Grün. Das Ergebnis: Der Proband sagt, dass er keinen Schmerz spüre. Nur die Vorstellung davon, ein Schmerzmittel zu bekommen, unterdrückt das Schmerzempfinden.
Durch das Experiment ließ sich ein interessantes Phänomen nachweisen, die Wechselwirkung zwischen unserem Geist und unseren körpereigenen Funktionen. Die Placebo-Forschung zeigt, dass bei einer Therapie mit Medikamenten die psychologischen Faktoren einen ganz erheblichen Einfluss auf die Wirkung haben. Die körpereigenen Abwehrkräfte im Patienten werden also allein durch den reinen Glauben an die Heilung aktiviert. Diesen Effekt nutzt man, wenn Placebos gestaltet werden. So konnte nachgewiesen werden, dass weiße Pillen eine geringere Wirkung zeigen als bunte. Blaue Medikamente eignen sich auch ohne Wirkstoff hervorragend als Beruhigungsmittel. Rot hat eine belebende Wirkung und wirkt bei rheumatischen Erkrankungen oder Beschwerden im Herz-Kreislauf-Bereich. Kapseln erweisen sich als stärker im Vergleich zu Tabletten. Der Spitzenreiter unter den wirkungsfreien Mitteln ist die Spritze, denn sie kann gegen alle Beschwerden eingesetzt werden. Schon in dem Augenblick, in dem der Patient die Spritze sieht, werden Stoffe im Gehirn freigesetzt, die eine Schmerzlinderung bewirken.
Doch wirken die Placebos unter allen Umständen gleich gut?
Nimmt ein Patient ein Scheinmedikament, das auf einem Beipackzettel verschiedene Nebenwirkungen auflistet, so kann auch eine negative Wirkung eintreten, der sogenannte Nocebo-Effekt. Die reine Erwartung der Nebenwirkungen führt häufig dazu, dass der Patient diese unerwünschten Begleitphänomene auch tatsächlich spürt.
Dem kann nur entgegengewirkt werden, indem der Patient eindeutig über die Wirksamkeit des eingenommenen Medikaments aufgeklärt wird. Die Wirkung des Placebos geht also immer mit dem Wissen über die zu erwartende Heilkraft des Medikaments einher. Für den erwünschten Placebo-Effekt ist das Arzt-Patienten-Gespräch ein entscheidender Faktor.
Fabrizio Benedetti bemerkt hierzu, dass diese Gespräche bereits Schmerzlinderung erzeugen und zu dauerhaften Veränderungen bei Gehirnaktivitäten führen können. Heute können wir also nicht nur sagen,

dass die Kommunikation zwischen Arzt und Patient wichtig ist, sondern auch warum.

○ Schier unglaublich, wie weit der Placebo-Effekt reicht. Da fragen wir uns natürlich, wozu wir die Flut der herkömmlichen pharmazeutischen Präparate brauchen. Oder ob unser Gesundheitssystem nicht mehr auf Kommunikation und Interaktion zwischen Arzt und Patient als auf medikamentöse Behandlung setzen sollte. Für diese und weitere Fragen freue ich mich, unsere heutige Expertenrunde begrüßen zu können …

Modul 4 Aufgabe 1b

Einen schönen guten Abend alle zusammen, ich freue mich, dass Sie trotz des lausigen Wetters den Weg hierher gefunden haben und dass ich den heutigen Abend mit meinem Beitrag eröffnen darf.
Ich möchte in meinem Referat über Mythen der Medizin sprechen. Gerade das Thema Gesundheit betrifft ja jeden Einzelnen von uns und vermutlich ist das auch ein Grund, warum es zu diesem Thema viele „Wahrheiten" und „Weisheiten" gibt, die weit verbreitet sind, sich aber – nimmt man sie genauer unter die Lupe – als Mythen entpuppen.
Den vielleicht verbreitetsten Mythos möchte ich gleich zu Beginn meines kleinen Vortrags aufdecken: Es ist der gängige Glaube, mit neuen Diagnosemethoden ließen sich Krankheiten präziser bestimmen als je zuvor.
Natürlich ist wahr, dass der Medizin immer genauere und ausgefeiltere Geräte zur Verfügung stehen, mit denen der menschliche Körper immer detaillierter dargestellt und „durchleuchtet" werden kann. Aber viele Mediziner wissen, dass für 90 Prozent aller Diagnosen eine ausführliche Krankenbefragung und die körperliche Untersuchung völlig ausreicht: Augen, Ohren, Nase, Mund und Hände sind immer noch das beste Handwerkszeug eines Arztes. Dennoch scheinen sowohl die Ärzte als auch die Patienten den modernen Geräten größeres Vertrauen zu schenken: Viele Ärzte schicken ihre Patienten erst einmal zum Röntgen oder zur Computer- und Kernspintomografie, bevor sie selbst Hand anlegen.
Aber dieses Vertrauen in die Technik ist nicht begründet, wie man schon seit einigen Jahren weiß: 1996 wurden an einigen deutschen Universitätskliniken die Fehldiagnosen ausgewertet und verglichen mit Fehldiagnosen aus den Jahren 1959, 1969, 1979 und 1989. In diesem Zeitraum hatten Hilfsmittel wie Ultraschall, CT und Kernspin Einzug in den medizinischen Alltag gehalten. Aber trotz des technischen Fortschritts ging die Zahl der Fehldiagnosen keineswegs zurück. Obduktionen ergaben, dass zwischen 1959 und 1989 der Anteil nicht oder falsch erkannter Krankheiten konstant bei etwa zehn Prozent lag.
Aber wir müssen ja nicht gleich die dramatischsten Fälle nehmen, betrachten wir einfach einmal das Beispiel Rückenschmerzen. Sie sind das Volksleiden Nummer eins. Keine andere Krankheit verursacht mehr Arbeitsausfälle und Frühverrentungen. Doch in kaum einem Bereich der Medizin gibt es so große Unterschiede zwischen Befund und Befinden: In Röntgen-, CT- und Kernspinaufnahmen sieht man zwar bei den meisten Menschen starke Abnutzungserscheinungen – aber der Verschleiß sagt wenig darüber aus, ob jemand tatsächlich Rückenbeschwerden hat. In einer Untersuchung bekamen Radiologen und Orthopäden Hunderte Röntgenbilder und CT-Aufnahmen zu sehen. Etwa bei jedem dritten Fall erkannten die Mediziner krankhafte Prozesse, die eine Operation erforderlich scheinen ließen. – Was die Knochenexperten nicht wussten: Man hatte ihnen Aufnahmen von beschwerdefreien Sportstudenten vorgelegt. Umgekehrt gelten 90 Prozent aller Rückenschmerzen als „unspezifisch". Es lassen sich also keine Auslöser für die Schmerzen finden – auch nicht mit modernstem Gerät. Sie sehen also, modernste High-Tech hin oder her, der menschliche Körper und die Gesundheit sind nicht allein mit technischen Finessen zu erfassen.

Ein weiteres weit verbreitetes Missverständnis ist, dass die flächendeckende Versorgung mit Hightech-Medizin ein Segen für die Menschen sei.
Aha, werden Sie denken, warum denn nicht? Sehen wir uns das am Beispiel einer Stadt von der Größe Münchens und am Beispiel von Herzerkrankungen an. Eine Stadt wie München verfügt über etwa 30 Großpraxen, Kliniken und medizinische Zentren, die Patienten genauer auf Herzbeschwerden untersuchen können. Mithilfe von Herzkathetern färben Kardiologen Blutgefäße mit Kontrastmitteln und entdecken so mögliche Engstellen, die auf einen drohenden Infarkt hinweisen. Oft ist der Eingriff hilfreich, weil verengte Gefäße wieder geweitet werden. Die Zahl dieser Untersuchungen steigt jedoch rasant, in den USA werden heute etwa eine Million Patienten pro Jahr mit Herzkathetern versorgt, in Deutschland immerhin 200.000. Viel zu viele, bemängelt eine Untersuchung im „New England Journal of Medicine". Häufig hätten Patienten nämlich keinerlei Nutzen von dieser aufwendigen Prozedur.
Für die 1,3 Millionen Einwohner von München würden drei bis fünf Herzkatheter-Labore reichen. Doch keine Klinik und keine Großpraxis will auf die lukrative Untersuchung verzichten. Zu viele Patienten werden deshalb unnötig mit Herzkathetern traktiert. Andererseits haben die behandelnden Ärzte in diesen rund 30 Einrichtungen weniger Erfahrung mit dem Eingriff. Denn wenn sich 30 Kliniken die Arbeit teilen, die drei Kliniken bewältigen könnten, kann man nicht viel Erfahrung sammeln. Beides geht zulasten der Patienten. Das war nur ein Beispiel, aber ich denke, dieses eine Beispiel reicht, um deutlich zu machen, warum die Meinung „Hightech-Medizin ist ein Segen für die Menschen" nicht vorbehaltlos akzeptiert werden kann. Und hier sind wir auch gleich thematisch schon sehr nah am nächsten Mythos, den ich Ihnen nicht vorenthalten will:

Die Meinung, dank moderner Medizin würden wir so alt wie keine Generation vor uns.
Natürlich hat die Medizin enorme Erfolge vorzuweisen. Neue Operationstechniken, Herzschrittmacher, Transplantationen und andere Innovationen haben vielen Menschen geholfen oder sogar das Leben gerettet. Laut einer

Berechnung hat die Medizin zwischen 1950 und 1990 die Lebenserwartung der Menschen in den westlichen Industrieländern um etwa drei Jahre verlängert. Allerdings gibt es Dutzende Studien, die genau diesen Zusammenhang vehement bestreiten. Realistisch sei der Anteil der Medizin daran, dass die Sterblichkeit an Herzinfarkt, Schlaganfall und Krebs zurückgegangen ist, allenfalls mit 15 bis 20 Prozent zu veranschlagen.

In Zeiten der Hightechmedizin gerät aus dem Blick, wie wichtig Lebensumstände, Ernährung und Selbstheilungskräfte für die Lebenserwartung sind. Hier geht es also auch ganz wesentlich um Faktoren, die wenig mit Medizin zu tun haben: Bessere Hygiene, die Kanalisation und nicht zuletzt die Erfindung der Kühlschränke und Gefriertruhen haben entscheidend dazu beigetragen, dass die Menschen heute seltener an Infektionen oder verdorbenen Lebensmitteln erkranken. Ja, und wer seltener erkrankt, der hat natürlich auch eine größere Chance, alt zu werden – vorausgesetzt natürlich, er wird nicht von einem Auto überfahren.

Lassen Sie mich nun zum letzten Mythos für den heutigen Abend kommen:
Ärzte wissen heute – im Gegensatz zu früher –, wie wichtig die Psyche des Patienten ist.

Tja, meine Damen und Herren, schön wäre es. Der ganzheitliche medizinische Ansatz ist zwar in aller Munde und Thema in vielen Zeitschriften und Fernseh- und Radiobeiträgen, aber praktiziert wird er dann doch eher selten. Bis zu 40 Prozent aller Patienten, die einen Hausarzt aufsuchen, leiden an somatoformen Störungen. Das bedeutet: Der Körper signalisiert Beschwerden, ohne dass eine Ursache zu erkennen wäre. Bei Fachärzten klagen, je nach medizinischer Disziplin, sogar bis zu 50 Prozent der Patienten über solche unerklärlichen Symptome. Wenn die Beschwerden der Patienten chronisch werden und sie deswegen immer wieder Ärzte aufsuchen, kommt es im Mittel erst nach fünf bis sechs Jahren zu einer psychosomatischen Abklärung und Behandlung. Das heißt, erst nach über fünf Jahren wird seitens der Medizin versucht, das Problem ganzheitlich zu lösen. Bis dahin laufen die Patienten von Arzt zu Arzt, um sich verschiedene Meinungen einzuholen – und das kostet Zeit, Nerven und natürlich auch Geld.

Dabei zeigte eine britische Studie, dass neun von zehn Patienten, die mit unerklärbaren Beschwerden in die Praxis kommen, Ärzten Hinweise auf ihre persönlichen Nöte gegeben hatten. Einige Patienten äußerten sogar, dass ihr Leiden vermutlich psychisch bedingt sei, sie sich gerade besonders ausgelaugt fühlten, aber keine schlüssige Erklärung für ihre Beschwerden hätten. Trotz dieser klaren Signale gingen mehr als drei Viertel der Ärzte aber nicht auf diese Gesprächsangebote ein, sondern schlugen das kleine ABC der Medizin vor – obwohl es kein Patient eingefordert hatte: Arzneimittel, Bildgebung (Röntgen, Ultraschall etc.), Chirurgie. Viele dieser oft teuren medizinischen Maßnahmen könnten vermieden werden, würden die Ärzte ihre Patienten ganzheitlicher betrachten und ihre Äußerungen ernster nehmen.

So, das waren jetzt vier Mythen der Medizin, die ich Ihnen heute vorgestellt habe. Ich hoffe, ich habe Sie nicht gelangweilt. Abschließend ist es mir noch ein großes Anliegen, darauf hinzuweisen, dass ich durchaus ein Fan der modernen Medizin bin. Es wäre mir sehr unangenehm, wenn hier der Eindruck entstünde, ich hätte etwas dagegen oder gar gegen Ärzte. Dem (Das) ist ganz und gar nicht der Fall und ich bin – trotz allem – sehr froh zu wissen, welche technischen Möglichkeiten uns in Gesundheitsfragen zur Verfügung stehen.

Herzlichen Dank für Ihre Aufmerksamkeit und ich stehe Ihnen natürlich noch sehr gern für Fragen zur Verfügung.

Kapitel 7

Modul 2 Aufgabe 3a

○ Alle Jahre wieder führen wir sie, die Diskussion um jugendliche Kriminelle. Schlägereien in der U-Bahn werden zum Wahlkampfthema gemacht, dann schlagen die Schulen Alarm und berichten von Sachbeschädigungen oder Gewalt auf dem Schulhof und das Fernsehen bringt eine Reportage über mögliche und oft hilflose Erziehungsmaßnahmen für aufsässige Jugendliche, die nur allzu oft scheitern.

Auch das Bild, das uns Statistiken liefern, zeigt uns nur selten eine Abnahme jugendlicher Kriminalität. Dass Jugendkriminalität immer ein Problem sein wird, steht außer Frage.

Was kann man also tun, welche Maßnahmen kann man ergreifen, damit sie gar nicht erst entsteht? Wer spielt dabei eine Rolle, wer sollte Verantwortung übernehmen? Alles Fragen, zu denen ich Gäste in unser Studio eingeladen habe, die sich intensiv mit dem Thema „Jugendkriminalität" beschäftigen. Ich begrüße Frau Margarete Schneider, Strafrichterin aus Bremen, dann Herrn Ingo Möller, Polizist auf den Straßen von Berlin, auch aus Berlin Firad Tan, der als Streetworker täglich mit den Jugendlichen arbeitet, und Frau Ursula Radutz, Schulleiterin einer Grund- und Hauptschule in Frankfurt am Main.

Guten Abend, meine Damen und Herren, danke, dass Sie sich für unser Gespräch zur Verfügung gestellt haben. Am Anfang steht aber meist eine ganz grundlegende Frage. Nämlich die nach den Ursachen: Warum werden Kinder und Jugendliche kriminell? Jeder hat in jungen Jahren einmal über die Stränge geschlagen. Aber kriminell wurden deswegen die wenigsten. Wo ist der Unterschied? Herr Tan …

● Die Ursachen sind vielschichtig. Was wir sicher alle bemerken können, ist, dass der Respekt, die Achtung vor der älteren Generation bei vielen Jugendlichen abgenommen und die Gewaltbereitschaft zugenommen hat. Woran das liegt? Also … Ich gebe ihnen mal zwei Beispiele: … Szene im Mietshaus: Den Vater stört, dass der Nachbar im Garten grillt. Es qualmt und stinkt. Vater und seine Kinder sitzen auf dem Balkon. Erst brüllt der Vater dem Nachbarn lautstark Drohungen zu, dann geht er in den Garten, wirft erst den Grill und

Transkript

dann den Nachbarn um. Das Grillfest ist zu Ende, der Vater hat gewonnen, er wird nicht bestraft, die Kinder haben alles beobachtet und lernen. Zweites Beispiel: Ein Profi-Fußballer schlägt dem anderen ins Gesicht und wird nicht bestraft. Alle sehen das im Fernsehen und lernen. Sie lernen, dass sich Gewalt durchsetzt, die Regeln wohl nicht greifen und man auch seine eigenen Regeln schaffen kann. Dass Gewalt nicht geahndet, bestraft wird, ist also ein gesellschaftliches Problem, daran müssen wir arbei(ten) …

○ Na, da sind wir ja gleich beim Thema Strafen. Können Strafen helfen, weitere Straftaten zu verhindern? Frau Schneider, da sind Sie als Jugendrichterin gefragt …

☐ Ja und nein … Wenn ein Jugendlicher direkt und unmittelbar nach seiner Tat bestraft wird, kann er lernen, dass seine Tat Folgen hat, und zwar ziemlich negative für ihn. In der Praxis passiert aber oft Folgendes: Ein circa 15-jähriger Jugendlicher begeht eine Straftat, wird erwischt und vor Gericht gestellt, weil er jetzt strafmündig ist. Er hat aber schon einiges auf dem Kerbholz. So kann es sein, dass er für die aktuelle Tat sowie für frühere Taten gleichzeitig belangt wird. Die Strafe fällt dann mit mehreren Jahren Jugendarrest recht hoch aus. Der Effekt ist aber keineswegs der gewünschte. Taten und Strafe stehen für ihn dann in keinem Verhältnis von Ursache und Wirkung, die Strafe ist somit relativ sinnlos. Ich denke, Taten müssen direkt, nachdem sie gegangen wurden, vor Gericht gebracht werden.

○ Das hört sich aber gar nicht mehr nach Kuschelpädagogik an …

☐ Kuscheln ist sicher nicht Aufgabe der Justiz. Erzieherisch wirken aber schon.

○ Würden Sie härtere Strafen fordern?

☐ Nein, wozu? Wir haben eine Vielzahl an Strafen: Es beginnt mit der Ermahnung, geht weiter mit Sozialdiensten, die Jugendliche ableisten müssen, Teilnahme an Anti-Gewalt-Seminaren bis natürlich zu Jugendarrest bis zu zehn Jahren. Die Möglichkeiten müssen nur konsequent angewendet werden und es muss Aufklärung stattfinden. Da müssen Jugendamt, Polizei und Justiz mit den Familien und auch den Schulen zusammenarbeiten.

○ Stichwort Polizei, Herr Möller, wie schätzen Sie die Strafen ein?

■ Strafen sind ausgesprochen wichtig. Sie sind eine Konsequenz, die aus dem eigenen Handeln folgen kann. Aber um Straftäter zu ermitteln, muss auch der richtige Rahmen geschaffen sein. Die Polizei hat manchmal nicht genug Personal, um ausreichend präsent zu sein. Hier muss unbedingt etwas getan werden. Sonst bleiben die Möglichkeiten der Justiz leider nur bürokratische Seifenblasen. Vor allem in den sozialen Brennpunkten der Städte muss mehr passieren.

● Naja, aber Polizeipräsenz ist doch noch keine Prävention. Da ist wieder einmal das Problem am falschen Ende angepackt. Bleiben wir bei den Ursachen. Problematische Jugendliche leben oft in sozialen Brennpunkten, richtig. Mit wenig Perspektiven und oft hoher Arbeitslosigkeit, auch richtig. Aber warum gibt es gerade an solchen Brennpunkten dann oft so gut wie keine Angebote, die Jugendliche nutzen können, um von der Straße wegzukommen? Jugendzentren gibt es zu wenige, Sportangebote sind rar, weil zu teuer, werden eher noch abgebaut als gefördert. Auch hier gäbe es reichlich Möglichkeiten zur Verbesserung …

△ Also das ist jetzt einfach zu plakativ. Es gibt schon viele soziale Projekte in allen Städten. Und darunter sind einige sehr erfolgreich, was die Kinder- und Jugendarbeit zur Prävention von Jugendkriminalität angeht.

● Ja, Frau Radutz, das ist schon klar, aber welche laufen denn länger als drei Jahre? Wenn's dann auf einmal vorbei ist, dann gibt das erst richtig Frust.

○ Bleiben wir einmal gleich bei Ihnen, Frau Radutz. Welchen Handlungsbedarf sehen Sie denn bei den Schulen?

△ Was ich sehe und was mich betroffen macht, ist vor allem der Werteverlust, den ich immer wieder feststellen kann. Man muss etwas tun, lange bevor man überhaupt ans Strafen denkt. Es gibt zum Beispiel zunehmend Kinder, die einfach nicht zur Schule gehen, für die Bildung und Wissen kaum eine Bedeutung haben. Schon Kinder in der Grundschule schwänzen den Unterricht. Die Statistiken stammen zwar aus anderen Großstädten, das gibt es aber auch bei uns in Frankfurt. Um das zu verhindern, setzen wir sehr auf die Eltern und führen intensive Gespräche mit ihnen. Was wir feststellen ist, dass manche Eltern sich völlig überfordert fühlen und dringend Unterstützung brauchen. Da kann dann eine konsequent durchgeführte Erziehungsberatung wirklich weiterhelfen. Und dann gibt es Eltern, ja, wie soll ich das sagen, …

○ Denen ist es egal?

△ Naja, egal … aber die kommen mit sich selbst nicht klar. Eltern haben ja aber eben nicht nur Rechte, sondern auch Pflichten, z.B. dafür zu sorgen, dass das Kind zur Schule geht.

○ Kann man denn die Eltern bestrafen? Sie zwingen, ihre Pflicht zu erfüllen, Frau Schneider?

☐ Sicher gibt es da Möglichkeiten. Entweder mit einer Geldstrafe bis zu 2.500 Euro oder ersatzweise Gefängnis.

○ Und das kommt vor?

☐ Geldstrafen kommen durchaus vor.

■ Also ich würde jetzt doch noch einmal gern etwas zu den Ursachen sagen, bevor hier weiter über Reparaturmaßnahmen gesprochen wird …

○ Zu den Ursachen, ja gut, Herr Möller …

■ Ich denke auch, dass Familien Unterstützung brauchen. Das sollte in die Richtung gehen, dass Kinder sich als

Transkript

Teil unserer Gesellschaft fühlen und nicht als Außenseiter. Warum sollte der Außenseiter die Normen einer Gesellschaft respektieren, zu der er nicht gehört?

● Wieso nicht gehört? Die Jugendlichen sind ein Teil …

■ Nun lassen Sie mich doch erst mal ausreden. Es sollte mehr Situationen geben, die Kindern und Jugendlichen zeigen, dass es sich lohnt, Teil unserer Gesellschaft zu sein. Schon ganz früh sollte mit Lob und Aufmunterung und Regeln konsequent gearbeitet werden. Das fängt im Elternhaus an, geht aber auch in der Schule weiter …
Und noch etwas: Viele Jugendliche wünschen sich Regeln. Bei unseren Präventionsveranstaltungen mit Jugendlichen laden wir auch oft solche ein, die z.B. schon in einem geschlossenen Jugendheim waren. Und einige sagen, dass ihnen das geholfen hat. Sie mussten sich an klare Regeln halten, hatten feste Aufgaben und einen geregelten Tag. Fast alle haben dort ihr Verhalten und ihre Noten verbessert.

● Also, ob das die Lösung ist … Das ist ja kurz vor Gefängnis …

■ Nein, halt, das ist kein Plädoyer für die geschlossenen Heime, nein, wirklich nicht … Wir sollten nur daraus lernen, dass für Kinder und Jugendliche Regeln wichtig sind. Und das kann nicht heißen: „Mach, was du willst, Hauptsache, ich habe meine Ruhe …" Nicht für Eltern, nicht für Lehrer, nicht für uns Polizisten.

△ Also, da muss ich jetzt aber mal eine Lanze für die Schulen brechen. Jugendliche verbringen sehr viel Zeit in der Schule. Und Schulen engagieren sich sehr, gerade in sozialen Brennpunkten. Sie bieten AGs an, Veranstaltungen für die Eltern … Aber die Schule kann auch nicht alle Probleme lösen. Es wäre z.B. eine große Hilfe, wenn wir mit Sozialarbeitern stärker zusammenarbeiten könnten. Mehr staatliche Hilfen hätten hier einen guten Effekt.

○ Das können sicher alle von sich sagen, oder, Frau Schneider? (…)

△ Es wäre z.B. eine große Hilfe, wenn wir mit Sozialarbeitern stärker zusammenarbeiten könnten. Mehr staatliche Hilfen hätten hier einen guten Effekt.

○ Das können sicher alle von sich sagen, oder, Frau Schneider?

□ Sicher alle, die wir in der Kriminalprävention arbeiten, können von jeder staatlichen Unterstützung profitieren. Aber es gäbe meines Erachtens noch einen Bereich, der allen zugute käme … Das wäre nämlich eine realistische Berichterstattung in den Medien. Ich will keine Straftat beschönigen, aber keine Straftat hat es verdient, dass sie so viel Aufmerksamkeit bekommt. Denn das ist, was auch viele suchen: Anerkennung durch Aufmerksamkeit. Neulich habe ich über einen jugendlichen Ersttäter, der als Mutprobe eine ältere Frau beraubt, die Schlagzeile gelesen: „Brutaler Raubüberfall mit 14 – Wohin soll das führen?" Zwei Tage später arrangiert die Presse ein Treffen mit Täter und Opfer, der Junge entschuldigt sich unter Tränen. Happy End. So ist nicht das Leben und so ist auch nicht das Gesetz.

● Das gilt aber nicht nur für die Presse. Auch Serien im Fernsehen über Erziehungscamps wollen uns doch tatsächlich weismachen: „Alles nicht so schlimm. Gib den Kids nur die richtigen Regeln und Aufgaben, dann wird das schon wieder." Also, ich glaube nicht wirklich daran, dass das richtige Korsett aus Regeln die gewünschte Wirkung erzielt. Deshalb bin ich auch bei dem, was Sie sagten, Herr Möller, skeptisch. Wer bestimmt denn, was die richtigen Regeln sind?

○ Naja, also spätestens das Gesetz, auch für Jugendliche. Ich denke, wir konnten zahlreiche Antworten zu unseren Ausgangsfragen finden. Nicht alle Diskutierenden waren einer Meinung hinsichtlich der Maßnahmen zur Vermeidung und Verringerung von Jugendkriminalität, aber es kam einhellig zum Ausdruck, dass viel getan wird, aber auch weiterhin viel zu tun bleibt. Für den Staat, aber auch für die Jugendlichen selbst, ihre Familien, ihre Lehrer. Ich danke meinen Gästen im Studio für die anregende Diskussion. Viele Informationen zum Thema finden Sie wie immer auf unserer Homepage unter www …

Modul 4 Aufgabe 3

Abschnitt 1

○ Petersen fühlte sich elend, seine Hände schwitzten, der Mund war trocken und die Knie weich. Nervosität und auch Angst hatten sich in den letzten Minuten bei ihm eingeschlichen, bevor er allen Mut zusammennahm und in das Vorzimmer vom Chef eintrat.

● Morgen … Ich möchte zu Herrn Fossner. Petersen mein Name, vom Sicherheitsdienst.

○ Mit abschätzigem Blick musterte ihn die Sekretärin.

□ Das passt gerade ganz schlecht. Herr Fossner hat im Moment überhaupt keine Zeit.

● Es ist aber wirklich dringend. Es geht um was Privates.

○ Die Sekretärin seufzte unter ihrer roten Lockenmähne und wies Petersen einen Besucherstuhl neben der Sitzgruppe zu. Endlose Minuten … Dann wurde er zum Chef vorgelassen. Der wippte lässig in seinem weißen Ledersessel. Fossner in voller Lebensgröße, ein Schrank von einem Mann, früher Boxtrainer, heute Boss von 1.000 Mitarbeitern. Die Firma war aber nicht sein Verdienst, es war das Geld seiner Frau, das seine Geschäfte möglich machte.

■ Was gibt es denn so Dringendes, dass Sie nicht ein andermal wiederkommen können? Aber kurz bitte, ich hab meine Zeit nicht gestohlen.

● Ja … Mein Name ist Freddy Petersen. … Ähm, ich bin vorbestraft. Vor zwei Jahren bin ich aus der Haft entlassen worden und hier in der Firma habe ich eine neue Chance bekommen, beim Sicherheitsdienst.

Transkript

- ■ Ja, ist ja gut und schön – und weiter?
- ● Also, ich mache Nachtdienst. Leider, ich weiß auch nicht, wie das passieren konnte, bin ich neulich bei der Arbeit eingeschlafen. Ganz kurz nur, aber jetzt will mich der Personalchef entlassen.
- ■ Und? Warum erzählen Sie mir das alles?
- ● Bitte, Herr Fossner. Das wird nie wieder vorkommen. Ich brauche die Arbeit. Ich bekomme doch nichts anderes mehr mit meiner Vorstrafenliste. Das ist meine einzige Chance.
- ■ Heulen Sie mir nicht die Ohren voll. Ich bin doch kein Sozialverein und für so Jammerlappen wie Sie ist hier sowieso kein Platz.
- ○ Petersen zuckte zusammen. Fossner hatte es nicht anders gewollt. Er nahm seinen Mut zusammen, drückte das Kreuz durch, saß jetzt aufrecht mit schmalen Augen und vorgestrecktem Kinn.
- ● Tut mir leid, dass ich dann davon Gebrauch machen muss. Aber wenn Sie mich rauswerfen, werde ich der Presse einen Tipp geben, der sie brennend interessieren dürfte. Dann wird alle Welt erfahren, was für krumme Dinger hier in der Firma laufen. Ich weiß nämlich von Ihren Schmuggelgeschäften.
- ■ Ach, Sie bluffen doch nur.
- ● Da täuschen Sie sich gewaltig, Herr Fossner. Ich habe die gefälschten Lieferpapiere und die gelieferten Waren der letzten Wochen gecheckt, die Beweise kopiert und sicher deponiert. Das dürfte nicht nur Journalisten interessieren. Fossner … Sie schmuggeln Waren in ganz großem Stil. Wenn das rauskommt, können Sie den Laden hier dicht machen. Entweder ich behalte meinen Job oder ich gehe damit an die Presse.
- ○ Fossner wurde blass – polizeiliche Ermittlungen wären sein Ruin. Und selbst wenn die Polizei nicht auftauchte, so wusste er wie jeder andere in der Firma, dass mit seiner Frau nicht zu spaßen war. Sollte ihr auch nur ein Verdacht zu Ohren kommen, so würde sie Fossner kurzerhand vor die Tür setzen. Schließlich war es ihr Geld, das hier auf dem Spiel stand. Von ihrem guten Ruf einmal ganz abgesehen. Fossner würde also die Firma verlieren und all den Luxus, den das Vermögen seiner Frau ihm bot.

Abschnitt 2

- ○ Tagsüber auf Vorrat für die Nachtschicht zu schlafen war für Petersen nie ein Problem gewesen, aber heute bekam er kein Auge zu. Seit Stunden wälzte er sich hin und her und ihm wurde immer klarer, dass er wieder einmal alles falsch gemacht hatte.
  Es war der absolute Wahnsinn, diesen skrupellosen Fossner so unter Druck zu setzen. Er wusste doch, was über ihn erzählt wurde. Der ging, ohne mit der Wimper zu zucken, über Leichen.
- ● Oh Gott, ich bin so ein Idiot. Jetzt bin ich ein ständiges Risiko für ihn. Er wird mich gnadenlos ausschalten.
- ○ Petersen hatte wegen verschiedener kleinerer Betrugsgeschichten eine Haftstrafe verbüßt. Er war dumm genug gewesen, sich damals erwischen zu lassen, gewalttätig war er nicht. Aber er hatte genügend Fantasie, um sich ausmalen zu können, was passieren würde. Nächtliches Eindringen auf das Firmengelände. Eindeutige Sache: Der Sicherheitsmann vom Nachtdienst überrascht den Eindringling. Es kommt zu einem Handgemenge, bei dem der Wachmann unglücklicherweise das Zeitliche segnet. Ja, es ist ganz einfach, Petersen ohne großes Aufsehen und viele Fragen loszuwerden. Wer würde schon ahnen, dass es sich um einen Mord handelte und der Chef selbst der Auftraggeber war?
  In äußerster Anspannung verbrachte Petersen seinen nächsten Nachtdienst. Jedes Geräusch auf dem weitläufigen Firmengelände ließ ihn zusammenzucken … Aber nichts geschah. Und als der Morgen graute, wusste er, was zu tun war.

Abschnitt 3

- ○ Er brauchte Zeit, bis er seine Situation und die diversen und obskuren Schmuggelgeschäfte seines Chefs in den ihm zur Verfügung stehenden Worten aufgeschrieben hatte. Zusammen mit den Kopien aus dem Versteck in der Tiefkühltruhe steckte er seine Erklärung in einen großen Umschlag, klebte ihn zu und machte sich auf den Weg. Hinter der alten Post traf er wie verabredet seinen Freund Bodo Jahnke, einen ehemaligen Mithäftling. Sie hatten zusammen eine Zelle geteilt, Petersen vertraute ihm blind und übergab ihm den Umschlag mit knappen Anweisungen. Jahnke nickte und ließ den Umschlag im Auto verschwinden. Dann gingen sie gemeinsam ein Stück durch den trüben Novemberregen bis zu dem kleinen Café am Bahnhof. An einem Ecktisch konnten sie dort ungestört die Details besprechen. Fassungslos hörte Jahnke zu. Dann verdüsterte sich seine Miene.
- △ Meine Güte, Freddy, du bist so gut wie tot. Ist dir das klar?
- ● Aber meinst du wirklich, er würde so weit gehen?
- △ Ich kenne Fossner ziemlich gut. Der fackelt nicht lange. Mir schwant Böses, gestern hab ich ihn im Blauen Pagagei, du weißt schon, die Kneipe im Westend, gesehen, zusammen mit Andy Holzmann.
- ● Mit wem?
- △ Mann … Holzmann … Kennst du doch … Im Knast nannten sie ihn die Eisenkralle. Saß wegen schwerer Körperverletzung. Stand auch schon mal unter Mordverdacht, aber beweisen konnten sie ihm nichts.
- ○ Petersen wurde flau in der Magengegend. Natürlich erinnerte er sich an Holzmann. Er hatte ihn schon lange nicht mehr gesehen. Aber er wusste, was das für ein Typ war. Holzmann galt als extrem gewalttätig. Er hatte früher sein eigenes Boxstudio, in dem Fossner Trainer war. Fossner und Holzmann. Zwei Kumpel wie Pech und Schwefel.

Holzmann hatte wegen der vielen Vorstrafen dann irgendwann seine Lizenz verloren. Jetzt, hieß es, ließ er sich für gutes Geld fürs „Grobe" anwerben.

Abschnitt 4

○ Während sie redeten, hatte sich das Lokal langsam gefüllt. Jahnke stand auf und ging auf die Toilette. Petersen holte sich noch eine Cola von der Theke, bevor er wieder an seinen Tisch zurückkehrte. Eben hatte sich ein Mann auf den dritten Stuhl an ihrem Tisch gesetzt und sein Getränk, ebenfalls eine Cola, vor sich auf dem Tisch abgestellt.

▲ Hier ist doch noch frei?

○ Petersen nickte. Er brachte kein Wort heraus. Es war Holzmann! Da wurde Petersen von hinten angestoßen und wandte den Kopf. Jahnke stand hinter ihm.

△ Hallo, Andy, lange nicht gesehen. Kennst du mich noch?

▲ Klar, Knastis vergesse ich nie.

△ Was treibst du denn so?

▲ Alles Mögliche. Geschäfte eben, mal hier, mal da.

● Die beiden redeten über bangloses Zeug. Petersen versuchte, seine Fassung wiederzufinden, seine Hände zitterten, der kalte Schweiß stand ihm auf der Stirn. Fragen schossen ihm durch Kopf: Was wollte Holzmann? War er in Fossners Auftrag hier? Sollte er ihn, Petersen, beseitigen?
Petersen hätte fast seine Cola verschüttet. Abgesichert war er, die Infos hatte sein Freund Jahnke. Nun musste er veranlassen, dass Fossner seinen Killer zurückpfiff.

Abschnitt 5

○ Petersen stand wortlos auf, ging vor die Tür und kramte sein Handy aus der Tasche. Hektisch wählte er Fossners Nummer. Jahnke war ihm inzwischen gefolgt.

● Jetzt geh doch endlich dran!

■ Hallo?

● Hier Petersen. Herr Fossner, falls Sie mit dem Gedanken spielen, mich aus dem Weg zu räumen, vergessen Sie's. Ich habe mich abgesichert. Wenn mir was passiert, landet ein sehr aufschlussreiches Schreiben bei der Polizei.

○ Fossner wurde immer nervöser. Wieder und wieder versuchte er, Holzmann zu erreichen.

■ Geh doch endlich ran. Nun mach schon.

○ Niemand meldete sich. Fossner wusste, wie Holzmann vorgehen wollte. Sie hatten alles bei ihrem Treffen gestern im Blauen Papagei besprochen. Fossner hatte Holzmann bereits eine hohe Summe als Vorschuss gezahlt.
Der Plan war doch eigentlich so perfekt gewesen: Holzmann wollte ein langsam wirkendes Gift verwenden, das man nicht schmeckte und das im Körper nicht nachweisbar war. Dieses Gift sollte Petersen zum Schweigen bringen.

△ Sieh mal. Was ist denn da los?

○ Petersen blickte zum Eingang des Cafés, in dem man kurz Holzmann sehen konnte. Er hatte nur wenige Schritte gemacht, dann taumelte er und brach schließlich zusammen. Jetzt lag er wie tot in der Tür, umringt von Leuten, die versuchten, ihm zu helfen.

△ Der sieht nicht gut aus, der Holzmann. Hab ich mir's doch gedacht.

○ Petersen konnte nicht folgen und schaute Jahnke nur ungläubig an.

△ War es also doch richtig, seine Cola gegen deine Cola zu vertauschen. ... Habt ihr beide nicht gemerkt, was?

Kapitel 8

Modul 2 Aufgabe 2

○ Guten Abend, meine Damen und Herren. Ich freue mich, Sie hier im psychologischen Seminar begrüßen zu können. Heute zu einem Thema, das sicher auch in Zukunft noch für sehr kontroverse Diskussionen sorgen wird.
Glaubten Pädagogen über lange Zeit an die Gleichheit der Geschlechter, so belehrt uns die Hirnforschung eines Besseren. Sie belegt mit Studien, dass es die Chromosomen sind, die über unsere Art des Denkens bestimmen.
Erläutern wird Ihnen diese Erkenntnis heute Abend Frau Professor Corinna Schetz aus Konstanz, die, wie Sie sicher wissen, umfassend zu diesem Thema forscht und publiziert. Bitte, Frau Professor Schetz ...

● Danke schön ... Vielleicht erinnern Sie sich, meine Damen und Herren ... Es gab eine Zeit, da hieß es, man müsse den kleinen Jungen bloß Puppen und den kleinen Mädchen Autos schenken, und schon wären sie überwunden, die leidigen Geschlechterrollen.
Sozialisation war alles, Biologie oder Veranlagung galten bestenfalls als schlechte Ausreden.
Diese blauäugigen Zeiten emanzipatorischer Ideologie haben wir hinter uns gelassen.
Frauen sind nicht wie Männer, das belegt inzwischen ein ganzer Berg von Forschungsliteratur aus 30 Jahren. Viele haben über Unterschiede im Sozialverhalten von kleinen Kindern geforscht und kamen allesamt zu dem Schluss, dass Mädchen weit sozialer veranlagt sind als Jungen.
Das Y-Chromosom ist der Schlüssel zur Männlichkeit: Es setzt die Produktion von Androgenen im Fötus in Gang. Im weiblichen Fötus ohne Y-Chromosom werden die Androgene nicht aktiviert. Die Umwelt, sagt der Biologe David Page, verstärke oder bestätige nur, was ohnehin angelegt sei.

Der Augenschein gibt ihm Recht:
Mädchen spielen eher im Haus oder in dessen Nähe, meistens in Gruppen von zwei, drei Freundinnen. Ihre Beziehungen sind eng und vertratscht. Jungen entfernen sich weiter vom Haus, spielen in größeren Gruppen,

Transkript

ihre Freundschaften sind selten so intim und drehen sich meist um gleiche Interessen wie Fußball oder die PlayStation. Mädchen tun regelmäßiger, was man ihnen sagt, und geraten dadurch seltener in Gefahr als Jungen. Mädchen suchen den Konsens, wollen beliebt sein, stimmen mit dem anderen gern überein. Sie wollen mit Worten überzeugen, nicht wie die Jungen ihr Ziel mit Aggression erreichen.

Doch die Aggression der Jungen scheint eben nicht in erster Linie böser Wille, sondern Teil ihres genetischen Rüstzeugs zu sein. Schon im Mutterbauch werden sie im dritten Monat von bis zu achtmal größeren Mengen Testosteron überschwemmt als die Mädchen. Dabei weisen Versuche nach, dass das Hormon nicht nur Einfluss auf den Körper, sondern auch auf den Geist hat. Mädchen sprechen mit ihrem Spielzeug, Jungen nehmen es auseinander. Mädchen lernen früher sprechen, lesen besser und mehr, können sich besser konzentrieren (zwanzig Minuten, Buben bloß fünf) und leiden seltener unter Legasthenie. Jungen hingegen können einen Körper in ihrer Vorstellung drehen. Sie können schon als Zweijährige dreidimensionale Puzzles zusammenbauen und haben eine bessere Hand-Augen-Koordination. Das sind die statistischen Durchschnittswerte: Natürlich gibt es auch sprachlich begabte Knaben und Mädchen mit einem fabelhaften Ortssinn.

Der Vorteil der Mädchen bei Sprachtests ist groß, in der höheren Mathematik allerdings geht dieser Vorteil verloren. Warum? Mädchen fehlt offenbar das räumliche Vorstellungsvermögen der Jungen. Diese benutzen die visuellere rechte Gehirnhälfte, um mathematische Probleme zu lösen. Die verbreitete und nicht nur legendäre Parkunfähigkeit unter Frauen ist diesem Unterschied geschuldet. Er sieht die Lücke und kann sich bildlich vorstellen, wie der Wagen in die Lücke passt. Sie muss das Parken in Worte fassen: Wie lang ist mein Auto, wie groß ist die Lücke? Freilich sind verbale Strategien zur Lösung räumlicher Probleme nicht besonders effektiv.

Die Jungen haben auch einen besseren Ortssinn, aber Mädchen finden einen Weg besser, den sie zum zweiten Mal zurücklegen, weil sie das räumliche Problem in ein verbales verändert haben – „rechts hinter dem Spielplatz, links hinter der Gärtnerei". Diese Unterschiede sind auch bei Schimpansen und Ratten festgestellt worden, Männchen finden ihren Weg leichter durchs Labyrinth, Weibchen aber prägen sich die Wegmarken ein.

Hirnforscher wie Katherine Hoyenga erklären die unterschiedlichen Begabungen so: Frauen haben eine stärkere Vernetzung zwischen beiden Hirnhälften, Männer haben eine stärkere Verbindung innerhalb jeder Hälfte. Das weibliche Hirn sieht mehr, hört mehr, kommuniziert schneller, schafft schneller Querverweise.

Die Sprachbereiche im weiblichen Hirn sind größer als jene bei den Männern. Sein Hirn kann ganz eng fokussieren – daher wohl auch der männliche „Tunnelblick".

Sie hat sozusagen Flutlicht, er ein Spotlight. Ein Mathematikexperiment mit begabten Kindern zwischen zehn und zwölf Jahren an der Universität von Iowa 1990 brachte Erstaunliches an den Tag: Die meisten Jungen und Mädchen benutzten beide Gehirnhälften, um die Mathematikaufgaben zu lösen, die hoch begabten Jungen indes hatten die linke Seite komplett ausgeschaltet und benutzten nur die rechte Seite.

Das bedeutet, dass die begabtesten Mathematiker mit weniger mehr erreichen. Michael O'Boyle, der Psychologe, der diese Experimente durchführte, erklärt das so: Der Denkvorgang der Jungen ist effizienter. Die Mädchen stecken zwar mehr Hirn, also beide Hälften, aber nicht so konzentrierte Aktivität in die Aufgabe. Dasselbe beobachtete O'Boyle bei Kindern, die dreidimensionale Puzzles meistern sollten. Die Jungen aktivierten nur ihre eine Gehirnhälfte, die Mädchen beide, doch die Jungen kamen zu besseren Ergebnissen.

Frauen haben sich in großer Zahl in der Jurisprudenz, der Medizin, der Psychologie, den Sozialwissenschaften eingerichtet, nicht aber in Ingenieurwissenschaften, Mathematik und den Naturwissenschaften. Und wenn sie doch gelegentlich in die Naturwissenschaften gehen, dann wählen sie eher Fächer mit einer sozialeren Komponente als ausgerechnet Teilchenphysik – sie entscheiden sich etwa für Biologie, Ernährungswissenschaft oder Umweltmedizin.

Schaut man auch heute z.B. in die philologischen oder pädagogischen Studiengänge oder in soziale und pflegerische Berufe, so sind hier die Männer unterrepräsentiert. Kindergärtner oder Grundschullehrer bleiben eher eine Ausnahmeerscheinung. Die schlechte Bezahlung von typisch weiblichen Berufen macht diese dazu auch noch wenig attraktiv. Aber auch Initiativen wie der „Girls' Day", der Mädchen für naturwissenschaftliche und technische Berufe interessieren soll, haben deren Motivation nicht steil ansteigen lassen. Selbst wenn diese Berufe deutlich besser bezahlt sind als Frisörin oder Verkäuferin, von einem ausgewogenen Verhältnis bei der Berufswahl kann keine Rede sein.

Wozu auch?

Die Forschung deutet auf bestimmte Grundveranlagungen bei Jungen und Mädchen hin. Ausnahmen wird es dazu immer geben. Um herauszufinden, welche Talente und Vorlieben ein Kind hat, können wir ihm weiter viele Angebote beim Spielen und Lernen machen, ihm die Vielfalt zeigen. Die Wahl trifft es dann schon ganz von allein. … Dankeschön.

Modul 3 Aufgabe 2a

O Liebe Hörerinnen und Hörer, ich begrüße Sie recht herzlich zu einer weiteren Sendung unserer Elternsprechstunde. Wie immer haben wir von Ihnen viele Zuschriften erhalten, die wir hier unmöglich alle besprechen können. Wir haben aber einen interessanten Fall ausgewählt, den wir Ihnen gern vorstellen möchten. Dazu habe ich mir ins Studio einen Gast eingeladen. Ich begrüße ganz herzlich Herrn Prof. Boldmann vom Lehrstuhl für Pädagogische Psychologie der Humboldt Universität Berlin. Herzlich willkommen, Herr Professor Boldmann.

● Guten Tag, Frau Mainowski.

○ Und hier, liebe Hörerinnen und Hörer, unser heutiger Fall:

☐ *Eigentlich haben die Eltern ihren Sohn immer für ein ganz normales Kind gehalten. Als Jonas, heute 10, mit sieben Monaten erste Worte spricht, denken sie sich nicht viel dabei. Zwar beginnen die meisten Kinder damit erst nach etwa einem Jahr, doch das Ehepaar aus Hamburg meint, dass Jonas „einfach nur etwas schneller ist". Allerdings kann die Familie „nirgendwo hingehen, ohne aufzufallen", erinnert sich die Mutter. Als sie Schuhe für den Einjährigen kaufen will, fragt die Verkäuferin, ob der Junge, der noch im Krabbelalter zu sein scheint, nicht mit Socken auskomme. „Ich kann laufen", erwidert Jonas. „Ich brauche Schuhe." Die verdutzte Frau hält den sprachbegabten Knirps daraufhin für kleinwüchsig und vorlaut. Richtige Probleme aber gibt es erst, als Jonas eingeschult werden soll. „Da gehe ich nicht hin", sagt er nach dem ersten Tag: Die Lehrerin entspreche zu sehr „dem Klischee einer Grundschullehrerin". Die Eltern schicken ihn daraufhin in eine Montessori-Schule, wo die Jahrgangsstufen im gemeinsamen Klassenverband unterrichtet werden. Auch auf dieser Schule fühlt sich Jonas nicht wohl und kommt mit der Lehrerin nicht zurecht. In der 3. Klasse klagt er über schwere Bauchschmerzen – psychosomatische Beschwerden, wie sich herausstellt, verursacht von den Problemen in der Schule. Nach der Grundschule lassen die Eltern ihren Sohn auf das Gymnasium gehen. Die Schmerzen verschwinden, doch stellen sich andere Probleme ein: Dem Mathematiklehrer fällt auf, dass das Kind mit den Rechenaufgaben immer sehr schnell fertig ist. Alle Aufgaben sind richtig gelöst, nur die Zwischenschritte fehlen. Da es für Zwischenschritte aber in Klassenarbeiten Punkte gibt, werden Jonas Punkte abgezogen und er erhält oft nur die die Note ausreichend oder sogar schlechter. Die Klassenlehrerin beklagt sich, Jonas sei unkonzentriert und nicht bei der Sache. Daher hagelt es in weiteren Fächern schlechte Noten. Nun sorgen sich die Eltern: Was ist los mit ihrem Sohn? Schafft er das Gymnasium nicht?*

○ Tja, was denken Sie, Herr Professor Boldmann, was ist los mit Jonas?

● Nun, so wie die Situation beschrieben wurde, dürfte Jonas zu jenen Kindern gehören, die über eine außergewöhnliche intellektuelle Begabung verfügen.

○ Sie vermuten, Jonas ist besonders begabt? Aber Jonas bekommt in Mathematik und anderen Fächern schlechte Noten? Er hat Probleme in der Schule. Er kann nicht zu den besonders Begabten gehören. Da muss Ihre Diagnose falsch sein.

● Sie könnten durchaus recht haben, wenn man daran denkt, dass wir hier nur über Jonas sprechen und nicht mit ihm. Aber in dem Fall von Jonas sprechen einige Dinge dafür, dass er doch hochbegabt sein könnte.

○ Welche Dinge sind das denn?

● Nun, zunächst einmal spricht für meine Vermutung, dass sich eine Hochbegabung fast immer schon im Vorschulalter zeigt. Solche Hinweise im Vorschulalter sind z.B., dass sich Kinder selbst das Lesen beibringen, ohne durch ältere Geschwister dazu motiviert bzw. von den Eltern gefördert zu werden. Auch ein eigeninitiativer Schrifterwerb ist ein solcher Indikator für eine besondere Begabung. Darüber hinaus lässt auch eine besonders differenzierte sprachliche Ausdrucksweise in sehr frühem Alter auf eine Begabung schließen. So wie im Fall von Jonas. Jonas scheint auch schneller und besser als seine Altersgenossen Probleme lösen zu können, die neue Wege des Denkens erfordern. So wie im Fach Mathematik.

○ Das mag ja sein, aber was ist dann mit seinen schlechten Noten?

● Diese Frage möchte ich mit einem zweiten Argument beantworten: Es ist wissenschaftlich erwiesen, dass einem überdurchschnittlich intelligenten Kind nicht automatisch und durchgängig Erfolg garantiert ist. So wie im Beispiel von Jonas. Seine Noten sind durchwachsen, in Mathematik manchmal sogar schlecht. Solch schwache Leistungen sind bei hochintelligenten Schülern keine Seltenheit: Ohne gezielte Förderung haben sie oft Probleme, sich für den Unterricht zu motivieren. Stattdessen tun sie sich auf Gebieten hervor, die weniger häufig mit Hochbegabung in Verbindung gebracht werden. Ich kenne z.B. einen 14-Jährigen, der seine Arbeit im Kunstunterricht mit aufwendigen Multimedia-Präsentationen dokumentiert, eine Schülerzeitung aufbaut und Kurzgeschichten bei Literaturwettbewerben einreicht.

○ Aber kann man eine solche Hochbegabung nicht irgendwie wissenschaftlich nachweisen?

● Eine Hochbegabung wird über die Intelligenzleistung nachgewiesen. Die kann man mit entsprechenden Intelligenztests messen. Liegt der Intelligenzquotient (IQ) über 130, gilt man als hochbegabt. Dieser Wert wurde willkürlich festgelegt, ist aber allgemein akzeptiert. Der Durchschnitts-IQ liegt übrigens bei 100.

○ Einige Eltern werden sich jetzt sicherlich fragen, ob es noch andere Anhaltspunkte gibt, die auf eine Hochbegabung schließen lassen. Denn einen Intelligenztest hat man nicht immer zur Hand.

● Das ist ganz schwierig, denn Eltern haben beim eigenen Kind kein objektives Auge und das sollen sie auch nicht. Auch Lehrern fällt die Abgrenzung schwer: Ist das Kind hochbegabt oder wächst es einfach in einem sehr bildungsnahen Elternhaus auf? Eltern und Erzieher sollten aber aufmerksam werden, wenn sie merken: Ein

Kind reagiert schneller als andere, es fasst Dinge schneller auf, findet kreativere Lösungsansätze. Verhält sich ein Kind nicht altersnormgerecht, hat es Interessen, die weit über die in seinem Alter üblichen Interessen hinausgehen, kann das ein Zeichen für Hochbegabung sein. Es könnte sich aber auch um einen Entwicklungsfortschritt handeln, der sich in ein, zwei Jahren wieder relativiert.

○ Und was sollten Eltern tun, wenn sie solche Anzeichen bemerken?

● Sie sollten sich telefonisch oder per E-Mail an eine Beratungsstelle wenden und sagen: Es könnte sein, dass unser Jonathan oder unsere Luise hochbegabt ist, aber wir wissen es nicht. Es gibt dann ein Telefonat und in jedem dritten Fall ein persönliches Gespräch mit den Eltern. Wenn die Eltern es wünschen, kann der schulpsychologische Dienst dann einen IQ-Test machen. Dann können die Kinder entsprechend ihren Fähigkeiten gefördert werden.

○ Zunächst einmal vielen Dank, Herr Prof. Boldmann. Wenn Sie, liebe Hörerinnen und Hörer, noch weitere Fragen an Herrn Prof. Boldmann zu unserem Thema „Hochbegabung" haben, rufen Sie uns an unter 030/454545. Herr Professor Boldmann wird gern Ihre Fragen beantworten.

Modul 4 Aufgabe 3c

○ Ende der 60er-Jahre begann es in deutschen Kinderzimmern zu rumoren. Viele junge Eltern wendeten sich zunehmend von den Konventionen ab und neuen, alternativen Lebenskonzepten zu. Unter den Studenten entstand die „68er"-Bewegung und stellte die gesellschaftlichen Regeln in Frage. Dies war auch die Geburtsstunde der antiautoritären Erziehung. Nun sind wir über 40 Jahre weiter und auch heute führen wir wieder heftige Debatten zum Thema „Erziehung". Es ist nicht mehr vom unterdrückten, sondern vom tyrannischen Kind die Rede, das trotzt und schreit, selten Grenzen akzeptiert und seine Eltern fest im Griff hat. Ist die antiautoritäre Erziehung schuld? Diese Frage und andere möchte ich mit den Kinderpsychologen Herrn Dr. Bernhard Meierfeld aus Rostock und Frau Dr. Simone Pohl aus Magdeburg klären, die heute bei uns im Studio sind. Guten Abend.

● Guten Abend.

□ Hallo.

○ Wer ist also schuld an den tyrannischen Kleinen, die viele beklagen? Herr Dr. Meierfeld … ich spreche Sie einmal gezielt an. Sie vertreten ja eher die Sicht der antiautoritären Richtung, also einer zwangfreien Erziehung.

● Naja, also … Kinder sollen sich meines Erachtens ohne Unterdrückung zu selbstbewussten, kreativen, gemeinschafts- und konfliktfähigen Personen oder vielmehr Persönlichkeiten entwickeln. In traditionellen Systemen ist dies natürlich nicht einfach. Unser herkömmliches Schulsystem z.B. … mit 45-Minuten-Unterrichtsstunden, mit ständigen Themenwechseln und leistungsorientiertem Notensystem ist kaum in der Lage, die Selbstentfaltung der Kinder voranzutreiben, und übt viel Zwang aus. Dagegen lehnen sich Kinder oft auf, aber tyrannisch würde ich sie nicht nennen.

○ Zwangfreie Erziehung. Können Sie sich da anschließen, Frau Dr. Pohl?

□ Das käme darauf an, was wir unter Zwang verstehen. Wenn wir damit Regeln und Grenzen meinen, dann kann ich nicht zustimmen. Ich erlebe in meiner Praxis täglich Fälle von Kindern, denen jegliche Orientierung fehlt. Da sie sie von ihrem Umfeld, meist den Eltern, nicht in frühen Jahren erhalten haben, schaffen sie sich ihr eigenes Ordnungssystem. Damit ecken sie oft an, sie werden auffällig, bekommen Schwierigkeiten, unter denen sie leiden.

● Wenn ich da mal kurz einhaken darf … Zwangfrei bedeutet nicht zügellos. Was Sie beschreiben, ist eine Laissez-faire-Haltung der Eltern. Die Kinder machen, was sie wollen, ohne ein wirkliches Ziel zu haben. Das kann nicht gut gehen.

○ Zurück zur Ausgangsfrage. Die Diskussion um problematische Kinder. Wo liegen die Ursachen aus Ihrer Sicht?

□ Wenn wir Kinder als Tyrannen empfinden, dann doch, weil sie alles tun, um ihre Interessen durchzusetzen oder die anderer Leute zu boykottieren. Sie müssen lernen, wann sie eine Entscheidung treffen dürfen und wann nicht. Kinder können sicher äußern, was ihnen schmeckt oder was sie gern unternehmen möchten. Viele andere Entscheidungen sind aber eine Überforderung. Oft werden aber bereits Kleinkinder wie gleichwertige erwachsene Partner behandelt.

● Also … Entschuldigung, wenn ich unterbreche. Aber ich stehe schon auf dem Standpunkt, dass die Wünsche und Bedürfnisse eines Kindes den gleichen Wert haben wie die eines Erwachsenen. Hier haben wir es mit einer typisch erwachsenen Sicht zu tun, die mir immer wieder begegnet. In unserer hektischen Zeit kann ein Kind kaum noch seinem Bedürfnis nach kindlichem Spiel, nach Toben und Lautsein nachgehen. Viele Kinder kommen zu wenig an die frische Luft, werden vorm Fernseher ruhig gestellt. Sie müssen vor allem eins: funktionieren.

○ Bedeutet das, dass wir die Ursachen für auffällige Kinder in der Veränderung der Gesellschaft suchen müssen: z.B. im zunehmenden Druck auf die Erwachsenen, der auch auf die Kinder weitergegeben wird?

□ Ja, teilweise. Sie, Herr Meierfeld, haben gerade so ein typisches Extrem beschrieben. Ähnlich häufig ist aber auch das andere Extrem: Das Kind, meist das Einzelkind, bildet das Zentrum der Familie, ist der Spiegel für elterlichen Erfolg. Die Eltern achten ängstlich darauf, dass es dem Kind auch an nichts fehlt, dass die Stimmung stets harmonisch bleibt. Beiden Extremen ist gemeinsam, dass sie Konflikten aus dem Weg gehen und wenig konsequent sind. Die einen können sich den Konflikt z.B. kurz vor Arbeitsbeginn nicht leisten, sind müde oder gestresst, den anderen fehlt das Selbstvertrauen, sie sehen Dissonanzen als persönliches Versagen, haben Angst vor dem Liebesentzug.

○ Aber in beiden Fällen geht es doch nur noch sekundär um das Kind. Sind die Eltern das Kernproblem?

□ Viele Eltern müssten an sich selbst arbeiten. Sie müssen den Konflikt eingehen können, aber auch zeigen, wie man einen Konflikt mit Geduld und Zuneigung lösen kann. Das bedeutet, dass man das Gespräch und die Nähe zum Kind suchen sollte.

○ Der Schlüssel liegt also in der Kommunikation, Herr Dr. Meierfeld? Und auch in der Zeit?

● Beides sind sehr wichtige Faktoren. Nur wer sich Zeit für sein Kind nimmt, der kann mit ihm etwas erleben, etwas von ihm erfahren. Das Kind kann sich mitteilen und hat das Gefühl, wahrgenommen und geliebt zu werden. Nicht nur als Teil der Familie, sondern als gleichberechtigter Mensch.

□ Gleichberechtigt … ein gutes Stichwort. Denn auch die Eltern haben hier Rechte, die sie umsetzen möchten. Und natürlich Pflichten gegenüber dem Kind, es z.B. vor Gefahren zu schützen, ihm zu zeigen, welches Verhalten wann angemessen ist und wann nicht, um nicht ausgegrenzt zu werden …

● Naja, wer bestimmt denn, wann ein Verhalten angemessen ist? Die Eltern? Wir Psychologen? Die Medien?

□ Zumindest bemerken wir, wenn ein Verhalten auffällig ist. Und dann steht das betroffene Kind oft schon vor einem Problem, das gemeinsam mit den Eltern gelöst werden muss.

○ Auffälliges Verhalten wird aber auch zunehmend von Lehrern in der Schule oder von Ausbildern in den Betrieben beklagt.

● Da sprechen Sie natürlich ein weites Feld an. Dass Schule im traditionellen Sinne nicht unbedingt der kreativen Entfaltung von Kindern dient, habe ich ja schon angesprochen. Kinder möchten sich lieber bewegen als still sitzen, sie haben ihren eigenen Lernrhythmus, der nicht nach dem Stundenplan funktioniert. Viele private und alternative Schulen folgen dieser Erkenntnis. Es gibt mehr Spielphasen, Gruppenarbeit, Lesezeit, …

□ Da möchte ich aber einmal klarstellen, dass diese Konzepte auch in der konventionellen Schule bereits Einzug gehalten haben. Die Lehrerausbildung beinhaltet alle modernen Unterrichtsprinzipien, die auch angewendet werden. Aber zurück zum Kernthema: Es geht hier um auffällige, oft aggressive, laute Schüler, die keine zehn Minuten still sitzen können, sich nicht in Gruppen integrieren, Konzentrationsschwächen zeigen und Lernstoff nur schwer aufnehmen. Stellen Sie sich diese Kinder später einmal im Berufsleben vor.

○ Da möchte ich kurz ein Zitat einwerfen. Der Psychologe Michael Winterhoff sagte in einem Interview mit der Süddeutschen Zeitung: „Unsere Gesellschaft wird bald aus noch mehr Menschen bestehen, die nicht arbeitsfähig sind. Diese werden sehr viel staatliche Gelder verschlingen und von den anderen als ‚faule Socken' bezeichnet werden. Allerdings werden diese Menschen tatsächlich nicht arbeiten gehen können, weil ihnen dazu die Psyche fehlt."

● Das sind natürlich Szenarien, die in der Gesellschaft Ängste freisetzen und die Probleme nicht lösen. Winterhoff ist ja ein Vertreter des autoritären Erziehungsstils, in dem die Erwachsenen das Sagen haben und die Entscheidungen treffen. Kindgerechte Pädagogik sieht für mich anders aus.

○ Welchen Vorschlag hätten Sie für die Schüler, wie sie Frau Dr. Pohl schildert?

● Da gibt es natürlich keine Patentlösung. Klar ist aber, dass die Schulen und auch die Politik reagieren müssen. Kleinere Klassen würden überhaupt erst einmal ermöglichen, mit den Schülern ins Gespräch zu kommen und Unterrichtsmethoden anzuwenden, die mit 30 Kindern in der Klasse gar nicht möglich sind.

□ Da kann ich nur zustimmen. Kinder können lernen, dass sie Erfolg haben, wenn sie eine Sache zu Ende bringen. Und der Erfolg macht Spaß. Sie können lernen, dass man im Team oft schneller und kreativer Aufgaben lösen kann als allein usw. Aber dazu müssen die Klassen kleiner werden und die Eltern müssen in die Schularbeit integriert werden. Den Kindern muss in der Schule und zu Hause geholfen werden.

○ Und mit diesem Konsens endet unser heutiger Beitrag. Ich danke meinen Gästen für die lebhafte Diskussion. Liebe Hörerinnen und Hörer, wie immer haben wir einige Situationen zum Thema in unseren Blog gestellt mit der Frage: Wie würden Sie reagieren? Wir freuen uns auf Ihre Antworten und Reaktionen.

Kapitel 9

Modul 2 Aufgabe 2a

In der Vorstellung vieler Menschen stellen die Dreharbeiten zu einem Film eine fantastische wie glamouröse Arbeit dar. Die Realität sieht aber ganz anders aus. Dreharbeiten sind meistens das pure Chaos. Selten läuft auch nur ein einziger Drehtag ohne Panne ab.

Bei Außendrehs macht das Wetter die meisten Schwierigkeiten. Das Team muss gegen Regen oder Sturm, brennende Hitze oder klirrende Kälte kämpfen. Erfahrene Filmemacher rechnen aber mit wettertechnischen Schwierigkeiten und sind auf derartige Komplikationen vorbereitet.

Manchmal müssen innerhalb weniger Stunden Drehpläne komplett umgestellt werden, denn jeder verlorene Dreh-

Transkript

tag würde ein Heidengeld kosten. Es gibt aber auch Faktoren, die weitreichendere Folgen haben als ein schlichter Wetterumschwung. Die Krankheit eines Hauptdarstellers oder Unfälle bei gefährlichen Szenen können Dreharbeiten für mehrere Wochen lahmlegen.

Der Filmklassiker „African Queen" von John Houston war hinter den Kulissen eine Aneinanderreihung von Katastrophen: Die gesamte Crew erkrankte an Malaria, das Boot „African Queen" sank und es dauerte eine knappe Woche, bis es geborgen werden konnte, und schließlich mussten die Dreharbeiten wegen einer Ameisenplage von Belgisch-Kongo nach Uganda verlegt werden.

Bei Dreharbeiten im Studio sind die Störfaktoren wesentlich geringer, deswegen werden Studiodrehs von vielen Regisseuren und Produzenten bevorzugt. Hier braucht keiner zu befürchten, dass man von neugierigen Touristen belästigt wird. Und der Hauptdarsteller wird auch nicht von der Polizei verhaftet, wie es Tom Cruise bei den Dreharbeiten zu „Mission: Impossible" in Prag passiert ist.

Aber auch Dreharbeiten im Studio gehen so gut wie nie ohne Pannen über die Bühne. Ein sehr großer Faktor bei Dreharbeiten ist stets die menschliche Komponente. Hauptgrund für die Anspannung des Nervenkostüms sind neben dem hohen Druck vor allem die extrem langen Wartezeiten bei Dreharbeiten. Jedes Mitglied des Teams wartet am Drehort nur auf seinen Einsatz – und das teilweise stundenlang. Langeweile ist ein ständiger Begleiter der Dreharbeiten. Gepaart mit dem immensen Arbeitspensum, das jeden Tag bewältigt werden muss, entstehen so aus den kleinsten Kleinigkeiten riesige Konflikte.

Über die Streitigkeiten der großen Stars mit ihren Regisseuren könnte man ganze Bücher füllen. Einen der bekanntesten Streits der Filmgeschichte zettelte Marilyn Monroe an während der Dreharbeiten zu „Manche mögen's heiß". Die Schauspielerin hatte zu dieser Zeit massive Alkoholprobleme und kriegte vor der Kamera kaum einen Satz raus. In Interviews stänkerte sie gegen ihren Regisseur Billy Wilder. Dieser habe sie bei den Dreharbeiten so gestresst, dass sie eine Fehlgeburt erlitten habe, klagte die Schauspielerin. Auf Wunsch der Produzenten setzte Billy Wilder die Dreharbeiten mit Marilyn Monroe zwar trotz allem fort, er arbeitete aber nie wieder mit ihr zusammen.

Das größte Problem, das ein Filmprojekt aber heimsuchen kann, ist der Tod eines Hauptdarstellers. Regisseure, Kameraleute, Produzenten – alle gelten als ersetzbar, so makaber das auch klingen mag. Den Hauptdarsteller allerdings auszutauschen, ist bei laufenden Dreharbeiten natürlich nicht ganz so einfach. Die zwei wohl berühmtesten Todesfälle der Filmwelt sind James Dean und Brandon Lee. James Dean kam während der Dreharbeiten zu „Giganten" bei einem Autounfall ums Leben. Die noch nicht fertiggestellten Szenen wurden kurzerhand umgeschrieben und mit einem Double besetzt, was bei den Fans allerdings nicht besonders gut ankam.

Brandon Lee kam bei den Dreharbeiten zu „The Crow" ums Leben. Ein Filmrevolver war statt mit Platzpatronen mit echten Kugeln geladen. Also musste auch Brandon Lee durch ein Double ersetzt werden, allerdings wurde sein Doppelgänger per Computertechnik verändert, damit der Zuschauer den Unterschied nicht bemerkte. Meistens wird sich diese makabre Mühe aber gar nicht erst gemacht, die Dreharbeiten werden bei Todesfällen schlicht und einfach abgebrochen.

Bei fast jedem Dreh gibt es ein zweites komplettes Team, das sogenannte Second-Unit-Team. Dieses Second-Unit-Team ist zuständig fürs Grobe, also Explosionen, Massenszenen mit Statisten oder die Umsetzung von Stunts. Viele Regisseure haben ihr Handwerk als Second-Unit-Regisseur gelernt.

Da Effekte im heutigen Kino immer wichtiger werden, wird auch die Arbeit des Second-Unit-Teams immer wichtiger. Um Stunts und Effekte echt aussehen zu lassen, lassen sich die Regisseure immer haarsträubendere Ideen einfallen. Regisseur James Cameron sagte einmal in einem Interview, es sei die spannendste Aufgabe für ihn, sich immer größere und unglaublichere Effekte einfallen zu lassen. Er wolle auf der Leinwand etwas erzeugen, das er selbst noch nie so gesehen habe. Das scheinbar Unmögliche sei dabei die größte Herausforderung.

Aber Effekte sind nicht nur in aktuellen Blockbusterfilmen ein Thema, seit jeher arbeitet man in Hollywood mit aufwendigen Spezialeffekten. Von Anfang an waren Filmemacher versucht, den Zuschauer mit verblüffenden Bildern in ihre ganz eigene Traumwelt zu entführen.

Einer der Pioniere des Effektkinos war der Architekt und Maler Eugen Schüfftan. Schüfftan entwickelte bereits Anfang der 20er-Jahre einen Spiegeltrick. Diese einfache Idee ermöglichte es, Schauspieler nahezu lebensecht in kleinen Modellbauten agieren zu lassen. Der Spiegel war in eine Richtung lichtdurchlässig, die Größe des Schauspielers war durch die Entfernung zur spiegelnden Fläche exakt bestimmbar. Diese Spiegeltechnik kam besonders bei Fritz Langs Klassiker „Metropolis" zum Einsatz. Hier wurden ganze Heerscharen von Statisten in verkleinerte Modelle der futuristischen Stadt hineingespiegelt.

Schon bald reichten den Filmemachern die Möglichkeiten des Spiegeltricks aber nicht mehr, zu schnell stießen sie an die Grenzen des Möglichen. Schon im Jahr 1933 waren die Filmemacher vor die Aufgabe gestellt, Claude Rains in der Rolle des Unsichtbaren Stück für Stück verschwinden zu lassen. John Fulton wurde für die Special Effects eingekauft. Fulton hatte in seinen früheren Filmen mit Modellen und Rückprojektionen gearbeitet. Für den Unsichtbaren ließ er sich einen Trick einfallen, der bis heute benutzt wird, wenn auch in abgewandelter und verbesserter Form.

John Fulton entwickelte die frühe Form eines sogenannten Matte-Tricks. Das Verfahren funktioniert folgendermaßen: Der Schauspieler agiert vor einer schwarzen Wand. Als Unsichtbarer trug Claude Rains unter seinen Bandagen schwarze Masken auf allen Hautstellen. Wenn sich der Unsichtbare also die weißen Bandagen vom Kopf abwickelt, steht er mit schwarzer Maske vor schwarzem Hintergrund. Beim Kopieren des Films wird die komplette Schwarzfläche durch einen anderen Hintergrund ersetzt. Dadurch wird Claude Rains im gesamten Film quasi unsichtbar.

Modul 4 — Aufgabe 4a

Haben Sie auch zu wenig Platz bei sich zu Hause? Dann fangen Sie doch einfach mal an, Ihre Bücher zu verkaufen. Die brauchen Sie nämlich nicht mehr, schließlich kommt heute das E-Book auf den Markt. Unmittelbar vor der Leipziger Buchmesse, die morgen beginnt, erscheint das elektronische Buch von der in der Literaturszene bislang eher wenig bekannten Firma Sony. Das E-Book kostet 300 Euro, was für ein Buch eher teuer ist, dafür aber kann man darauf 160 Romane und Sachbücher speichern, die man übers Internet erwirbt. Das Ende von Papier und Druckerschwärze. Das Buch der Bücher sozusagen. Doch bevor Sie jetzt Ihre Regale leer räumen, warten Sie erst mal ab, was Wolfram Schrag bei Fachleuten über E-Books in Erfahrung gebracht hat:

Es sind nicht mehr als 12m², die Klaus Siblewski als Büro zur Verfügung hat, und diese sind bis unter die Decke vollgestellt mit Büchern und Manuskripten. Siblewski ist Lektor beim Luchterhand Verlag in München und saugt Literatur berufsmäßig auf, wie er sagt. Bei dieser Tätigkeit verlässt er sich immer öfter auf ein E-Book.

„Die Vereinfachung besteht tatsächlich darin, dass man Manuskripte leichter lesen kann. Eigentlich kann man sie nicht leichter lesen, sondern was man tatsächlich leichter tun kann mit dem E-Book, ist, Manuskripte leichter transportieren." Ein E-Book ist etwa so groß wie ein Taschenbuch und wiegt rund 300 Gramm. In der Hand hält man fast ausschließlich einen Bildschirm. Für Siblewski ist wichtig, dass das Schriftbild gestochen klar und kontrastreich ist und nicht blendet. Das gelingt mit der sogenannten E-Ink, also einer elektronischen Tinte. Das heißt, die Schrift leuchtet von selbst, sagt Fabian von Keudell, Redakteur bei der Computerfachzeitschrift Chip.

„Ist ein neues Verfahren, mit dem es dargestellt wird, und ist eben auch zum Beispiel im grellen Sonnenlicht gut lesbar. Das ist eine gute Sache. Ansonsten wenn man daheim, abends am Nachttisch das Ganze noch lesen möchte, braucht man eher noch eine Lampe dazu. Ist also eigentlich wirklich wie beim richtigen Buch."

Seit zehn Jahren experimentieren Hersteller mit den elektronischen Lesegeräten. Heute sind sie lesefreundlich und gehen sparsam mit der Energie um, da der Bildschirm nicht von innen beleuchtet ist. Angeblich kann man 6.800 Seiten lesen, bis der Akku schlapp macht. Wenn nur das Blättern nicht wäre! Mithilfe einer Taste kann man sich die nächste Seite anzeigen lassen. Doch das dauert entschieden zu lang. „Es erhöht vielleicht die Spannung, wenn man grad an einer guten Stelle ist, aber ansonsten nervt das eher, weil man möchte nicht sieben, acht Sekunden warten, bis es dann weitergeht, bis man weiterlesen kann."

Mit dem Sony Reader PRS 505 wird erstmals ein solches Gerät in Deutschland auf dem Markt käuflich angeboten. Dazu hat der japanische Hersteller die Buchhandelskette Thalia und den Großhändler Libri ins Boot geholt. Über diese Quellen kann sich der Leser seine elektronischen Bücher auf das Gerät laden. Diese sind etwas preiswerter als in der Buchhandlung. Der Versandhändler Amazon bietet sein Lesegerät Kindle in der zweiten Generation an, allerdings bislang nur in den USA.

Alle diese Geräte haben natürlich noch andere Hilfsmittel, die bei einer wissenschaftlichen Arbeit auf Interesse stoßen. „Man kann also sein Lesezeichen, seine Eselsohren elektronisch hinzufügen, was sehr praktisch ist, weil das Buch geht ja nicht kaputt. Das ist sehr gut. Man kann sofort an die Stelle wieder hinspringen."

Fabian von Keudell von der Zeitschrift Chip und Klaus Siblewski von Luchterhand sind sich einig: Im Wissenschaftsbereich, unter Studenten und Dozenten wird das E-Book ein wichtiges Handwerkszeug. „Ich glaube, im Bereich der Germanistik, neuere Wege in der Forschung zum Sturm und Drang, wird sicherlich niemand mehr unbedingt ein dickes Kompendium für 98 Euro sich zulegen, sondern wird tatsächlich mit seinem E-Book die Dinge bestellen und dann lesen, die er tatsächlich für seine Arbeit benötigen wird."

Und der Normalleser? Knapp 300 Euro sind kein Schnäppchen. Man sollte sich den Kauf gut überlegen. Die Krimisammlung für den Urlaub alleine lohnt noch nicht die Anschaffungskosten, und in der Hand hat man 300 Gramm Aluminium, auf die man aufpassen muss wie auf das Handy oder den Laptop.

„Das Gerät ist im Augenblick zu teuer dafür, dass es, glaube ich, so großen Einfluss auf den Markt hat. Im Augenblick kaufen die Leute lieber ein Buch und es ist auch ganz toll, wenn man einfach mal etwas zum Anfassen hat. Das gehört ein bisschen zu der Lesementalität dazu. Wenn ich ein spannendes Buch hab, dann möchte ich das umblättern, dann möchte ich es mal weglegen, und das funktioniert mit dem elektronischen Buch einfach noch nicht." Der Reader ist eben eine Ergänzung zum gedruckten Buch – mehr auch nicht!

Kapitel 10

Modul 2 — Aufgabe 2

○ „So war es, ich habe es selbst erlebt!" Diese Annahme ist oft trügerisch: Auf unser Gedächtnis ist nicht immer Verlass. Oft glauben wir uns an Dinge zu erinnern, die wir nie erlebt haben. Zu diesem interessanten Thema haben wir heute den Neurowissenschaftler Herrn Prof. Hans Joachim Jakobsen zu Gast. Er untersucht am kulturwissenschaftlichen Institut Essen „falsche" Erinnerungen. Guten Morgen, Herr Professor Jakobsen.

● Guten Morgen, Frau Schneider.

○ Herr Professor Jakobsen, was genau sind falsche Erinnerungen?

● Nun, als falsche Erinnerungen oder Pseudoerinnerungen werden Gedächtnisinhalte bezeichnet, die nicht einem vergangenen tatsächlich erlebten Geschehen entsprechen und dennoch als tatsächlich so erlebt empfunden werden. Falsche Erinnerungen können entweder rein fiktiv sein oder aber in wesentlichen Punkten vom tatsächlichen Geschehen abweichen.

Transkript

○ Das klingt ziemlich theoretisch. Könnten Sie uns vielleicht ein Beispiel nennen?

● Also wenn wir etwas Eindrucksvolles im Fernsehen oder in der Zeitung lesen, erscheinen die dadurch hervorgerufenen inneren Bilder manchmal so real, dass wir meinen, das Geschehen selbst erlebt zu haben. Plötzlich weiß man nicht mehr, woher die Erinnerung kommt. In einem Experiment wurden Probanden Fotos vorgelegt, auf denen sie jeweils als Kind in einem Heißluftballon zu sehen waren. Bei den Bildern handelte es sich allerdings um Montagen, also Fälschungen. In Wahrheit waren die Versuchspersonen nie mit einem Heißluftballon gefahren. Dennoch glaubte die Hälfte der Probanden später, das auf dem Foto Festgehaltene wirklich erlebt zu haben. Sie konnten sich genau an die aufregende Ballonfahrt erinnern, das Ereignis sogar detailliert beschreiben. Das Experiment zeigt: Allein der Glaube, etwas Bestimmtes erlebt zu haben, bedeutet noch lange nicht, dass dies auch wirklich geschehen ist.

○ Das heißt, unser Gedächtnis spielt uns Streiche, es täuscht uns?

● Was völlig normal ist. Falsche Erinnerungen entstehen nicht absichtlich. Von der Fülle an Informationen, die täglich auf uns einströmt, kann sich unser Gehirn nur einen Bruchteil dauerhaft merken. So entstehen Wissenslücken. Kommen neue Informationen hinzu, die zum bereits vorhandenen Wissen passen, ordnet sie das Gedächtnis dort automatisch ein. So kommt es, dass man bei länger zurückliegenden Ereignissen oft nicht mehr weiß, ob man von ihnen nur gelesen oder gehört oder sie tatsächlich selbst erlebt hat.

○ Sie sagten, unser Gehirn merkt sich einerseits nur einen Bruchteil. Andererseits aber stürmen ständig unendlich viele Informationen auf uns ein. Welche dieser Informationen merken wir uns denn?

● Es gibt eine Art Filter, welche Erlebnisse im Langzeitgedächtnis landen und welche nicht. Dieser Filter sind unsere Gefühle. Nur das, was einmal einen emotionalen Eindruck hinterlassen hat und dadurch als bedeutsam eingestuft wurde, wird gespeichert.

○ Aber im Beispiel des Heißluftballons hatten die Versuchspersonen Details doch regelrecht erfunden?

● Natürlich kann auch die jeweilige Situation, in der das Wissen abgerufen wird, das Wissen selbst verändern. Viele Leute schmücken – beispielsweise auf einer Party – eine Geschichte aus ihrer Jugend ein wenig aus, um ihr Gegenüber zu beeindrucken. Erzählen sie diese Story wieder und wieder, schmücken sie sie weiter und weiter aus und glauben irgendwann selbst, dass sich alles so zugetragen hat, wie sie es erzählen.

○ Nun zeigt dieses Experiment aber auch, dass es durchaus möglich ist, die Erinnerungen anderer Menschen zu manipulieren.

● Sie haben recht. Mit einfachen Mitteln wie Fotos, Filmen oder glaubhaften Erzählungen kann man nahezu jedem falsche Erinnerungen einpflanzen. Dies funktioniert aber nur begrenzt. Die neuen Informationen müssen in einen bereits vorhandenen Kontext passen, damit das Gehirn Verknüpfungen erstellen kann. Meist sind es nämlich Details, an die wir uns nicht mehr erinnern können; eine zentrale Idee oder ein grober Eindruck bleiben. Wir als Wissenschaftler hoffen, dass wir mit diesen Erkenntnissen in Zukunft besser gegen psychische Erkrankungen oder Demenzerkrankungen vorgehen können.

○ Könnten Sie das noch etwas genauer erklären?

● Unser Gedächtnis behält angenehme Eindrücke eher in Erinnerung, wohingegen negative leichter verblassen. Ein sehr wirkungsvoller Mechanismus, auf den in Psychotherapien zurückgegriffen wird: Der Patient lernt, die eigene Vergangenheit mit mehr positiven Attributen zu besetzen, indem er sich an schöne Erlebnisse erinnert. Negative Erinnerungen werden dann leichter vergessen. So können wir uns die Strategien unseres Gehirns ganz bewusst zunutze machen.

○ Sind diese angenehmen Erinnerungen auch die Begründung dafür, dass sich ältere Menschen so gut an ihre Kindheit erinnern, aktuelle Informationen aber relativ schnell vergessen?

● Das, was zum ersten Mal passiert, hinterlässt den stärksten Eindruck. Wenn man ältere Menschen fragt, woran sie sich erinnern, dann nennen sie in der Regel Ereignisse, die sich zwischen dem 15. und 25. Lebensjahr zugetragen haben. In diese Zeit fallen wichtige Entscheidungen. Das Verhältnis zu den Eltern ändert sich, man lernt einen Partner kennen, gründet eine Familie, startet in den Beruf. All das wird oft abgerufen und wieder eingespeist und festigt sich somit im Gedächtnis. Daran, wie man einen seiner vielen Freunde kennengelernt hat, wird man sich später gegebenenfalls weniger gut erinnern können. Die Experten sagen dazu: last in, first out, was so viel heißt wie: Was zuletzt ins Gehirn eingespeist wurde, ist zuerst wieder weg.

○ Kommen wir zurück zu den falschen Erinnerungen. Stellen sie für die Historiker, die ja zum Teil auf Erinnerungen angewiesen sind, nicht ein Problem dar?

● Gerade Historiker kennen dieses Problem. Bei Berichten von Zeitzeugen können sie oftmals nur schwer unterscheiden, ob der Betreffende etwas wirklich erlebt hat oder vielleicht mit Schilderungen aus Medien oder Erzählungen anderer durcheinanderbringt. Wobei die Befragten nicht selten dazu tendieren, dunkle Stellen der eigenen Vergangenheit zu vertuschen – manchmal ganz unbewusst.

○ Und was ist mit Zeugenaussagen vor Gericht? Diese basieren doch auch immer auf Erinnerungen?

- Besonders problematisch sind falsche Erinnerungen, wenn es um Zeugenaussagen geht. Immer wieder werden Fälle bekannt, in denen Verbrechensopfer bei Gegenüberstellungen Unschuldige als Täter identifiziert haben. Die Betroffenen sehen einen Menschen, der dem Täter ähnlich sieht – und sind sich plötzlich sicher, dass er es war. Ihr Gehirn hat einige Basisinformationen gespeichert, zum Beispiel: Der Täter war groß, dunkelhaarig und hatte einen Bart. Bei einer Gegenüberstellung werden diese originalen, oftmals jedoch schwammigen Erinnerungen mit neuen Informationen vermischt. Das Gedächtnis setzt sie wie Puzzleteile zu einem vollständigen Bild zusammen, das mit der Wahrheit oft nur noch wenig zu tun hat.
- Dürften dann Aussagen vor Gericht nicht so eine große Bedeutung haben?
- Man sollte sich lieber auf objektive Tatsachen verlassen, von der Bremsspur bis zum Fingerabdruck. Dem widerspricht wiederum unser menschliches Selbstverständnis. Wir sind es gewohnt, anderen Menschen eher zu glauben als irgendwelchen genauen oder ungenauen Messdaten.
- Vielen Dank, Herr Professor Jakobsen, für dieses interessante Gespräch. Wenn Sie, liebe Hörerinnen und Hörer, Fragen an Prof. Jakobsen haben, dann können Sie ihn in unserer Telefonsprechstunde erreichen unter 089/454545 ...

Modul 3 Aufgabe 1

- Ja, hallo?
- Hallo, Barbara, ich bin's, Ute.
- Hallo, wie geht's?
- Ja, ganz gut, danke. Du, ich muss dir unbedingt was erzählen, mir ist gestern was ganz Komisches passiert.
- Echt, was denn?
- Ich hab dir doch neulich von unserem neuen Kollegen in der Arbeit erzählt. Erinnerst du dich?
- Ja, klar. Du warst ja recht begeistert ... und? Lass mich raten, ihr habt euch getroffen?
- Na ja, ja, eigentlich schon, aber dann auch wieder nein!
- Hä? Also was jetzt, erzähl schon. Habt ihr euch nun getroffen oder nicht?
- Ja, pass auf. Bei dem schönen Wetter war ich am Fluss radeln. Hinter dem Wehr bin ich in ein Café gegangen – du weißt schon, das mit den schönen alten Kastanienbäumen.
- Ja, klar, kenne ich, und da wirst du ihn dann getroffen haben, oder?
- Ja – das hast du gut gesagt, ich habe ihn getroffen.
- Wie, du hast ihn getroffen – er wird dich doch wohl auch gesehen haben?
- Ja, gesehen schon, aber er hat mich, glaube ich, nicht erkannt.
- Ja, habt ihr denn nicht miteinander geredet?
- Doch, natürlich. Ich habe ihn sofort angesprochen und ihn gefragt, was er hier macht, ob er oft herkommt und so weiter.
- Ja, und er?
- Er hat brav geantwortet, aber ich glaube, er hat überhaupt nicht kapiert, wer ich bin, da bin ich mir sicher, er war zwar sehr nett, aber irgendwie nicht so herzlich und locker wie in der Arbeit.
- Na, der wird wohl auf jemanden gewartet haben – wahrscheinlich wollte er dich schnell loswerden ...
- Das habe ich auch gedacht, aber er war es, der mich in ein Gespräch über meine Hobbys verwickelt hat und mich über meinen Beruf ausfragen wollte. Ich habe zuerst gedacht, der macht Witze, und habe ihm deshalb irgendeinen Blödsinn erzählt. Aber irgendwann habe ich dann gemerkt, dass er mich wirklich nicht erkannt hat. Kannst du dir das vorstellen? Ich bin dann recht bald ziemlich genervt gefahren.
- Das ist ja echt komisch. Ich hab's: Er könnte einen Zwillingsbruder haben.
- Nein, das wüsste ich. Er hat nur eine Schwester.
- Komisch – er muss wohl einen schlechten Tag gehabt haben, oder?
- Ich weiß nicht – ich verstehe das nicht. So einen schlechten Tag kann man doch gar nicht haben, ich meine, wir arbeiten jetzt seit fünf Wochen jeden Tag zusammen! Was soll ich denn morgen zu ihm sagen, wenn ich ihn wiedersehe?
- Ach, der wird sich inzwischen schon erinnert haben, wen er da getroffen hat. Das dürfte ihm alles recht peinlich sein. Du wirst sehen, der spricht dich bestimmt darauf an und entschuldigt sich bei dir.
- Meinst du? Und wenn nicht?
- Ach, das wird schon so sein, mach dir mal keine Sorgen. Und wenn nicht, dann frag ihn doch einfach, was er am Wochenende gemacht hat. Dann wird ihm schon irgendwann ein Licht aufgehen.
- Also ich glaube inzwischen gar nix mehr – naja, ich werd's dir berichten!
- Mach das – ich bin echt gespannt!

Modul 3 Aufgabe 2a

- Der wird wohl auf jemanden gewartet haben – wahrscheinlich wollte er dich schnell loswerden ...
- Er könnte einen Zwillingsbruder haben.
- Er muss wohl einen schlechten Tag gehabt haben.
- Er wird sich inzwischen schon erinnert haben.

Transkript

– Das dürfte ihm alles recht peinlich sein.
– Dann wird ihm schon irgendwann ein Licht aufgehen.

Modul 3 Aufgabe 2b

Er wird warten. – Er wird wohl gewartet haben.

Ihm wird ein Licht aufgehen. – Ihm wird ein Licht aufgegangen sein.

Modul 4 Aufgabe 4a

Tage wie dieser
kommen nie wieder.
Tage wie dieser
sollten nie vergessen geh'n.

Du drehst dich um
und siehst sie wieder.
Du drehst dich um und siehst in deinem Kopf die alten Bilder.
Spürst du noch immer nichts?

Du siehst das Licht irgendwo am Ende.
Der Augenblick ist jetzt und fließt wie Sand durch deine Hände.

Doch du hältst dich,
doch du hältst dich an ihm fest.

Tage wie dieser …

Du sprichst nicht mehr
und siehst sie wieder.
Zerstückelt und zerstochen singen sie leise ihre Lieder.
Sprichst du noch immer nicht?

Sie haben gesagt, es würde Regen geben,
doch wir sitzen hier seit Stunden, trinken Wein
und sind einfach nur am Leben.
Bis unsre Welt zerbricht, es dunkel ist.

Tage wie dieser …

Und alles was uns bleibt
ist ein neuer Morgen.
Du weißt,
was das heißt.

Und alles was uns bleibt …

Tage wie dieser …

Wortschatz

Kapitel 6: Gesund und munter

Modul 1 Zu Risiken und Nebenwirkungen

die Einbildung	das Placebo, -s
das Hausmittel, -	das Scheinmedikament, -e
die Heilkraft, -¨e	spüren
das Phänomen, -e	die Therapie, -n
pharmazeutisch	die Wirksamkeit

Modul 2 Gesünder leben

die Auslese	hinwegsehen über (sieht hinweg, sah hinweg, hat hinweggesehen)
einweisen (weist ein, wies ein, hat eingewiesen)	die Lebenserwartung
das Essverhalten	die Notaufnahme
das Gen, -e	die Pubertät
das Geschlecht, -er	vernachlässigen
das Gesundheitssystem, -e	die Todesursache, -n
die Hausarztpraxis, -praxen	

Modul 3 Wenn es juckt und kribbelt

die Abwehr	jucken
die Allergie, -n	die Körperreaktion, -en
auslösen	der Staub
der Erreger, -	das Symptom, -e
der Heuschnupfen	die Überempfindlichkeit
das Immunsystem	

Modul 4 Mythen der Medizin

der Arbeitsausfall, -¨e	das Gesundheitswesen
der Auslöser, -	die Infektion, -en
bemängeln	das Labor, -e
die Diagnose, -n	die Lebenserwartung
der Eingriff, -e	der Mythos, Mythen
der Fortschritt, -e	signalisieren

Wörter, die für mich wichtig sind

Wortschatz

Kapitel 7: Recht so!

Modul 1 Dumm gelaufen

das Abhandenkommen	j-n in ein Gespräch verwickeln
j-n anklagen	sich zu helfen wissen
j-m etwas bescheren	etwas knacken
der Einbrecher, -	die sturmfreie Bude
etwas erbeuten	tollpatschig/ungeschickt
die Fahndung	das Urteil, -e
j-n fassen/festnehmen (nimmt fest, nahm fest, hat festgenommen)	

Modul 2 Strafe muss sein?!

der (Jugend)arrest	die Mutprobe, -n
die Aussichtslosigkeit	die Strafmündigkeit
(eine Strafe) zur Bewährung aussetzen	die Straftat, -en
	etwas unterschätzen
im Einsatz sein	das Vergehen, -
j-n vor Gericht stellen	die Verwarnung, -en
der Heranwachsende, -n	

Modul 3 Alltag im Knast

die Entlassung	die Sicherheitsvorkehrung, -en
der Freigang, -"e	üblicherweise
das Gefängnis, -se	der offene/geschlossene Vollzug
der Häftling, -e	
die Justizvollzugsanstalt	der Wiederholungstäter, -
die Rückfallquote, -n	die (Einzel)zelle, -n

Modul 4 Kriminell

die bürgerliche Gesellschaft	schmunzeln
ermitteln	schrullig
gegenläufig	unbehelligt bleiben
korrupt	das Verhör, -e
j-n laufen lassen (ließ laufen, hat laufen gelassen)	

Wörter, die für mich wichtig sind:

Wortschatz

Kapitel 8: Du bist, was du bist

Modul 1 Interessantes aus der Psychologie

die Abstammung	von Geburt an
die Beobachtung, -en	j-m etwas vom Gesicht ablesen
der/die Betroffene, -n	j-n für etwas verantwortlich machen
einen Beweis erbringen (erbrachte, hat erbracht)	verblüffend
blind	das Überbleibsel, -
erben	übersehen (übersieht, übersah, hat übersehen)
ergründen	

Modul 2 Von Anfang an anders?

das Chromosom, -en	veranlagt sein
das Gen, -e	die Veranlagung, -en
die Geschlechterrolle, -n	der Verhaltensunterschied, -e
geschlechtsspezifisch	der Ortssinn
eine kontroverse Diskussion	

Modul 3 Voll auf Zack!

außergewöhnlich	hochbegabt
die Begabung, -en	etwas ist mit j-m los
(psychosomatische) Beschwerden	das Vorschulalter

Modul 4 Alles nicht so einfach

der Ausraster, -	die Hilflosigkeit
autoritäre/antiautoritäre Erziehung	etwas leid sein
j-n enttarnen	der Mechanismus, Mechanismen
erleichtert sein	aus der Reihe tanzen
der Haussegen (hängt schief)	der Schreikrampf, -¨e
	überfordert sein

Wörter, die für mich wichtig sind:

Wortschatz

Kapitel 9: Die schöne Welt der Künste

Modul 1 Kreativ

ablenken	durch den Kopf schießen
einfallsreich	einer Tätigkeit nachgehen
der rote Faden	die landläufige Meinung
etwas freien Lauf lassen	sich in etwas verbeißen

Modul 2 Film ab!

das Drehbuch, -"er	die Requisite, -n
die Dreharbeiten	das Set, -s
der Effekt, -e	der Spannungsbogen, -"
das Exposé	der Ton, -"e
der/die Filmemacher/-in	der Trick, -s
die Regie	

Modul 3 Ein Leben für die Kunst

abverlangen	das Funkeln in den Augen
aushalten (hält aus, hielt aus, hat ausgehalten)	ein gängiges Los
der Durchbruch	am Horizont winken
das Durchhaltevermögen	über Kontakte verfügen
sich entmutigen lassen	unterschätzen

Modul 4 Leseratten

aushalten (hält aus, hielt aus, hat ausgehalten)	etw. lässt j-n nicht los
auslassen (lässt aus, ließ aus, hat ausgelassen)	das Medium, Medien
	die Neuheit, -en
an etwas Anteil haben	unvermeidlich
das E-Book, -s	zu etwas verhelfen
etw. nicht erwarten können	ein Wunder geschieht
die Inspiration, -en	zensieren

Wörter, die für mich wichtig sind:

Wortschatz

Kapitel 10: Du bist, was du bist

Modul 1 Erinnern und Vergessen

das Bewusstsein	_____	der Reiz, -e	_____
entschlüsseln	_____	verblassen	_____
das Faktenwissen	_____	die Zelle, -n	_____
das Kurzzeitgedächtnis	_____	zur Verfügung stehen	_____
das Langzeitgedächtnis	_____	zuständig sein für	_____

Modul 2 Falsche Erinnerungen

abweichen (weicht ab, wich ab, ist abgewichen)	_____	erleben	_____
abrufen (ruft ab, rief ab, hat abgerufen)	_____	der Filter, -	_____
		der Gedächtnisinhalt, -e	_____
auf etw. ist (kein) Verlass	_____	manipulieren	_____
die Demenz	_____	tendieren	_____
einströmen	_____	die Verknüpfung, -en	_____
		vertuschen	_____

Modul 3 Kennen wir uns …?

ahnen	_____	sich mit etwas schwer tun	_____
auseinanderhalten	_____	(voneinander) unterscheiden	_____
die Ausgrenzung	_____	verbreitet sein	_____
beeinträchtigt sein	_____	j-m vergeben	_____
j-n erkennen	_____	j-n verwundern	_____

Modul 4 Weißt du noch …?

abfällig	_____	schüchtern	_____
die Anschaffung, -en	_____	das Stammpublikum	_____
gedrängt	_____	der Tatendrang	_____
das Geschehen	_____	j-n zu Tränen rühren	_____
heruntergewirtschaftet	_____	verzehren	_____
(hochfliegende) Pläne schmieden	_____	j-n zusammenführen	_____

Wörter, die für mich wichtig sind:

_____   _____   _____   _____
_____   _____   _____   _____
_____   _____   _____   _____
_____   _____   _____   _____

Nomen-Verb-Verbindungen

Wichtige Nomen-Verb-Verbindungen

Nomen-Verb-Verbindung	Bedeutung	Beispiel
sich in Acht nehmen vor	aufpassen, vorsichtig sein	Wir sollten uns davor in Acht nehmen, dass Umweltthemen zu sehr auf die leichte Schulter genommen werden.
Angst machen	sich ängstigen vor	Der Klimawandel macht mir Angst.
in Anspruch nehmen	(be)nutzen, beanspruchen	Wir sollten öffentliche Verkehrsmittel stärker in Anspruch nehmen.
einen Antrag stellen auf	beantragen	Familie Müller hat einen Antrag auf finanzielle Förderung für ihre Solaranlage gestellt.
in Aufregung versetzen	(sich) aufregen, nervös machen	Diese Prognose versetzt viele Menschen in Aufregung.
zum Ausdruck bringen	etw. äußern, ausdrücken	Die Beschäftigung mit Themen, die die Umwelt betreffen, bringt die Sorge vieler Menschen um die Zukunft zum Ausdruck.
zur Auswahl stehen	angeboten werden	Heute stehen viele energiesparende Geräte zur Auswahl.
Beachtung finden	beachtet werden	Alternative Energieformen finden momentan große Beachtung.
einen Beitrag leisten	etw. beitragen	Jeder kann einen Beitrag zum Energiesparen leisten.
einen Beruf ausüben	arbeiten (als), beruflich machen	Dr. Weißhaupt übt seinen Beruf als Energieberater schon seit 20 Jahren aus.
Bescheid geben/sagen	informieren	Können Sie mir bitte Bescheid geben/sagen, wann die Solaranlage bei uns installiert wird?
Bescheid wissen	informiert sein	Über erneuerbare Energien weiß ich immer noch zu wenig Bescheid.
Bezug nehmen auf	sich beziehen auf	Mit meinem Leserbrief nehme ich Bezug auf Ihren Artikel „Umweltschutz in der Region".
zu Ende bringen	beenden/abschließen	Wir müssen wichtige Forschungsvorhaben im Bereich Energie zu Ende bringen.
einen Entschluss fassen	beschließen, sich entschließen	Einige Länder haben endlich den Entschluss gefasst, Treibhausgase deutlich zu reduzieren.
einen Fehler begehen	etw. Falsches tun	Ich beging einen großen Fehler, als ich beim Hauskauf nicht auf die Energiekosten achtete.
zur Folge haben	folgen aus etw., bewirken	Die Entwicklung der letzten Jahre hat zur Folge, dass alternative Energien stärker gefördert werden.
in Frage kommen	relevant/akzeptabel sein	Es kommt nicht in Frage, dass man nicht mehr verwendbare Medikamente im Hausmüll entsorgt.
außer Frage stehen	(zweifellos) richtig sein, nicht bezweifelt werden	Es steht außer Frage, dass neue Technologien teuer sind.
eine Frage stellen	fragen	Heute werden den Politikern deutlich mehr Fragen zu Umweltthemen gestellt.
in Frage stellen	bezweifeln, anzweifeln	Dass die Industrie genug Geld für den Klimaschutz investiert, möchte ich doch in Frage stellen.
sich Gedanken machen über	nachdenken	Jeder Einzelne sollte sich darüber Gedanken machen, wie er Energie sparen kann.
ein Gespräch führen	(be)sprechen	Es müssen international mehr Gespräche zum Umweltschutz geführt werden.

Nomen-Verb-Verbindungen

Nomen-Verb-Verbindung	Bedeutung	Beispiel
Interesse wecken an/für	sich interessieren für	Das Interesse an der Umwelt sollte bei Kindern schon früh geweckt werden.
in Kauf nehmen	(Nachteiliges) akzeptieren	Wer Wind als Energiequelle nutzt, muss in Kauf nehmen, dass er nicht immer weht.
zur Kenntnis nehmen	bemerken, wahrnehmen	Wir müssen zur Kenntnis nehmen, dass mit Erdöl und Erdgas in großen Mengen bald Schluss sein wird.
die Kosten tragen	bezahlen	Am Ende müssen wir alle die Kosten für die Umweltschäden tragen.
Kritik üben an	kritisieren	An der derzeitigen Energiepolitik wurde zu Recht schon viel Kritik geübt.
in der Lage sein	können / fähig sein	Wir sind alle in der Lage, etwas für den Klimaschutz zu tun.
auf den Markt bringen	etw. (zum ersten Mal) verkaufen	Immer mehr energiesparende Geräte werden auf den Markt gebracht.
sich Mühe geben	sich bemühen	Viele Menschen geben sich Mühe, die Umwelt zu schützen.
eine Rolle spielen	wichtig/relevant sein	Raps- oder Sonnenblumenöl spielen außerdem bei der Gewinnung von Bio-Diesel eine wichtige Rolle.
Rücksicht nehmen auf	rücksichtsvoll sein	Wir müssen stärker Rücksicht auf die Natur nehmen.
Ruhe bewahren	ruhig bleiben	Um die Umweltprobleme lösen zu können, müssen wir Ruhe bewahren und Ideen gezielt umsetzen.
Schluss machen mit	beenden	Mit der alltäglichen Energieverschwendung müssen wir endlich Schluss machen.
in Schutz nehmen	(be)schützen, verteidigen	Die Regierung darf die Industrie nicht ständig in Schutz nehmen.
Sorge tragen für	sorgen für	Die Politiker müssen Sorge für den Klimaschutz tragen.
aufs Spiel setzen	riskieren	Wir dürfen unsere Zukunft nicht aufs Spiel setzen.
zur Sprache bringen	ansprechen	Umweltthemen sollten häufiger zur Sprache gebracht werden.
auf dem Standpunkt stehen	meinen	Ich stehe auf dem Standpunkt, dass erneuerbare Energien mehr gefördert werden müssen.
Untersuchungen anstellen	untersuchen	Viele Experten haben Untersuchungen zum Klimawandel angestellt.
Verantwortung tragen für	verantwortlich sein	Heute trägt der Mensch die Verantwortung für die Klimaveränderungen.
in Verlegenheit bringen	verlegen machen	Unsere Kinder werden uns in Verlegenheit bringen, wenn wir ihnen unser Handeln erklären müssen.
zur Verfügung stehen	vorhanden sein, für j-n da sein	Im Prinzip stehen alternative Energien unbegrenzt zur Verfügung.
Verständnis aufbringen für	verstehen	In 100 Jahren wird niemand Verständnis für unseren heutigen Umgang mit Ressourcen aufbringen.
aus dem Weg gehen	vermeiden, ausweichen	Der Manager ging den Fragen der Journalisten nach dem Umweltschutz dauernd aus dem Weg.
Zweifel haben	bezweifeln	Experten haben Zweifel, ob wir mit erneuerbaren Energien unseren Strombedarf decken können.
außer Zweifel stehen	nicht bezweifelt werden	Es steht außer Zweifel, dass der Treibhauseffekt minimiert werden kann.

Verben, Adjektive und Substantive …

Wichtige Verben, Adjektive und Substantive mit Präpositionen

Verben mit Präpositionen mit entsprechenden Substantiven und Adjektiven			
Verb	**Substantiv**	**Adjektiv**	**Präposition + Kasus**
abhängen	die Abhängigkeit	abhängig	von + D
achten			auf + A
ändern	die Änderung		an + D
anfangen	der Anfang		mit + D
sich ängstigen	die Angst		vor + D
ankommen			auf + A
anpassen	die Anpassung	angepasst	an + A
antworten	die Antwort		auf + A
sich ärgern	der Ärger	ärgerlich	über + A
aufhören			mit + D
aufpassen			auf + A
sich aufregen	die Aufregung	aufgeregt	über + A
ausdrücken			mit + D
sich austauschen	der Austausch		mit + D / über + A
sich bedanken			für + A / bei + D
sich begeistern	die Begeisterung		für + A
beitragen	der Beitrag		zu + D
berichten	der Bericht		über + A / von + D
sich beschäftigen	die Beschäftigung	beschäftigt	mit + D
sich beschweren	die Beschwerde		über + A / bei + D
bestehen			aus + D
sich bewerben	die Bewerbung		um + A / bei + D
sich beziehen	der Bezug		auf + A
bitten	die Bitte		um + A
danken	der Dank	dankbar	für + A
denken	der Gedanke		an + A
diskutieren	die Diskussion		über + A / mit + D
sich eignen	die Eignung	geeignet	für + A / zu + D
eingehen			auf + A
einladen	die Einladung		zu + D
sich engagieren	das Engagement	engagiert	für + A
sich entscheiden	die Entscheidung		für + A / gegen + A
sich entschließen	der Entschluss / die Entschlossenheit	entschlossen	zu + D
sich entschuldigen	die Entschuldigung		für + A / bei + D
sich erholen	die Erholung	erholt	von + D
sich erinnern	die Erinnerung		an + A
sich erkundigen	die Erkundigung		bei + D / nach + D

... mit Präpositionen

Verben mit Präpositionen mit entsprechenden Substantiven und Adjektiven			
Verb	Substantiv	Adjektiv	Präposition + Kasus
erwarten			von + D
erzählen	die Erzählung		von + D
fragen	die Frage		nach + D
sich freuen	die Freude		auf + A
sich freuen	die Freude	erfreut	über + A
führen			zu + D
gehören			zu + D
sich gewöhnen	die Gewöhnung	gewöhnt	an + A
glauben	der Glaube		an + A
gratulieren	die Gratulation		zu + D
halten			an + A
(sich) halten			für + A
handeln			von + D
sich handeln			um + A
helfen	die Hilfe	behilflich	bei + D
hinweisen	der Hinweis		auf + A
hoffen	die Hoffnung		auf + A
sich informieren	die Information	informiert	über + A / bei + D
sich interessieren	das Interesse		für + A
investieren	die Investition		in + A
kämpfen	der Kampf		für + A / gegen + A
sich konzentrieren	die Konzentration	konzentriert	auf + A
sich kümmern			um + A
lachen			über + A
leiden			an + D / unter + D
liegen			an + D
nachdenken			über + A
protestieren	der Protest		gegen + A
reagieren	die Reaktion		auf + A
reden			über + A / mit + D / von + D
reden	die Rede		von + D / über + A
schmecken	der Geschmack		nach + D
siegen	der Sieg		über + A
sorgen			für + A
sich sorgen	die Sorge	besorgt	um + A
sich spezialisieren	die Spezialisierung	spezialisiert	auf + A
sprechen	das Gespräch		über + A / mit + D / von + D

Verben, Adjektive und Substantive …

| Verben mit Präpositionen mit entsprechenden Substantiven und Adjektiven ||||
Verb	Substantiv	Adjektiv	Präposition + Kasus
stehen			für + A
(sich) streiten	der Streit		über + A / um + A / mit + D
suchen	die Suche		nach + D
teilnehmen	die Teilnahme		an + D
tendieren	die Tendenz		zu + D
sich treffen	das Treffen		mit + D
sich trennen	die Trennung	getrennt	von + D
(sich) überzeugen		überzeugt	von + D
sich unterhalten	die Unterhaltung		über + A / mit + D
sich unterscheiden	die Unterscheidung	unterscheidbar	nach + D, von + D
sich verabreden	die Verabredung	verabredet	mit + D
sich verabschieden	die Verabschiedung		von + D
verbinden	die Verbindung	verbunden	mit + D
vergleichen	der Vergleich	vergleichbar	mit + D
sich verlassen			auf + A
sich verlieben	die Verliebtheit	verliebt	in + A
verstehen			von + D
sich verstehen			mit + D
vertrauen	das Vertrauen		auf + A
verzichten	der Verzicht		auf + A
sich vorbereiten	die Vorbereitung	vorbereitet	auf + A
warnen	die Warnung		vor + D
warten			auf + A
werben	die Werbung		für + A
wirken	die Wirkung		auf + A
sich wundern	die Verwunderung	verwundert	über + A
zählen			zu + D
zweifeln	der Zweifel	verzweifelt	an + D

| Adjektive mit Präpositionen mit entsprechenden Substantiven |||
Adjektiv	Substantiv	Präposition
angewiesen		auf + A
anwesend	die Anwesenheit	bei + D
befreundet	die Freundschaft	mit + D
begeistert		von + D
bekannt		für + A
bekannt	die Bekanntschaft	mit + D

220

... mit Präpositionen

Adjektive mit Präpositionen mit entsprechenden Substantiven		
Adjektiv	**Substantiv**	**Präposition**
beliebt	die Beliebtheit	bei + D
bereit	die Bereitschaft	zu + D
berühmt	die Berühmtheit	für + A
blass		vor + D
böse		auf + A / zu + D
charakteristisch		für + A
eifersüchtig	die Eifersucht	auf + A
einverstanden	das Einverständnis	mit + D
empört	die Empörung	über + A
erfahren	die Erfahrung	in + D
erstaunt	das Erstaunen	über + A
fähig	die Fähigkeit	zu + D
gespannt		auf + A
gleichgültig	die Gleichgültigkeit	gegenüber + D
glücklich		über + A
lieb	die Liebe	zu + D
misstrauisch	das Misstrauen	gegenüber + D
neidisch	der Neid	auf + A
neugierig	die Neugier(de)	auf + A
notwendig	die Notwendigkeit	für + A
nützlich	der Nutzen	für + A
offen	die Offenheit	für + A
reich	der Reichtum	an + D
schädlich	die Schädlichkeit	für + A
schuld	die Schuld	an + D
sicher	die Sicherheit	vor + D
stolz	der Stolz	auf + A
traurig	die Trauer	über + A
typisch		für + A
verpflichtet	die Verpflichtung	zu + D
verrückt		nach + D
verschieden		von + D
verwandt	die Verwandtschaft	mit + D
wütend	die Wut	auf + A / über + A
zufrieden	die Zufriedenheit	mit + D
zuständig	die Zuständigkeit	für + A

221

Unregelmäßige Verben

Wichtige unregelmäßige Verben

Infinitiv	Präsens	Präteritum	Perfekt
backen	backt/bäckt	backte	hat gebacken
befehlen	befiehlt	befahl	hat befohlen
sich befinden	befindet	befand	hat befunden
beginnen	beginnt	begann	hat begonnen
begreifen	begreift	begriff	hat begriffen
behalten	behält	behielt	hat behalten
bekommen	bekommt	bekam	hat bekommen
beraten	berät	beriet	hat beraten
bergen	birgt	barg	hat geborgen
beschließen	beschließt	beschloss	hat beschlossen
besprechen	bespricht	besprach	hat besprochen
bestehen	besteht	bestand	hat bestanden
betragen	beträgt	betrug	hat betragen
betreten	betritt	betrat	hat betreten
betrügen	betrügt	betrog	hat betrogen
sich bewerben	bewirbt	bewarb	hat beworben
bieten	bietet	bot	hat geboten
bitten	bittet	bat	hat gebeten
bleiben	bleibt	blieb	ist geblieben
braten	brät/bratet	briet	hat gebraten
brechen	bricht	brach	hat gebrochen
brennen	brennt	brannte	hat gebrannt
bringen	bringt	brachte	hat gebracht
denken	denkt	dachte	hat gedacht
dürfen	darf	durfte	hat gedurft
empfangen	empfängt	empfing	hat empfangen
empfehlen	empfiehlt	empfahl	hat empfohlen
empfinden	empfindet	empfand	hat empfunden
entlassen	entlässt	entließ	hat entlassen
entscheiden	entscheidet	entschied	hat entschieden
sich entschließen	entschließt	entschloss	hat entschlossen
entstehen	entsteht	entstand	ist entstanden

Unregelmäßige Verben

Infinitiv	Präsens	Präteritum	Perfekt
erbleichen	erbleicht	erblich	ist erblichen
erfahren	erfährt	erfuhr	hat erfahren
erfinden	erfindet	erfand	hat erfunden
erschrecken	erschrickt	erschrak	ist erschrocken
ertragen	erträgt	ertrug	hat ertragen
erwägen	erwägt	erwog	hat erwogen
erziehen	erzieht	erzog	hat erzogen
essen	isst	aß	hat gegessen
fahren	fährt	fuhr	ist gefahren
fallen	fällt	fiel	ist gefallen
fangen	fängt	fing	hat gefangen
finden	findet	fand	hat gefunden
fliegen	fliegt	flog	ist geflogen
fliehen	flieht	floh	ist geflohen
fließen	fließt	floss	ist geflossen
frieren	friert	fror	hat gefroren
geben	gibt	gab	hat gegeben
gedeihen	gedeiht	gedieh	ist gediehen
gefallen	gefällt	gefiel	hat gefallen
gehen	geht	ging	ist gegangen
gelingen	(etwas) gelingt	gelang	ist gelungen
gelten	gilt	galt	hat gegolten
genesen	genest	genas	ist genesen
genießen	genießt	genoss	hat genossen
geraten	gerät	geriet	ist geraten
geschehen	geschieht	geschah	ist geschehen
gewinnen	gewinnt	gewann	hat gewonnen
gleichen	gleicht	glich	hat geglichen
greifen	greift	griff	hat gegriffen
haben	hat	hatte	hat gehabt
halten	hält	hielt	hat gehalten
hängen	hängt	hing	hat gehangen
heben	hebt	hob	hat gehoben

Unregelmäßige Verben

Infinitiv	Präsens	Präteritum	Perfekt
heißen	heißt	hieß	hat geheißen
helfen	hilft	half	hat geholfen
kennen	kennt	kannte	hat gekannt
klingen	klingt	klang	hat geklungen
kommen	kommt	kam	ist gekommen
können	kann	konnte	hat gekonnt
laden	lädt	lud	hat geladen
lassen	lässt	ließ	hat gelassen
laufen	läuft	lief	ist gelaufen
leiden	leidet	litt	hat gelitten
leihen	leiht	lieh	hat geliehen
lesen	liest	las	hat gelesen
liegen	liegt	lag	hat gelegen
lügen	lügt	log	hat gelogen
meiden	meidet	mied	hat gemieden
messen	misst	maß	hat gemessen
misslingen	misslingt	misslang	ist misslungen
mögen	mag	mochte	hat gemocht
müssen	muss	musste	hat gemusst
nehmen	nimmt	nahm	hat genommen
nennen	nennt	nannte	hat genannt
raten	rät	riet	hat geraten
reißen	reißt	riss	hat gerissen
reiten	reitet	ritt	ist geritten
rennen	rennt	rannte	ist gerannt
riechen	riecht	roch	hat gerochen
rufen	ruft	rief	hat gerufen
scheinen	scheint	schien	hat geschienen
schieben	schiebt	schob	hat geschoben
schießen	schießt	schoss	hat geschossen
schlafen	schläft	schlief	hat geschlafen
schlagen	schlägt	schlug	hat geschlagen
schleichen	schleicht	schlich	ist geschlichen

Unregelmäßige Verben

Infinitiv	Präsens	Präteritum	Perfekt
schließen	schließt	schloss	hat geschlossen
schneiden	schneidet	schnitt	hat geschnitten
schieben	schiebt	schob	hat geschoben
schreiben	schreibt	schrieb	hat geschrieben
schreien	schreit	schrie	hat geschrien
schweigen	schweigt	schwieg	hat geschwiegen
schwimmen	schwimmt	schwamm	hat/ist geschwommen
schwören	schwört	schwor	hat geschworen
sehen	sieht	sah	hat gesehen
sein	ist	war	ist gewesen
senden	sendet	sandte/sendete	hat gesandt/gesendet
singen	singt	sang	hat gesungen
sinken	sinkt	sank	ist gesunken
sitzen	sitzt	saß	hat gesessen
sprechen	spricht	sprach	hat gesprochen
springen	springt	sprang	ist gesprungen
stehen	steht	stand	hat gestanden
stehlen	stiehlt	stahl	hat gestohlen
steigen	steigt	stieg	ist gestiegen
sterben	stirbt	starb	ist gestorben
stoßen	stößt	stieß	hat gestoßen
streichen	streicht	strich	hat gestrichen
streiten	streitet	stritt	hat gestritten
tragen	trägt	trug	hat getragen
treffen	trifft	traf	hat getroffen
treiben	treibt	trieb	hat getrieben
treten	tritt	trat	hat/ist getreten
trinken	trinkt	trank	hat getrunken
tun	tut	tat	hat getan
unterhalten	unterhält	unterhielt	hat unterhalten
unterscheiden	unterscheidet	unterschied	hat unterschieden
verbieten	verbietet	verbat	hat verboten
verbinden	verbindet	verband	hat verbunden

Unregelmäßige Verben

Infinitiv	Präsens	Präteritum	Perfekt
verderben	verdirbt	verdarb	hat verdorben
vergessen	vergisst	vergaß	hat vergessen
vergleichen	vergleicht	verglich	hat verglichen
verlassen	verlässt	verließ	hat verlassen
verlieren	verliert	verlor	hat verloren
vermeiden	vermeiden	vermied	hat vermieden
verzeihen	verzeiht	verzieh	hat verziehen
verschwinden	verschwindet	verschwand	ist verschwunden
wachsen	wächst	wuchs	ist gewachsen
waschen	wäscht	wusch	hat gewaschen
weichen	weicht	wich	ist gewichen
werben	wirbt	warb	hat geworben
werden	wird	wurde	ist geworden
werfen	wirft	warf	hat geworfen
wiegen	wiegt	wog	hat gewogen
wissen	weiß	wusste	hat gewusst
wollen	will	wollte	hat gewollt
ziehen	zieht	zog	hat gezogen

Quellenverzeichnis

Bilder
S. 8/9 Dieter Mayr
S. 10 BilderBox.com
S. 12 Randy Faris/Corbis
S. 14 Shutterstock
S. 19 Shutterstock
S. 20 Frank Eide
S. 22–23 ZDF.reporter (Frisches Obst statt Pommes), 24.07.2008*
S. 28 picture-alliance / Globus Infografik
S. 30 picture-alliance
S. 33 cinetext
S. 36 picture-alliance
S. 38–39 3sat neues (Datenklau), 16.11.2008*
S. 40/41 Dieter Mayr
S. 42 Shutterstock
S. 44 Dieter Mayr
S. 48 akg-images
S. 49 actionpress
S. 50 Shutterstock
S. 51 Shutterstock (o.); Getty Images / Yellow Dog Production (u.)
S. 52 Pikler Institut
S. 54–55 ZDFdokukanal (Intuition), 16.01.2009*
S. 56 Getty Images / Jim Spellman (o.l.); Dieter Mayr (o.M.); picture-alliance (o.r.); Shutterstock (M.; u.)
S. 57 akg-images (o.); picture-alliance/dpa / © Courtesy: Monika Sprüth/Philomene Magers/VG Bild-Kunst, Bonn 2009 (o.M.: Zwei Museums-Besucher in Andreas Gursky – Ausstellung); Franz Marc (M.); akg-images (u.M.); Associated Press (u.)
S. 60 actionpress
S. 62 mauritius images
S. 63 mauritius images
S. 67 Shutterstock
S. 68 Fondation Beyeler / Tdix (o.); Fondation Beyeler / Nbräuning (u.),
S. 70–71 © 2004 in one media, Mike Brandin
S. 72 Shutterstock (u.)
S. 73 Mercedes-Benz Archive & Sammlung (o.); Shutterstock (u.)
S. 74 Shutterstock
S. 76 SZ-Photo (o.; u.l.); picture-alliance (u.r.)
S. 78 iStock Photos (l.); Shutterstock (M.l.; M.; r.); Langenscheidt Bildarchiv (M.r)
S. 80 Steidl Verlag
S. 82 picture-alliance
S. 83 actionpress
S. 84 Aleida und Jan Assmann
S. 86–87 ZDF Sonntags TV fürs Leben (Grimms Märchen), 30.12.2007*
S. 125 akg-images
S. 129 aqua med reise- und tauchmedizin
S. 130 Tracy Martinez - Fotolia.com
S. 132 Nestlé Studie 2009 / IFD Allensbach
S. 133 Sibylle Freitag
S. 134 Joscha Sauer / Bulls Press
S. 135 Dieter Mayr
S. 143, 147 picture-alliance
S. 150 Volker Klüpfel / Michael Kobr: Milchgeld, © 2004 Piper Verlag GmbH, München
S. 154 picture-alliance
S. 156/191 Denksportaufgaben http://www.warblow.de
S. 161/162 Dieter Mayr
S. 165 o. Dieter Mayr (C. Link), akg-images (Dürrenmatt), u. shutterstock.com (Mozart)
S. 168 Kameramann: actionpress, Maske + Bühnenbau: laif; Kostümbildnerin: shutterstock.com
S. 172 Stefan Zweig: Ullstein Bild, Cover „Schachnovelle": Fischer Verlag
S. 174 iStockphoto
S. 179 Shutterstock

Texte
S. 12f. Die Zeit, Harro Albrecht (gekürzt)
S. 20 Forum 1/08, Hrsg. MLP Finanzdienstleistungen AG, Melanie Contoli (gekürzt)
S. 30f. Bärbel Heidenreich, Redaktion: Christoph Teves (gekürzt)
S. 32f. Helmut Brasse (leicht gekürzt)
S. 40 ℗ und © 2002 Grönland unter exklusiver Lizenz der EMI Elektrola GMBH & CO KG
S. 42 © Psychologie Heute/EurekAlert (o.); © Psychologie Heute/idw (u.) (gekürzt)
S. 48f. Julia Karnick: Kinder macht Sitz. In Brigitte 26/04 – Picture Press Bild- und Textagentur GmbH (gekürzt)
S. 58f. EMOTION, Nikolas Westerhoff
S. 64f. Doris Dörrie
S. 66/67 „Lesen in Deutschland 2008". Eine Studie der Stiftung Lesen im Auftrag des Bundesministeriums für Bildung und Forschung.
S. 74f. Julia Ucsnay
S. 79 Christian Stöcker, SPIEGEL ONLINE – 02. Juni 2006
S. 80f. Günter Grass: Mein Jahrhundert. © Steidl Verlag, Göttingen 1999
S. 84: Jan Assmann: „Das kulturelle Gedächtnis", Verlag C. H. Beck
S. 138 Pia Heinemann, Die fünf größten Irrtümer der Medizin, aus "Berliner Morgenpost", 27.12.07.
Axel Springer AG
S. 149/150 Volker Klüpfel / Michael Kobr: Milchgeld, © 2004 Piper Verlag GmbH, München

* alle Standfotos aus ZDF-Beiträgen: Lizenz durch www.zdf.archive.com/ZDF Enterprises GmbH Copyright ZDFE 2010 – alle Rechte vorbehalten

Quellenverzeichnis

S. 161/162 www.kindererziehung.com
S. 173f. www.austropapier.at
S. 182 Textanfang aus "Hurra, ich ticke nicht richtig!" von Reto U. Schneider, NZZ Folio 04/2008. Ganzer Text unter www.nzzfolio.ch
S. 183ff. Bundeszentrale für politische Bildung (50er-Jahre)

Transkripte
Kapitel 6, Modul 4: Nach: Werner Bartens: Machen Sie sich bitte frei. Entnommen aus dem SZ-Magazin Nr. 10/2008
Kapitel 8, Modul 2: Nach: Christine Brinck: Anders von Anfang an; Die Zeit, 03.03.2005
Kapitel 9, Modul 2: Radio X – Redaktion Xinemascope, Frankfurt
Kapitel 9, Modul 4: Wolfram Schrag / Produktion des Bayerischen Rundfunks
Kapitel 10, Modul 4: EMI MUSIC PUBLISHING Germany GmbH Co. KG, Hamburg / Musik und Text: Simon Triebel

Ergänzung zu Kapitel 8, Filmseiten, Seite 55, Aufgabe 4b
Das Experiment „Gerechtigkeitsintuition" am Max-Planck-Institut wurde mit Personen unterschiedlichen Alters durchgeführt und hat folgende Ergebnisse gezeigt:
Als gerecht wird die Teilung der Münzen in gleich große Teile empfunden. Tatsächlich würden die Gruppen (Erwachsene ab 17 Jahre) aber nur 6–7 Münzen an die andere Gruppe abgeben. Jüngere Testpersonen würden mehr Münzen abgeben – durchschnittlich 8,5 Münzen.

Aspekte Band 3, Teil 2 CD 1

Track	Kapitel und Module		Aufg.	Zeit
1.1	Vorspann			0'40''
	K6	Gesund und munter		
1.2–1.3	M1	Zu Risiken und Nebenwirkungen …	2	7'01''
1.4–1.7	M4	Mythen der Medizin	1b	10'43''
	K7	Recht so!		
1.8–1.12	M2	Strafe muss sein?!	3a	12'05''
1.13–1.17	M4	Kriminell	3	12'12''

Aspekte Band 3, Teil 2 CD 2

Track	Kapitel und Module		Aufg.	Zeit
2.1	Vorspann			0'40''
	K8	Du bist, was Du bist		
2.2		Auftakt Du bist, was du bist	2a	4'40''
2.3–2.7	M2	Von Anfang an anders?	2	9'30''
2.8–2.10	M3	Voll auf Zack!	2a	8'20''
2.11	M3	Voll auf Zack!	3a	0'54''
2.12–2.14	M4	Alles nicht so einfach …	3c	10'11''
	K9	Die schöne Welt der Künste		
2.15	M2	Film ab!	2	6'40''
2.16	M4	Leseratten	4a	5'00''
	K10	Erinnerungen		
2.17–2.20	M2	Falsche Erinnerungen	2	17'08''
2.21	M3	Kennen wir uns …?	1	3'26''
2.22	M3	Kennen wir uns …?	2a	0'35''
2.23	M3	Kennen wir uns …?	2b	0'20''
2.24	M4	Weißt Du noch?	4a	3'34''

Texte und Lieder:

Kapitel 6, Modul 4: Nach: Werner Bartens: Machen Sie sich bitte frei. Entnommen aus dem SZ-Magazin Nr. 10/2008
Kapitel 8, Auftakt: © Mit freundlicher Genehmigung der EMI Music Germany GmbH
Kapitel 8, Modul 2: Nach: Christine Brinck: Anders von Anfang an; Die Zeit, 03.03.2005
Kapitel 9, Modul 2: Radio X – Redaktion Xinemascope, Frankfurt
Kapitel 9, Modul 4: © BR Bayern 2 – Notizbuch
Kapitel 10, Modul 4: Es ist Juli © Island/Universal

Sprecherinnen und Sprecher:

Ulrike Arnold, Simone Brahmann, Farina Brock, Kathrin Gaube, Walter von Hauff, Christof Jablonka, Crock Krumbiegel, Evelyn Plank, Maren Rainer, Matthias Christian Rehrl, Jakob Riedl, Michael Schwarzmaier, Marc Stachel, Peter Veit

Aufnahme und Postproduktion: Heinz Graf

Produktion: Tonstudio Graf, 82178 Puchheim

Regie: Heinz Graf und Carola Jeschke

Redaktion: Carola Jeschke

© und ℗ Klett-Langenscheidt GmbH, München 2013. Erschienen bei LKG, München, 2010.